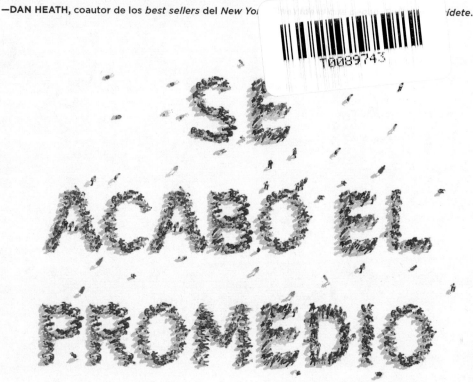

Se ACABÓ EL PROMEDIO

CÓMO TENER ÉXITO

en un mundo que valora la uniformidad

TODD ROSE

HarperCollins *Español*

Editora en Jefe: *Graciela Lelli*
Diseño y traducción: *www.produccioneditorial.com*
Edición: *Madeline Díaz*

ISBN: 978-071808-749-4

Impreso en Estados Unidos de América

17 18 19 20 DCI 6 5 4 3 2 1

Para Kurt Fischer, mentor y amigo

En todas las actividades es saludable de vez en cuando poner un signo de interrogación sobre aquellas cosas que por mucho tiempo se han dado como seguras.

BERTRAND RUSSELL, FILÓSOFO BRITÁNICO

CONTENIDO

LA COMPETICIÓN DE
LA SEMEJANZA

A finales de la década de 1940, la fuerza aérea de los Estados Unidos tenía un serio problema: sus pilotos no podían mantener el control de sus aviones. Aunque estaban en los albores de la aviación a reacción y los aviones eran más rápidos y complicados de hacer volar, los problemas resultaban tan frecuentes e implicaban tantas cuestiones de aeronáutica diferentes que las fuerzas aéreas se encontraron con un misterio crucial y alarmante en sus manos. «Fue una época difícil para la aviación», me contó un aviador jubilado. «Nunca sabías si ibas a terminar en tierra». En el peor momento, diecisiete pilotos se estrellaron en un solo día.[1]

Los dos nombres gubernamentales que les dieron a esos contratiempos no relativos al combate fueron *incidentes* y *accidentes*, y se extendían desde zambullidas involuntarias y aterrizajes torpes hasta defunciones por aviones destruidos. Al principio, la cúpula militar culpaba a los hombres que estaban en la cabina, designando el «error del piloto» como la razón más común en los informes de accidentes. Es cierto que este juicio parecía razonable, puesto que los aviones rara vez funcionaban mal por sí mismos. Los ingenieros lo confirmaban una y otra vez, y comprobaban la mecánica y la electrónica de los aviones sin encontrar defectos. Los pilotos también estaban desconcertados. Lo único de lo que estaban seguros era de que sus habilidades de pilotaje no constituían la causa del problema. Si no se trataba de un error humano ni un error mecánico, ¿entonces qué era?

Después de múltiples investigaciones finalizadas sin respuestas, los oficiales centraron su atención en el diseño de la propia cabina. Allá por 1926, cuando el ejército estaba diseñando su primera cabina, los ingenieros tomaron las dimensiones físicas de cientos de pilotos masculinos (la posibilidad de que existieran pilotos femeninos nunca fue tomada en seria consideración), y utilizaron esos datos para estandarizar las dimensiones de la cabina. Durante las tres décadas siguientes el tamaño y la forma del asiento, la distancia de los pedales y la palanca, el peso del parabrisas, e incluso la forma de los cascos de vuelo, todo se construyó conforme a las dimensiones promedio de un piloto de 1926.[2]

Ahora los ingenieros militares comenzaban a preguntarse si los pilotos se habían hecho más grandes desde 1926. Para obtener una valoración actualizada de las dimensiones de los pilotos, las fuerzas aéreas autorizaron el mayor estudio de pilotos jamás emprendido.[3] En 1950, los investigadores de la base área de Wright, en Ohio, midieron a más de 4.000 pilotos con respecto a una escala de 140 dimensiones de tamaño, incluyendo la longitud de los pulgares, la altura de la entrepierna y la distancia desde el ojo hasta la oreja, y entonces calcularon la media para cada una de esas dimensiones. Todo el mundo creía que esta mejora en el cálculo del piloto promedio conduciría a una cabina que encajase mejor, y reduciría el número de accidentes... o casi todo el mundo. Un científico de veintitrés años recién contratado tenía dudas.

El teniente Gilbert S. Daniels no era la clase de persona a la que asociarías normalmente con la cultura saturada de testosterona del combate aéreo. Él era delgado y llevaba gafas. Le gustaban las flores y el paisajismo, y en la secundaria fue el presidente del Club del Jardín Botánico. Cuando se unió al laboratorio clínico de la base aérea de Wright, directamente desde la universidad, nunca antes había estado en un avión. Pero no le importó. Como joven investigador su trabajo era tomar medidas de las extremidades de los pilotos con una cinta métrica.[4]

No era la primera vez que Daniels tomaba medidas del cuerpo humano. El laboratorio contrató a Daniels porque se había especializado como estudiante universitario de Harvard en antropología física, un campo que se dedicaba a la anatomía de los humanos. Durante la primera mitad del siglo xx este campo se centró en gran medida en intentar clasificar las personalidades de los grupos de personas de acuerdo con las formas medias de su cuerpo: una práctica conocida como «tipificación».[5] Por ejemplo, muchos antropólogos físicos creían que un cuerpo pequeño y pesado era indicativo de una personalidad alegre y amante de la diversión, mientras que unas grandes entradas en el cabello y unos labios carnosos reflejaban «un tipo criminal».[6]

Sin embargo, Daniels no estaba interesado en la tipificación. Más bien, su tesina consistió en una comparación bastante cargante de la forma de las manos de 250 estudiantes masculinos de Harvard.[7] Los estudiantes a los que Daniels había examinado provenían de un trasfondo étnico y sociocultural muy similar (básicamente blancos y ricos), pero, por sorpresa, sus manos no eran para nada similares. Y aún más sorprendente fue cuando Daniels extrajo la media de todos sus datos y la mano promedio no se parecía a las medidas de ningún individuo. No existía tal cosa como un tamaño de mano promedio. «Cuando dejé Harvard tenía claro que si querías diseñar algo para un ser humano individual, el promedio no servía absolutamente para nada», me contó Daniels.[8]

Así que, aunque las fuerzas aéreas le pusieron a trabajar midiendo pilotos, Daniels albergaba una convicción privada acerca de los promedios que rechazaba casi un siglo de filosofía del diseño militar. Mientras estaba sentado en el laboratorio aeromédico midiendo manos, piernas, torsos y frentes, se seguía haciendo la misma pregunta en su cabeza: *¿cuántos pilotos se ajustaban realmente a la media?*

Decidió averiguarlo. Usando los datos de tamaños que había reunido de 4.063 pilotos, Daniels calculó la media de diez dimensiones físicas que creía que eran las más relevantes para el diseño, incluyendo la estatura, la circunferencia del pecho y la longitud de las mangas. Estas conformaron las dimensiones del «piloto promedio», que Daniel definió generosamente como alguien cuyas medidas estaban dentro de la media del 30% del rango de valores para cada dimensión. Así, por ejemplo, aunque la estatura media precisa que derivaba de los datos era 1,79 metros, definió la estatura del «piloto promedio» entre 1,73 y 1,85. Después Daniels comparó a cada piloto individualmente, uno por uno, con el piloto promedio.[9]

Antes de calcular sus números, el consenso entre sus compañeros investigadores de las fuerzas aéreas era que una amplia mayoría de pilotos entrarían en la media en la mayoría de las dimensiones. Después de todo, ya se había preseleccionado a estos pilotos porque parecían ser del tamaño medio. (Si, por ejemplo, medías dos metros de altura, en principio nunca te habrían reclutado.) Los científicos también esperaban que un considerable número de pilotos estuvieran dentro del rango medio en las diez dimensiones. Pero incluso Daniels se quedó impresionado cuando tabuló el número real.

Cero.

De 4.063 pilotos, ni un solo aviador encajaba dentro del rango medio de las diez dimensiones. Un piloto podía tener una longitud de brazo superior a la media, pero una longitud de pierna menor. Otro podía tener un torso grande, pero caderas pequeñas. Más impactante aún fue descubrir que si escogías solamente *tres* de las diez dimensiones de tamaño —por ejemplo, la circunferencia del cuello, la del muslo y la del pecho— menos de un 3,5 de los pilotos encajarían en la media de esas tres dimensiones. Los descubrimientos de Daniels fueron claros e incontrovertibles. *No existía tal cosa como un piloto promedio.* Si diseñabas una cabina para que encajase con el piloto medio, en realidad la habías diseñado para que no encajase con ninguno.[10]

La revelación de Daniels era la clase de gran idea que podía haber terminado con una era de suposiciones básicas acerca de la individualidad, y haber fundado una nueva. Pero incluso las mayores ideas requieren una interpretación correcta. Nos gusta creer que los hechos hablan por sí solos, pero definitivamente no lo hacen. Después de todo, Gilbert Daniels no fue la primera persona en descubrir que no existía tal cosa como la persona promedio.

UN IDEAL DESENCAMINADO

Siete años antes, el *Cleveland Plain Dealer* anunció en su primera página un concurso patrocinado por el Health Museum de Cleveland, en asociación con la Escuela de Medicina de Cleveland y la Junta Educativa de la facultad de Medicina. Los ganadores del concurso obtendrían 100, 50 y 25 dólares en bonos de guerra, y diez afortunadas mujeres más obtendrían diez dólares en cupones de guerra. ¿El concurso? Presentar unas dimensiones corporales que coincidiesen lo más exactamente posible con la típica mujer, «Norma», representada en forma de estatua en la exposición del Health Museum de Cleveland.[11]

Norma era creación de un conocido ginecólogo, el doctor Robert L. Dickinson, y su colaborador Abram Belskie, quien esculpió la figura basándose en los datos de tamaño recogidos de quince mil mujeres jóvenes.[12] El doctor Dickinson fue una figura influyente en su época: jefe de obstetricia y ginecología del hospital de

NORMA

Brooklyn, presidente de la Sociedad Americana de Ginecología y Obstetricia, y director de obstetricia de la Asociación Médica Americana.[13] También era artista —«el Rodin de la obstetricia», como le llamó un colega[14]— y a lo largo de su carrera usó su talento para dibujar esbozos de mujeres, sus diversas tallas y formas, para estudiar la correlación entre los tipos de cuerpo y la conducta.[15] Al igual que muchos científicos en su día, Dickinson creía que la verdad de algo se podía determinar recolectando y extrayendo la media de cuantiosas cantidades de datos. «Norma» así lo representaba. Para Dickinson, los miles de datos apuntados que él había promediado ponían al descubierto el físico de la mujer típica: alguien normal.

Además de exponer la escultura, el Health Museum de Cleveland comenzó a vender reproducciones en miniatura de Norma, promocionándola como «la chica ideal»[16], introduciendo así la moda por Norma. Un notable antropólogo físico defendió que el físico de Norma era «una especie de perfección de la forma corporal», los artistas proclamaron que su belleza proporcionaba «un excelente estándar», y los profesores de educación física la usaban como modelo de a quién *debían* parecerse las jóvenes, sugiriendo ejercicios basados en la desviación de una estudiante del ideal. Un predicador llegó a dar un sermón acerca de sus creencias religiosas presumiblemente normales. En el momento de mayor auge de la moda, Norma apareció en la revista *TIME*, en las viñetas del periódico y en un episodio de la serie documental de la CBS «This American Look» [Este aspecto estadounidense], donde se leyeron sus dimensiones en voz alta para que la audiencia pudiera averiguar si también tenía un cuerpo normal.[17]

El 23 de noviembre de 1945 el *Plain Dealer* anunció a su ganadora, una morena delgada, cajera de cine, llamada Martha Skidmore. El periódico contó que a Skidmore le gustaba bailar, nadar y jugar a los bolos: en otras palabras, que sus gustos eran tan agradablemente normales como su figura, la cual fue considerada el modelo de la forma femenina.[18]

Antes de la competición los jueces dieron por hecho que la mayoría de las medidas de las participantes se hallarían muy cerca de la media, y que el concurso se dirimiría por cuestión de milímetros. Nada que ver con la realidad. Menos de 40 de las 3.864 participantes tenían las medidas promedio en solo cinco de las nueve dimensiones, y ninguna de ellas —ni siquiera Martha Skidmore— se acercaba a las nueve.[19] Igual que el estudio de Daniels reveló que no existía el piloto promedio, el concurso de parecidos a Norma reveló que la mujer promedio tampoco existía.

No obstante, aunque Daniels y los organizadores del concurso tropezaron con la misma revelación, llegaron a conclusiones marcadamente diferentes con respecto a su significado. La mayoría de los doctores y científicos de la época no interpretaron los resultados del concurso como una evidencia de que Norma era un ideal desencaminado. Justo lo contrario: muchos llegaron a la conclusión de que las mujeres estadounidenses, en su totalidad, estaban faltas de salud y fuera de forma. Uno de aquellos críticos fue el médico Bruno Gebhard, jefe del Health Museum de Cleveland, que lamentaba que la mujer de la posguerra estuviera en tan mala forma para servir en lo militar, reprendiéndolas e insistiendo en que «los que están en mala forma son tan malos productores como malos consumidores». Su solución estaba en un énfasis mayor en el estado físico.[20]

La interpretación de Daniels era exactamente la contraria. «La tendencia a pensar en términos del "hombre promedio" es un peligro con el que muchas personas tropiezan», escribió Daniels en 1952. «Es prácticamente imposible encontrar un aviador promedio, no debido a que haya rasgos únicos en este grupo, sino a la gran variabilidad de las dimensiones corporales que es característica de todos los hombres».[21] En vez de sugerir que la gente debería esforzarse más para conformarse a un ideal artificial de normalidad, el análisis de Daniels lo condujo a la ilógica conclusión que sirve como piedra angular de este libro: *cualquier sistema diseñado alrededor de la persona promedio está condenado a fracasar.*

Daniels publicó sus hallazgos en 1952, en una nota técnica de las fuerzas aéreas titulada The «Average Man»? [¿El «hombre promedio»?].[22] En ella afirmaba que si los militares querían mejorar el rendimiento de sus soldados, incluidos sus pilotos, era necesario cambiar el diseño de cualquier entorno en el que se esperara que esos soldados actuasen. El cambio recomendado era radical: los entornos necesitaban adaptarse al individuo en lugar de al promedio.

Sorprendentemente —y para mérito suyo— las fuerzas aéreas adoptaron los argumentos de Daniels. «Los diseños antiguos de las fuerzas aéreas estaban basados en encontrar pilotos que fueran similares al piloto promedio», me explicó Daniels. «Pero una vez que les demostré que el piloto promedio era un concepto inútil, fueron capaces de enfocarse en adaptar la cabina al piloto individual. Ahí fue cuando las cosas comenzaron a mejorar».[23]

Al descartar el promedio como referencia estándar, las fuerzas aéreas iniciaron un salto espectacular en su filosofía del diseño, centrada en un nuevo principio guía: *la adaptación individual*. En vez de hacer encajar al individuo en el sistema, los militares comenzaron a hacer encajar el sistema en el individuo. En un breve espacio de tiempo la fuerza aérea estableció que todas las cabinas necesitaban adaptarse a los pilotos cuyas medidas estuvieran entre el 5% y 95% del rango en cada dimensión.[24]

Cuando los fabricantes de aviones escucharon por primera vez esta orden se resistieron, insistiendo en que sería demasiado caro y llevaría años resolver los problemas de ingeniería relevantes. Pero los militares se negaron a ceder, y entonces —para sorpresa de todos— los ingenieros aeronáuticos dieron con bastante rapidez con soluciones que fueron tanto baratas como fáciles de implementar. Diseñaron asientos ajustables, una tecnología que ahora es estándar en todos los automóviles. Crearon pedales ajustables. Desarrollaron correas para los cascos y trajes de vuelo ajustables. Una vez que estas soluciones de diseño y otras más se implementaron, el rendimiento de los pilotos aumentó vertiginosamente, y la fuerza aérea de Estados Unidos se convirtió en la más dominante del planeta. Pronto todas las guías publicadas de todas las ramas militares de Estados Unidos decretaron que el equipamiento debía ajustarse a un amplio rango de tamaños corporales, en vez de estandarizarse alrededor del promedio.[25]

¿Por qué estuvieron los militares dispuestos a un cambio tan radical tan rápido? Porque cambiar el sistema no era un ejercicio intelectual: era una solución práctica a un problema. Cuando se les pedía a pilotos que volaban más rápido que la velocidad del sonido que realizasen duras maniobras usando una compleja serie de controles, no se podían permitir tener un indicador fuera de su campo de visión o un interruptor casi fuera de su alcance. En un escenario en el que tomar una decisión en una fracción de segundo significaba la diferencia entre la vida y la muerte, los pilotos estaban obligados a responder en un entorno que ya se encontraba en su contra.

LA TIRANÍA ESCONDIDA DEL PROMEDIO

Imagina lo bueno que habría sido si, al mismo tiempo que los militares cambiaban el modo en que pensaban acerca de sus soldados, el resto de la sociedad hubiera seguido su ejemplo. En vez de comparar a las personas con un ideal desencaminado, las hubieran visto —y valorado— como lo que eran: *individuos*. En vez de eso, hoy la mayoría de las escuelas, los centros de trabajo y las instituciones científicas continúan creyendo en la realidad de Norma. Diseñan sus instituciones y dirigen sus investigaciones alrededor de un estándar arbitrario —el promedio— que nos obliga a compararnos a nosotros mismos y a los demás con un falso ideal.

Desde que naces hasta que mueres se te compara con la omnipresente regla del promedio, se te juzga según lo mucho que te aproximes o lo mucho que seas capaz de superarlo. En la escuela se te clasifica y cataloga comparando tu rendimiento con el del estudiante promedio. Para ser admitido en la universidad tus notas y los resultados de tus exámenes se comparan con los del solicitante promedio. Para ser contratado por una empresa, tus notas y los resultados de tus exámenes —así como tus habilidades, tus años de experiencia e incluso tu puntuación en personalidad— se comparan con los del solicitante medio. Si se te contrata, es muy probable que tu informe anual te compare, de nuevo, con el empleado promedio de tu nivel laboral. Incluso tus oportunidades económicas están determinadas por una cuenta de crédito que se evalúa —como supondrás— según tu desviación del promedio.

La mayoría de nosotros sabemos intuitivamente que una puntuación en un test de personalidad, un rango en una evaluación estandarizada, un promedio de calificaciones o una puntuación en una revisión del rendimiento no refleja tus habilidades, ni las de tus hijos, ni la de tus estudiantes o tus empleados. Aun así, el concepto del promedio como regla para medir individuos está tan profundamente arraigado en nuestra mente que rara vez lo cuestionamos de verdad. A pesar de nuestra incomodidad ocasional con el promedio, aceptamos que representa alguna clase de realidad objetiva acerca de la gente.

¿Y si yo te dijera que esta forma de medición —el promedio— esta mal *casi siempre*? ¿Que cuando se trata de entender a los individuos, es más probable que el promedio dé resultados incorrectos y desviados? ¿Y si, al igual que los diseños de cabina y las estatuas de Norma, este ideal fuera solo un mito?

La premisa central de este libro no es tan simple como parece: *nadie es un promedio*. No tú. Ni tus hijos. Ni tus compañeros de trabajo, tus estudiantes o tu cónyuge. No se trata de un concepto vacío o de consignas huecas. Es un hecho científico con enormes consecuencias prácticas que no te puedes permitir ignorar. Puede que estés pensando que estoy pregonando un mundo que sospechosamente suena como el Lake Wobegon de *Prairie Home Companion* de Garrion Keillor, un lugar donde «Todos los niños están sobre la media». Algunas personas *deben* ser la media, tal vez insistas, por simple perogrullada estadística. Este libro te mostrará de qué manera incluso esa suposición en apariencia evidente es tremendamente errónea y debe ser abandonada.

No es que el promedio nunca sea útil. Los promedios tienen su lugar. Si estás comparando dos *grupos* diferentes de personas, como equiparando el rendimiento de los pilotos chilenos con los franceses —en lugar de comparar dos *individuos* de cada uno de esos grupos— entonces el promedio puede ser útil. Pero en el momento en que necesitas *un* piloto, o *un* fontanero, o *un* médico, en el momento en que necesitas enseñar a *este* niño o decidir si contratar a *este* empleado —el momento en que necesitas tomar una decisión acerca de cualquier individuo— el promedio es inútil. Peor que inútil de hecho, porque crea la ilusión de conocimiento, cuando en realidad el promedio oculta lo más importante de un individuo.

En este libro descubrirás que, igual que no existe tal cosa como una talla corporal media, no existe el talento, la inteligencia o el carácter promedio. Ni tampoco estudiantes o empleados promedio… ni cerebros promedio, para el caso. Cada una de estas nociones familiares es el producto de una imaginación científica desviada. Nuestro concepto moderno de la persona promedio no es una verdad matemática, sino una invención humana creada hace siglo y medio por científicos europeos para resolver los problemas sociales de su época. La noción del «hombre promedio» en realidad sí que resolvió muchos de sus desafíos e incluso facilitó y moldeó la Era Industrial… pero ya no vivimos en la Era Industrial. Hoy enfrentamos problemas muy diferentes, y poseemos una ciencia y unas matemáticas mucho mejores de las que había disponibles en el siglo XIX.

En la última década he formado parte de un emocionante nuevo campo interdisciplinario de la ciencia, conocido como *ciencia del individuo*.[26] Este campo rechaza el promedio como herramienta primaria para comprender a los individuos, defendiendo en su lugar que solo podemos comprenderlos centrándonos en la individualidad por derecho propio. Recientemente biólogos celulares, oncólogos, genetistas, neurólogos y psicólogos han comenzado a adoptar los principios de esta nueva ciencia para transformar en lo fundamental el estudio de las células, las enfermedades, los genes, el cerebro y la conducta. Varios de los negocios más exitosos han comenzado también a implementar estos principios. De hecho, se están empezando a aplicar los principios de la individualidad prácticamente en todas partes excepto en la única donde tendrán su mayor impacto: en tu propia vida.

Escribí *Se acabó el promedio* para cambiar esto.

En los siguientes capítulos compartiré contigo tres principios de la individualidad: *el principio de la irregularidad, el principio del contexto* y *el principio de las sendas*. Estos principios, sacados de los últimos avances científicos en mi campo, te ayudarán a entender qué hay verdaderamente único en ti y, lo que es más importante, te mostrarán cómo sacar el máximo provecho de tu individualidad para obtener ventaja en la vida. Ya no necesitas volar una avioneta de la Segunda Guerra Mundial en la era de los cazas a reacción, ni necesitas compararte con la Norma inexistente.

LA PROMESA DE LA INDIVIDUALIDAD

Estamos al borde de una nueva manera de ver el mundo, un cambio conducido por una gran idea: la individualidad importa. Es posible que pienses que es demasiado simplista creer que una noción tan básica puede producir profundas consecuencias prácticas. Pero solo considera lo que ocurrió cuando se introdujo en el mundo otra gran idea: la idea de los gérmenes.

En el siglo XIX los expertos más respetados en medicina y salud insistían en que las enfermedades las causaba el «miasma», un término sofisticado para el mal aire.[27] El sistema de salud de la sociedad occidental estaba basado en esta suposición: para prevenir las enfermedades se debía mantener las ventanas abiertas o cerradas, dependiendo de si había más miasma dentro o fuera de la habitación; se creía que los doctores no podían pasar enfermedades porque los caballeros no habitaban en cuartos con mal aire. Entonces apareció la idea de los gérmenes.[28]

Un día todo el mundo creía que el mal aire te enfermaba. Después, de la noche a la mañana, la gente comenzó a darse cuenta de que había cosas invisibles llamadas microbios y bacterias que eran la verdadera causa de las enfermedades. Esta nueva visión de la enfermedad trajo cambios de gran envergadura a la medicina cuando los cirujanos adoptaron los antisépticos y los científicos inventaron las vacunas y los antibióticos. Pero, también de un momento a otro, la idea de los gérmenes le dio a la gente común el poder de influir en sus propias vidas. Ahora, si quieres seguir estando sano, puedes hacer cosas como lavarte las manos, hervir el agua, cocinar la comida concienzudamente y limpiar cortes y rasguños con yodo.

Ese cambio de pensamiento acerca del mundo es similar a cómo quiero que pienses sobre el viejo mundo de los promedios y el nuevo mundo de la individualidad. Hoy tenemos la capacidad de comprender a los individuos y sus talentos a un nivel que antes no era posible. Esta nueva idea tendrá un profundo impacto en nuestras instituciones: en vez de ver el talento como un lujo escaso, las escuelas serán capaces de alimentar la excelencia en cada estudiante, y los empleados serán capaces de contratar y retener a un espectro más amplio de empleados de alto impacto. La gente que siente que no se le reconoce o que se frena su potencial, quienes no están teniendo la oportunidad de demostrar cuán competentes son, serán capaces de alcanzar sus expectativas incumplidas.

Tal vez a tu hijo se le ha catalogado de mal lector, pero en vez de ser diagnosticado únicamente, su escuela se da cuenta de que está siguiendo un sendero alternativo e igual de válido y ajusta la instrucción de tu hijo de acuerdo con ello. Tal vez a una de tus empleadas, cuyo rendimiento se resiente, sus colegas la han catalogado de «alguien con quien es difícil trabajar»; pero en vez de despedirla eres capaz de identificar los contextos que la hacen actuar así, ayudándola a fortalecer sus relaciones y mejorando radicalmente su rendimiento, y permitiéndote descubrir una joya escondida en tu departamento. Una vez que detectes los cambios profundos que pueden tener lugar cuando aplicas los principios de la individualidad, no serás capaz de ver del mismo modo los promedios.

Es inaceptable que en una época en la que podemos hacer un mapa del genoma humano y modificar el código genético para mejorar nuestra salud, no seamos capaces de trazar con exactitud un mapa del potencial humano. Mi trabajo —y el mensaje de este libro— se centra en ayudarnos a arreglar eso. El potencial humano no es, ni mucho menos, tan limitado como lo asume el sistema que hemos puesto en marcha. Tan solo necesitamos las herramientas para comprender a cada persona como individuo, no como un dato en una campana de Gauss.

Lo sé de primera mano.

Yo me interesé en un principio por la idea de la individualidad porque chocaba una y otra vez en mi vida, y no podía averiguar por qué. No importaba cuánto lo intentase, parecía como si todo tuviera que terminar en fracaso. Cuando tenía dieciocho años abandoné la secundaria con un 0,9 de nota: eso es un promedio de muy insuficiente. Antes de ser lo bastante mayor como para beber, ya había tenido diez trabajos de poca cualificación mientras intentaba sostener a mi mujer e hijo. Llegó otro hijo cuando tenía veintiuno. En el momento más bajo de mi vida, acudía a los servicios sociales mientras trabajaba como asistente de enfermería poniendo enemas a 6,45 dólares la hora.

Casi todo el mundo decía que el problema era yo, que era vago, estúpido o —con mayor frecuencia— un «alborotador». Más de un funcionario de la escuela les dijo a mis padres que tendrían que bajar sus expectativas acerca de lo que sería capaz de conseguir en la vida. Pero incluso en mis peores momentos siempre sentí que algo no iba bien con ese análisis. Estaba seguro de que tenía algo que ofrecer; parecía como si hubiera un profundo desequilibrio entre quién era yo realmente y el modo en que me veía el mundo.

Al principio sentía que la solución era esforzarme por ser igual que todos los demás, pero eso normalmente terminaba en desastre. Fracasaba en clase, me marchaba de los trabajos. Al final decidí dejar de intentar conformarme al sistema y en vez de eso me centré en averiguar cómo hacer que el sistema encajara en mí. Me esforcé: quince años después de dejar la secundaria, estaba en la Facultad de Educación de Harvard, donde ahora soy director del programa «Mente, cerebro y educación».

Mi propio éxito no sucedió debido a que desperté cierto talento secreto ignorado por el mundo. No fue porque un día cedí y comencé a trabajar duro, o porque descubrí alguna clase de nueva filosofía abstracta. No tenía tiempo para lo abstracto: necesitaba salir de los servicios sociales, proveer para mis hijos y encontrar un camino práctico hacia una carrera que tuviera una recompensa. No, fui capaz de cambiar el curso de mi vida porque seguí los principios de la individualidad, intuitivamente al principio, y después con una determinación consciente.

Escribí *Se acabó el promedio* para compartir estos principios contigo y mostrarte cómo te pueden ayudar a mejor tu rendimiento en la escuela, el trabajo y tu vida personal. La parte más difícil de aprender algo nuevo no es adoptar nuevas ideas, sino deshacerse de las antiguas. El objetivo de este libro es liberarte, de una vez por todas, de la tiranía del promedio.

PARTE I

LA ERA DEL PROMEDIO

El talento individual es demasiado esporádico e impredecible como para permitirle cualquier parte importante en la organización de la sociedad. Los sistemas sociales que perduran están construidos sobre la persona promedio, a la que se puede entrenar para que ocupe cualquier posición de forma adecuada, si no brillante.

—STUART CHASE, *THE PROPER STUDY OF MANDKIND*

CAPÍTULO 1

LA INVENCIÓN DEL PROMEDIO

En 2002, Michael Miller, el neurólogo del UC Santa Bárbara, dirigió un estudio acerca de la memoria verbal. Uno a uno, dieciséis participantes se sometieron a un escáner cerebral por resonancia magnética y se les mostró un conjunto de palabras. Después de un periodo de descanso, se les presentó una segunda serie de palabras y ellos presionaban un botón siempre que reconocían una palabra de la primera serie. Mientras cada participante decidía si había visto antes una palabra en particular, la máquina escaneaba su cerebro y creaba un «mapa» digital de su actividad cerebral. Cuando Miller terminó el experimento, informó de sus hallazgos del mismo modo que lo haría cualquier neurólogo: promediando los mapas cerebrales individuales de todos sus sujetos para crear un mapa que revelase los circuitos neuronales implicados en la memoria verbal en un cerebro humano normal.

Siempre que leas algo acerca de un nuevo descubrimiento en neurociencia acompañado por una sección de un cerebro llena de manchas —aquí están las regiones que se encienden cuando sientes amor; aquí están las regiones que se encienden cuando tienes miedo— es casi seguro que estés mirando el mapa de un Cerebro Promedio. Cuando era

estudiante de doctorado, también me enseñaron el método para producir y analizar el Cerebro Promedio (denominado «modelo de efectos
aleatorios» en la jerga científica[2]) mientras me capacitaba en escaneo
mental en el Hospital General de Massachusetts. La suposición impul-
sora de este método es que el Cerebro Promedio representa al cerebro
típico, normal, mientras que cada cerebro individual representa una va-
riante de este cerebro normal: una suposición que refleja la que motivó el
concurso de parecidos a Norma. Esta premisa conduce a los neurólogos
a excluir a los zurdos de sus estudios (puesto que se presume que los
cerebros de los zurdos son diferentes a los normales), o incluso a veces
a desestimar a aquellos individuos cuya actividad cerebral se desvía
demasiado de la media, puesto que a los investigadores les preocupa que
estos casos atípicos puedan nublar su visión del Cerebro Promedio.

No tendría que haber habido nada extraño en el hecho de que Miller informase de los hallazgos de su estudio publicando su mapa del
Cerebro Promedio. Lo extraño *fue* el hecho de que, cuando Miller se
sentó a analizar sus resultados, algo le hizo decidir mirar con más detenimiento los mapas individuales de los cerebros de los participantes
en su estudio. Aunque Miller estaba trabajando en una tarea mental
bien estudiada usando el método estándar de la investigación cerebral
—y aunque no había nada inusual en el Cerebro Promedio de sus participantes— les dio un vistazo a unos cuantos de los mapas individuales. «Fue bastante inesperado», me dijo Miller. «Quizá si entrecerrabas
mucho los ojos un par de mapas individuales se parecieran al mapa
promedio. Pero la mayoría no se parecía en nada a él».[3]

Otras personas antes que Miller se habían percatado de que los cerebros individuales a menudo no se parecían al Cerebro Promedio, pero
puesto que todo el mundo ignoraba este hecho incómodo, ellos también solían ignorarlo: igual que los científicos y los médicos ignoraron
durante mucho tiempo el hecho de que ninguna mujer real se parecía a Norma. Sin embargo, ahora Miller hizo algo que podía parecer
perfectamente obvio, aunque pocos se habían molestado en intentarlo:

comparó metódicamente cada uno de los dieciséis mapas cerebrales individuales de su experimento de la memoria verbal con el mapa del Cerebro Promedio. Lo que descubrió fue impresionante. No solo el cerebro de cada persona era diferente del promedio; eran totalmente diferentes unos de otros.

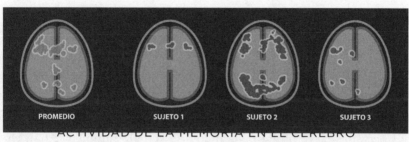

ACTIVIDAD DE LA MEMORIA EN EL CEREBRO

Los cerebros de algunas personas se activaban en mayor medida en la izquierda, otros en la derecha. Algunos se activaban en mayor medida delante, otros detrás. Algunos parecían un mapa de Indonesia, con enormes y densos archipiélagos de activación; otros estaban prácticamente en blanco. Pero no había forma de evitar el hecho más destacado: el cerebro de ninguno se parecía al Cerebro Promedio. Los resultados de Miller se correspondían con los de Gilbert Daniels durante su investigación de las manos, excepto que en esta ocasión el órgano estudiado no era una extremidad: era la misma cuna del pensamiento, los sentimientos y la personalidad.

Miller quedó desconcertado. Según la presuposición clave detrás del método del Cerebro Promedio, la mayoría de los cerebros de las personas deberían estar muy cerca del promedio. En verdad, los neurólogos esperaban que *algunos* cerebros fueran similares al promedio. No obstante, a duras penas alguno de ellos se parecía remotamente al Cerebro Promedio en el estudio de Miller. Él temió que quizá hubiese habido alguna clase de error técnico en su equipo, así que trajo de vuelta a muchos de los participantes un par de meses después y de nuevo les escaneó los cerebros mientras realizaban la misma tarea de memoria de palabras. Los resultados fueron casi idénticos: cada nuevo mapa cerebral estaba muy cerca del original de esa persona… y cada mapa cerebral individual seguía siendo bastante diferente del mapa del Cerebro Promedio.

«Eso me convenció de que los patrones individuales que estábamos viendo no eran un ruido aleatorio, sino algo sistemático acerca del modo en que cada individuo realizaba la tarea, que el sistema de memoria de cada persona consistía en un único patrón neuronal», me explicó Miller. «Pero lo más sorprendente era que estas diferencias en los patrones no eran sutiles, sino *extensas*».[4]

Las «extensas» diferencias que Miller encontró en los cerebros de las personas no se limitan a la memoria verbal. También se han encontrado en estudios de cualquier cosa, desde percepción facial e imágenes mentales hasta procesos de aprendizaje y emociones.[5] Las implicaciones son difíciles de ignorar: si construyes una teoría acerca del pensamiento, la percepción o la personalidad basada en el Cerebro Promedio, entonces es probable que estés construyendo una teoría que no se aplique a nadie. La suposición guía durante décadas de las investigaciones neurológicas no tiene fundamento. *No existe tal cosa como un Cerebro Promedio.*

Cuando Miller publicó sus ilógicos hallazgos, al principio provocaron escepticismo. Algunos científicos sugirieron que tal vez los descubrimientos se debieron a problemas en los algoritmos de su *software*, o simplemente a una mala suerte en la elección de los sujetos: quizá muchos de sus participantes eran «casos atípicos». La respuesta más común de parte de los colegas de Miller, sin embargo, no fue la crítica, sino un aburrido rechazo. «Otros se han percatado de lo mismo que yo en sus propios trabajos; simplemente no le hicieron caso», me contó Miller. «La gente decía: "Eso ya lo sabe todo el mundo, no es gran cosa. Por eso usamos el promedio, se hace cargo de todas estas diferencias individuales. No tienes que molestarnos señalando toda esa variabilidad, porque no importa"».[6]

No obstante, Miller estaba convencido de que *sí* importaba. Él sabía que no se trataba de un debate académico, sino de un problema con consecuencias prácticas. «Se me ha acercado gente que trabaja en neurología legal», dice Miller. «Están intentando hacer inferencias que puedan usar en un tribunal de justicia acerca de la condición psiquiátrica y el estado mental de las personas. Quieren usar los escáneres de cerebro para decidir si alguien podría ir a prisión o no, así que, definitivamente, sí importa el que haya una diferencia sistemática entre el cerebro del individuo y el cerebro "promedio"».[7]

Miller no es el único científico que se ha enfrentado a un dilema trascendental que implica el uso de los promedios. Todas las disciplinas que estudian a los seres humanos han descansado durante mucho tiempo en un mismo método de investigación esencial: poner a un grupo de personas en alguna condición experimental, determinar su respuesta promedio a esa condición y entonces usar este promedio para formular una conclusión general acerca de *todas* las personas. Los biólogos adoptaron una teoría de la célula promedio, los oncólogos defendieron tratamientos para el cáncer promedio y los genetistas buscaron identificar el genoma promedio. Al seguir las teorías y métodos de la ciencia, nuestras escuelas continúan evaluando a los estudiantes individuales comparándolos con el estudiante medio y las empresas evalúan a los solicitantes de trabajo individuales y a los empleados comparándolos con el solicitante y el empleado medio. Pero si no existe tal cosa como un cuerpo promedio, ni nada como un cerebro promedio, esto nos conduce a una pregunta crucial: ¿cómo llegó nuestra sociedad a tener esa fe inquebrantable en la idea de la persona promedio?

La historia que no se cuenta acerca de cómo nuestros científicos, escuelas y empresas llegaron a adoptar la errónea noción del «hombre promedio» comienza en 1819, en la graduación de uno de los científicos más importantes de los que hayas oído hablar, un joven belga llamado Adolphe Quetelet.

LAS MATEMÁTICAS DE LA SOCIEDAD

Quetelet nació en 1796. Con veintitrés años recibió el primer doctorado en matemáticas concedido por la Universidad de Ghent. Inteligente, con hambre de reconocimiento, quería hacerse un nombre igual que uno de sus héroes, sir Isaac Newton. Quetelet se maravillaba del modo en que Newton descubrió las leyes ocultas que gobernaban el funcionamiento del universo, extrayendo metódicamente principios del caos de la materia y el tiempo. Quetelet sentía que su mejor oportunidad para obtener un logro así estaba en la astronomía, la disciplina científica más destacada de su época.[8]

A principios del siglo XIX las mentes científicas más prominentes elevaron su atención a los cielos, y el mayor símbolo del estatus científico de una nación se encontraba en la posesión de un observatorio telescópico. Bélgica, sin embargo, no tenía ninguno. En 1823, de alguna manera Quetelet se las arregló para convencer al gobierno holandés que gobernaba Bélgica de que desembolsase la exorbitante suma necesaria para construir un observatorio en Bruselas, y muy pronto Quetelet fue designado para su posición más alta, la de director del observatorio.[9] Mientras se llevaba a cabo su larga construcción, se embarcó en una serie de visitas a observatorios por toda Europa para aprender los últimos métodos de observación. Parecía que se había colocado en la posición perfecta para tener una carrera envidiable en el reconocimiento científico… pero entonces, en 1830, mientras estaba en medio de su gira por Europa, Quetelet recibió malas noticias: Bélgica se había sumido en la revolución. El observatorio de Bruselas había sido ocupado por las tropas rebeldes.[10]

Quetelet no tenía ni idea de cuánto duraría la revolución, o de si el nuevo gobierno apoyaría la finalización del observatorio… o de si, incluso, le permitirían continuar como «Astrónomo Real» de Bélgica. Resultó ser un punto de inflexión en su vida, y en el modo en que la sociedad concebía a los individuos.[11]

Previamente, a Quetelet nunca le había importado demasiado la política ni las complejidades de las dinámicas interpersonales. Estaba centrado exclusivamente en la astronomía. Creía que podría mantenerse alejado de cualquier disturbio social, que él veía como algo irrelevante para sus elevadas empresas científicas. Pero cuando la revolución le tocó de cerca —en su propio *observatorio*— de repente la conducta social humana se volvió algo muy personal. Quetelet se encontró deseando un gobierno estable que aprobase leyes sensatas y políticas que previniesen la clase de caos social que había hecho descarrilar sus planes profesionales, y que parecían provocar agitación por toda Europa. Había otro problema manifiesto: la sociedad moderna parecía totalmente impredecible. La conducta humana no aparentaba seguir ninguna norma apreciable… igual que el universo había parecido tan indescifrable antes de Isaac Newton.[12]

Mientras contemplaba la revolución que había puesto fin a sus ambiciones profesionales, a Quetelet le golpeó la inspiración: ¿podría ser posible desarrollar una *ciencia* para gestionar la sociedad? Había pasado su vida aprendiendo cómo identificar los patrones ocultos en los misteriosos remolinos de los cielos. ¿No podría usar la misma ciencia para encontrar patrones escondidos en el caos aparente de la conducta social? Quetelet se estableció un nuevo objetivo. Podría aplicar los métodos de la astronomía al estudio de las personas. Se convertiría en el Isaac Newton de la física *social*.[13]

Por suerte para Quetelet, su decisión de estudiar la conducta social llegó durante un momento propicio de la historia. Europa estaba sumergida en el primer maremoto de «*big data*» o macrodatos de la historia, lo que un historiador llama «una avalancha de números impresos».[14] Mientras las naciones comenzaban a desarrollar burocracias y ejércitos a gran escala a principios del siglo XIX, comenzaron a tabular y a exponer enormes cantidades de datos acerca de su ciudadanía, como el número de nacimientos y muertes cada mes, el número de delincuentes encarcelados cada año y el número de incidencias por enfermedad en cada ciudad.[15] Fue el auténtico comienzo de las recolecciones de datos modernas, pero nadie sabía cómo interpretar de manera provechosa esta mezcolanza de datos. La mayoría de los científicos de su tiempo creían que los datos humanos eran demasiado desordenados como para analizarlos… hasta que Quetelet decidió aplicar las matemáticas de la astronomía.

Quetelet sabía que una de las tareas comunes de cualquier astrónomo del siglo XVIII era medir la velocidad de los objetos celestiales. Esta tarea se conseguía registrando la cantidad de tiempo que le tomaba a un objeto como un planeta, un cometa o una estrella pasar entre dos líneas paralelas trazadas en el vidrio del telescopio. Por ejemplo, si un astrónomo quería calcular la velocidad de Saturno y predecir dónde aparecería en el futuro, activaría su reloj de bolsillo cuando observase que Saturno tocaba la primera línea y lo pararía cuando tocase la segunda.[16]

Los astrónomos rápidamente descubrieron que esta técnica sufría un grave problema: si diez astrónomos intentaban a la vez medir la velocidad del mismo objeto, obtenían diez medidas diferentes. Si las observaciones múltiples daban como resultado múltiples resultados, ¿cómo decidirían los científicos cuál usar? Al final los astrónomos adoptaron una ingeniosa solución que se conoció originalmente como «el método de los promedios»:[17] todas las mediciones originales se combinaban en una única «medida promedio» que, según los defensores de este método, estimaba de manera aproximada el verdadero valor de la medida en cuestión, más que la de cualquier observador en solitario.[18]

Cuando Quetelet se aventuró a establecer una ciencia social, su decisión más crucial fue tomar prestado el método de los promedios de la astronomía y aplicarlo a las personas. Su decisión conduciría a una revolución en el modo en que la sociedad pensaba acerca del individuo.

EL HOMBRE PROMEDIO

A principios de la década de 1840, Quetelet analizó un conjunto de datos publicados en un diario médico de Edimburgo que enumeraban la circunferencia del pecho, en pulgadas, de 5.738 soldados escoceses. Este fue uno de los estudios del ser humano más importantes e inadvertidos en los anales de la ciencia. Quetelet juntó las mediciones, después dividió la suma por el total del número de soldados. El resultado fue de poco más de treinta y nueve pulgadas y tres cuartos: la circunferencia del pecho promedio de un soldado escocés. Este número representó una de las primeras veces en que un científico calculó la media de *cualquier* medida humana.[19] Pero no fue la aritmética de Quetelet lo que hizo historia, fue su respuesta a una pregunta bastante simple en apariencia: ¿qué *significaba* en realidad este promedio, precisamente?

Si le dedicas un par de minutos a pensarlo, realmente no está muy claro lo que significa «tamaño medio». ¿Es una guía aproximada del tamaño de los seres humanos normales? ¿La estimación del tamaño de una persona elegida al azar? ¿O hay alguna clase de significado fundamental en el fondo de este número? La propia interpretación de Quetelet —la primera interpretación científica de un humano promedio— como era de esperar, fue concebida a partir de los conceptos de la observación astronómica.

Los astrónomos creían que cada medición individual de un objeto celestial (como la de un científico de la velocidad de Saturno) siempre contenía cierta cantidad de errores, aunque la suma *total* de errores acumulados en un grupo de mediciones individuales (como las mediciones de la velocidad de Saturno de diferentes científicos, o diferentes mediciones de un solo científico) se podía minimizar usando la medición promedio.[20] De hecho, una célebre prueba del conocido matemático Carl Gauss parecía demostrar que la medición promedio estaba más cerca del verdadero valor de una medición (como la de la verdadera velocidad de Saturno) de lo que se podría esperar que estuviera.[21] Quetelet aplicó el mismo pensamiento a su interpretación de los promedios humanos: declaró que la persona individual era sinónimo de error, mientras que la persona promedio representaba al verdadero ser humano.[22]

Después de que Quetelet calculase la media de la circunferencia del pecho de los soldados escoceses, concluyó que el tamaño del pecho de cada soldado individual representaba un ejemplo de un «error» que ocurría de forma natural, mientras que el tamaño medio de pecho representaba la talla del «verdadero» soldado: un soldado perfectamente formado libre de cualquier imperfección o alteración, como la naturaleza pretendía que fuera un soldado.[23] Para justificar esta peculiar interpretación, Quetelet ofreció una metáfora explicativa conocida como «la estatua del gladiador».

Quetelet nos invita a imaginar la estatua de un gladiador. Supón que los escultores hacen mil copias de la estatua. Él asegura que cada una de esas copias hechas a mano tendrá siempre algún error o fallo que la volverá diferente a la original. Aun así, según Quetelet, si tomases la media de las mil copias, esta «estatua promedio» sería casi idéntica a la original. De la misma manera, insistió en un sorprendente giro de la lógica, si sacabas la media de mil soldados diferentes, terminarías con una aproximación muy cercana al único soldado verdadero, que existe en alguna dimensión platónica, del cual todo soldado viviente era una representación imperfecta.[24]

Quetelet siguió con la misma línea de razonamiento con respecto a toda la humanidad, asegurando que cada uno de nosotros es una copia con fallos de alguna clase de plantilla cósmica para los seres humanos. Él le llamó a esa plantilla «el hombre promedio».[25] Hoy, por supuesto, a menudo consideramos que alguien a quien se describe como «promedio» es inferior o carece de algo: alguien mediocre. Pero para Quetelet el hombre promedio era la perfección en sí misma, un ideal al que aspiraba la naturaleza, libre del Error con «E» mayúscula. Declaró que el hombre más grande de la historia sería el que estuviese más cerca del hombre promedio de su lugar y su época.[26]

Dispuesto a desenmascarar el rostro secreto del hombre promedio, Quetelet comenzó a computar la media de todo atributo humano cuyos datos pudo encontrar. Calculó la estatura, el peso y la complexión promedio. Calculó la edad media a la que la gente se casa y la edad media a la que muere. Calculó el número medio de nacimientos anuales, el número medio de gente que vive en la pobreza, la media de los incidentes delictivos, la cantidad media de educación e incluso la tasa media de suicidios anuales. Inventó el Índice Quetelet —hoy conocido como el índice de masa corporal (IMC)— y calculó el IMC promedio de hombres y mujeres para identificar la salud promedio. Cada uno de estos valores medios, aseguraba Quetelet, representaba las cualidades escondidas del único humano verdadero, el hombre promedio.

Del mismo modo que Quetelet admiraba al hombre promedio, mantenía una cantidad semejante de antipatía hacia aquellos individuos desafortunados que se desviaban de la media. «Cualquier cosa que difiera de las proporciones y la condición del hombre promedio constituirá deformidad o enfermedad», aseguró Quetelet. «Todo lo que se demuestre diferente, no solo con respecto a la proporción o la forma, sino que exceda los límites observados, constituirá una monstruosidad».[27] No hay duda de que Quetelet habría elogiado a la estatua de Norma. «Si un individuo de cualquier época de la sociedad poseyera todas las cualidades del hombre promedio», declaró Quetelet, «representaría todo lo que es grande, bueno o hermoso».[28]

Aunque hoy no pensamos que una persona en la media indique la perfección, damos por supuesto que una persona promedio es la representación prototípica de un grupo: un *tipo*. Existe una poderosa tendencia en la mente humana a simplificar el modo en que pensamos en las personas imaginando que todos los miembros de un grupo —como los «abogados», los «vagabundos» o los «mexicanos»— actúan según un conjunto de características comunes, y la investigación de Quetelet dotó a este impulso de una justificación científica que rápidamente se convirtió en una piedra angular de las ciencias sociales. Desde que Quetelet introdujo la idea del hombre promedio, los científicos han descrito las características de un número aparentemente infinito de tipos, como «personalidades de tipo A», «tipos neuróticos», «controladores» y «tipos líderes», argumentando que puedes hacer predicciones útiles acerca de cualquier miembro individual de un grupo simplemente conociendo los rasgos del miembro promedio: el tipo del grupo.

Puesto que la nueva ciencia de Quetelet del hombre promedio parecía imponer un orden agradable sobre la acelerada amalgama de estadísticas humanas, mientras que a la vez validaba la tendencia natural de las personas a estereotipar a las demás, no es nada extraño que sus ideas corrieran como la pólvora. Los gobiernos adoptaron la física social de Quetelet como base para comprender a sus ciudadanos y diseñar políticas sociales. Sus ideas ayudaron a centrar la atención política sobre la clase media, puesto que se les percibía como los más cercanos al ciudadano medio de una nación y, según el razonamiento queteletiano, al verdadero tipo de belga, francés, inglés, alemán o prusiano. En 1846, Quetelet organizó el primer censo del gobierno belga, que se convirtió en el patrón de oro de todos los censos modernos; él incluso asesoró a James A. Garfield, entonces miembro del Congreso de Estados Unidos, acerca de cómo mejorar el censo estadounidense.[29]

Quetelet también influyó en los militares estadounidenses. Durante la Guerra Civil, el presidente Abraham Lincoln decidió que el ejército de la Unión necesitaba más información sobre sus soldados para proporcionar una distribución más eficiente de los recursos, así que autorizó el mayor estudio antropométrico en la historia del mundo en aquella época. Todo soldado de la Unión era medido física, médica y moralmente, y entonces —en obediencia explícita a la nueva ciencia de Quetelet— se calculaba y se informaba el promedio. Este estudio descomunal fue la base para la antigua filosofía de diseño estandarizado del ejército estadounidense.[30]

Tú y yo damos por seguro el promedio. Forma parte de todo el murmullo y parloteo diario de los medios de comunicación. Mientras escribo esto, el *New York Times* de hoy informa acerca de la cantidad media de deuda de los estudiantes, el número medio de espectadores en el horario de máxima audiencia de la televisión y el salario medio de los médicos. Pero cada vez que Quetelet descubría un nuevo promedio, el público se quedaba atónito. Por ejemplo, Quetelet mostró que la tasa media de suicidios permanecía relativamente estable de año en año.[31] Aunque para nosotros esto difícilmente sería una noticia impactante, en la década de 1830 el suicidio parecía una decisión privada altamente irracional que no era posible que se conformase a ningún patrón profundo. En vez de eso, Quetelet mostró que los suicidios ocurrían con una regularidad firme y segura… y no solo eso, aseguraba que la estabilidad de los sucesos indicaban que todo el mundo posee una propensión promedio hacia el suicidio. El hombre promedio, atestiguaba Quetelet, era suicida hasta un cierto punto medio.[32]

Los académicos y los pensadores de todos los campos aclamaron a Quetelet como un genio por describir las leyes ocultas para gobernar una sociedad. Florence Nightingale adoptó sus ideas en la enfermería, declarando que el hombre promedio era «la voluntad de Dios». Karl Marx adoptó las ideas de Quetelet para desarrollar su teoría económica del comunismo, anunciando que el hombre promedio probaba la existencia del determinismo histórico. El físico James Maxwell se inspiró en las matemáticas de Quetelet para formular la teoría clásica de la mecánica de los gases. El médico John Snow usó las ideas de Quetelet para luchar contra el cólera en Londres, marcando el surgimiento del campo de la salud pública. Wilhem Wundt, el padre de la psicología experimental, leyó a Quetelet y proclamó: «Se puede afirmar sin exageración que es posible aprender más psicología de los promedios estadísticos que de todos los filósofos, excepto Aristóteles».[33]

La invención del hombre promedio de parte de Quetelet marcó el comienzo de la Era del Promedio. Representaba el momento en que el promedio se volvió normal, el individuo se convirtió en un error y los estereotipos se validaron con el sello de la ciencia. Estas suposiciones finalmente conducirían a las fuerzas aéreas a diseñar cabinas que se ajustasen al piloto promedio, y a mis profesores del Hospital General Mass a enseñarme a interpretar los mapas del Cerebro Promedio. Impulsarían a generaciones de padres a preocuparse si sus hijos no se desarrollaban según los hitos del promedio, y provocarían que casi todos nos sintamos ansiosos cuando nuestra salud, nuestra vida social o nuestra carrera se desvía demasiado de la media.

Pero Quetelet solo constituye la mitad de la historia de cómo llegó la Era del Promedio. La otra mitad se centra en Sir Francis Galton, el gigante que comenzó como uno de los discípulos más devotos de Quetelet, pero que finalmente se convirtió en uno de sus más distinguidos detractores.[34]

LOS EMINENTES Y LOS IMBÉCILES

En 1851, la Gran Exposición —a veces llamada la primera exposición universal— se celebró en Londres. Expositores de todas las naciones mostraron sus productos, tecnologías e invenciones más interesantes. Los británicos esperaban que el evento le demostrase al mundo la superioridad de su país. Pero al pasear por las exhibiciones, en seguida se hizo evidente que sus esperanzas no serían satisfechas. Las exhibiciones más impresionantes no eran británicas, sino estadounidenses. Los emprendedores del otro lado del Atlántico ofrecían maravillas industriales que sobrepasaban cualquier cosa que los británicos hubieran ofrecido, incluido el revolver de Samuel Colt, la máquina de coser de Isaac Singer y la segadora mecánica de Robert McCormick.[35] Muchos ingleses comenzaron a preocuparse por que su país se estuviese quedando rezagado frente al resto del mundo; y uno de los que se preocupó especialmente fue Francis Galton. Estaba seguro de conocer la causa precisa de la abrupta recesión del Reino Unido: el creciente estatus de las clases bajas.[36]

Galton, cuya familia había hecho su fortuna en la banca y la armamentística, era miembro de la rica clase comerciante. Creía en la superioridad innata de su familia y otros miembros de la clase alta y, según pensaba él, la creciente democratización de la sociedad corrompía la grandeza del Imperio británico.[37] Estaba seguro de que la manera de restaurar la deslustrada gloria de Gran Bretaña era restableciendo la debilitada autoridad del estrato social superior; y creía que las matemáticas de Quetelet explicaban por qué.

Siendo matemático de formación, Galton consideraba que el anciano belga era brillante, y lo llamó «la mayor autoridad sobre las estadísticas vitales y sociales».[38] Galton coincidía con Quetelet en que el promedio representaba el fundamento científico para entender a las personas. De hecho, Galton estaba de acuerdo con casi todas las ideas de Quetelet, excepto una: la idea de que el hombre promedio representaba el ideal de la naturaleza. Nada más lejos de la verdad, aseguraba Galton. Para él, estar en la media era ser mediocre, ordinario y nada distinguido: igual que las clases bajas que ahora votaban por los representantes en la Cámara de los Comunes.[39] Galton se habría burlado de la idea de que las mujeres trataran de amoldarse a sí mismas a la imagen de Norma. No, si las mujeres querían un modelo para emular, Galton creía que no había ninguno mejor que Su Majestad la Reina.

Galton creía que era un imperativo de la humanidad tratar de *mejorar* el promedio tanto como fuera posible, y citó las investigaciones de su primo Charles Darwin para apoyar esta declaración, escribiendo: «Lo que la naturaleza hace a ciegas, lenta y cruelmente, los hombres pueden hacerlo próvida, rápida y amablemente».[40] Aunque Quetelet consideró que una desviación excesiva del promedio constituía una «monstruosidad», Galton creía que la visión del belga solo tenía parte de razón. Celebridades que estaban muy por encima de la media —como Galton, la reina Victoria e Isaac Newton— por supuesto que no eran monstruosidades, sino que formaban una clase distinta que Galton denominó «los eminentes». A aquellos que estaban muy por debajo del promedio Galton los llamó «los imbéciles».[41]

Por eso Galton rechazó la convicción de Quetelet de que los individuos que se desviaban del promedio representaban un «error». Al mismo tiempo, estaba de acuerdo con él en el concepto de los tipos, puesto que creía que los eminentes, los imbéciles y los mediocres consistían cada uno en un tipo separado de seres humanos. Dicho llanamente, Galton quería preservar la idea de Quetelet de que el miembro promedio de un grupo representaba el tipo del grupo, pero rechazaba su idea de que una desviación individual del promedio representara un error. ¿Cómo resolvió esta aparente paradoja? Por medio de un acto de jiu-jitsu moral y matemático: definió «error» como «rango».[42]

Quetelet podría decir que realmente no importaba que fueras un 50% más rápido o un 50% más lento que el promedio; en cualquier caso serías la misma desviación del promedio, y encarnarías el mismo error y la misma distancia frente a la perfección. Galton habría opinado lo contrario. Él decía que una persona que fuera un 50% más rápida que la media sería claramente *superior* a alguien un 50% más lento. No eran iguales: la persona más rápida representaba a un individuo de mayor *rango*.

Galton repartió a la humanidad en catorce clases diferentes, que oscilan desde los «imbéciles» en el rango más bajo, pasando por los «mediocres» en la mitad hasta llegar a los miembros «eminentes» en el rango más alto. Fue un cambio fundamental en el significado del promedio, y transformó la noción de normalidad en mediocridad. Pero Galton no se detuvo ahí. También estaba tan seguro de que los eminentes representaban una categoría separada de seres humanos que aseguró que el rango de una persona era constante en todas las cualidades y dimensiones: en lo mental, lo físico y lo moral.[43] Según Galton, si tu inteligencia era eminente, resultaba muy probable que tu salud física también lo fuera, así como tu coraje y honestidad. De igual modo, si tu habilidad para las matemáticas pervivía en los rangos más bajos, tus habilidades verbales probablemente también andarían muy por debajo del promedio, por no mencionar tu belleza y autodisciplina. «Como han demostrado las estadísticas, las mejores cualidades están correlacionadas en gran medida», escribió Galton en 1909.[44] «Los jóvenes que se convirtieron en jueces, obispos, estadistas y líderes del progreso en Inglaterra podrían haber integrado formidables equipos atléticos en su época».

Para que el concepto de rango de Galton fuera verdad debía apoyar su opinión de que los eminentes eran la mayor esperanza para restaurar la caduca gloria de Gran Bretaña, puesto que eso significaría que los eminentes como clase eran eminentes en todas las cosas. Para probar la existencia del rango, Galton desarrolló nuevos métodos estadísticos, incluyendo la *correlación*, una técnica que le permitía evaluar la relación de rango entre diferentes cualidades.

Todas estas invenciones estadísticas se basaban en lo que Galton llamó «la ley de la desviación del promedio»: la idea de que lo que más importaba en un individuo era lo bien o lo mal que estaba con respecto al promedio. Para nuestras mentes del siglo XXI parece tan natural y obvio que la gente con talento está «por encima de la media», mientras que los tipos incompetentes están «por debajo de la media», que resulta simplista atribuir el origen de esta idea a una persona. Aun así, fue Galton quien casi sin ayuda suplantó la convicción de Quetelet de que el valor humano se podía medir por lo cerca que una persona estuviera del promedio con la idea de que el valor se medía mejor teniendo en cuenta lo *lejos* que una persona estuviera del promedio. Igual que las ideas de Quetelet acerca de los tipos arrasaron en el mundo intelectual de la década de 1840, así la idea del rango de Galton lo hizo en la década de 1890, y para principios de los años 1900 la noción de que se podía clasificar a la gente en diferentes categorías de habilidades desde lo bajo hasta lo alto se había infiltrado prácticamente en todas las ciencias sociales y conductuales.

La Era del Promedio —una era cultural que se extiende desde la invención de la física social de Quetelet en la década de 1849 hasta hoy— se puede caracterizar por dos suposiciones que comparten inconscientemente casi todos los miembros de la sociedad: la idea del hombre promedio de Quetelet y la idea del rango de Galton. Todos hemos llegado a creer, como Quetelet, que el promedio es un índice fiable de normalidad, en particular cuando se trata de la salud física, la salud mental, la personalidad y el estatus económico. También hemos llegado a creer que el rango de un individuo en una estrecha medida de logros se puede usar para juzgar su talento. Estas dos ideas sirven como principios organizativos detrás de nuestro actual sistema de educación, la vasta mayoría de las prácticas de contratación y una gran parte de los sistemas de evaluación del rendimiento de los empleados en todo el mundo.

Aunque la influencia de Quetelet en el modo en que pensamos acerca de los individuos permanece profundamente arraigada en nuestras instituciones, para la mayoría de nosotros es el legado de Galton el que se cierne alrededor de nuestra vida personal de una manera más intensa e íntima. Todos sentimos la presión para esforzarnos y llegar lo más lejos posible del promedio. Gran parte del tiempo ni siquiera pensamos *qué*, exactamente, es eso en lo que tanto intentamos superar a la media, dado que el *por qué* está muy claro: solo podemos conseguir el éxito en la Era del Promedio si los demás no nos ven como mediocres o —¡qué desastre!— por debajo de la media.

EL AUGE DE LOS PROMEDIANOS

En los albores del siglo xx la mayoría de los científicos y legisladores tomaban decisiones acerca de las personas basándose en el promedio.[45] Este desarrollo no consistía simplemente en la adopción de nuevas técnicas estadísticas. Supuso un cambio radical en cómo concebíamos la relación entre el individuo y la sociedad. Tanto el tipo como el rango descansan en una comparación del individuo con el promedio de un grupo. Por lo tanto, tanto Quetelet como Galton aseguraban, explícita y fervientemente, que solo se podía comprender a cualquier persona en particular en comparación con el grupo y, por consiguiente, desde la perspectiva de las nuevas ciencias sociales el individuo era enteramente irrelevante.

«Al hablar del individuo se debe comprender que no estamos intentando hablar de tal o cual hombre en particular; debemos volvernos a la impresión general que permanece después de haber considerado a un gran número de personas», escribió Quetelet en 1835. «Eliminar su individualidad eliminará todo lo que es accidental».[46] Igualmente, el primer tema de *Biometrika*, un diario académico que Galton fundó en 1901, proclamaba: «Es casi imposible estudiar cualquier tipo de vida sin sentirse impresionado por la pequeña importancia del individuo».[47] Puede parecer que existe alguna diferencia fundamental entre decir que una persona está incluida en el percentil 90 y decir que una persona es de tipo introvertido, pero en última instancia ambas cosas requieren la comparación con un promedio. Estos dos enfoques apenas reflejan una interpretación alternativa de las mismas matemáticas subyacentes, pero comparten la misma convicción: la individualidad no importa.

Cuando se introdujo por primera vez el promedio en la sociedad muchos victorianos educados reconocieron inmediatamente que había algo vital bajo amenaza en su extraño nuevo enfoque para comprender a las personas, y condujeron a muchos a la advertencia, tal vez proféticamente, de los peligros de ignorar la individualidad. En un ensayo de 1864, un conocido poeta británico llamado William Cyples reconoció los aparentes triunfos de una nueva generación de científicos y burócratas que aplicaban el promedio antes de endosarles un apodo tan distintivo como despectivo: *promedianos*. Este término es tan útil y apto que yo lo empleo para describir a cualquiera —científicos, educadores, gerentes— que use los promedios para entender a los individuos.

En su ensayo, Cyples está preocupado por cómo será el futuro si los promedianos toman el poder: «Estos promedianos normalmente dan las estadísticas de asesinatos, suicidios y (¡qué desdichada conexión!) matrimonios como prueba de la uniformidad periódica de los sucesos [...] Deberíamos ser más bien unidades humanas que hombres [...] Sufrimos o prosperamos en el grado de un porcentaje; el destino no es tanto una ordenación personal como una distribución que se nos ha dado en grupos estadísticos [...] Se debe presentar con seguridad una protesta contra esta superstición moderna de la aritmética que, si se consiente, terminaría amenazando a la humanidad con una plaga peor que cualquiera que haya sufrido: no tanto la de un destino fijado como la de un destino expresado en fracciones decimales, que no cae sobre nosotros de forma personal, sino por promedios».[48]

No fueron solo los poetas quienes se preocuparon por la creciente influencia de los promedianos. Los médicos también se opusieron firmemente al uso del promedio para evaluar a los individuos bajo su cuidado. «Puedes decirle a un paciente que, de cada cien casos iguales, ochenta se curan [...] pero eso apenas le conmoverá. Lo que quiere saber es si él se encuentra dentro del número de los que se curan», escribió Claude Bernard, el médico francés al que se le considera padre de la medicina experimental, en 1865.[49] «Los médicos no tienen nada que ver con lo que se llama la ley de los grandes números, una ley que, según expresa un gran matemático, siempre es verdad en lo general y falso en lo particular».[50]

Sin embargo, la sociedad no escuchó estas tempranas protestas, y hoy juzgamos reflexivamente a cada individuo con el que nos encontramos en comparación con el promedio... incluyéndonos a nosotros mismos. Cuando los medios de comunicación informan del número de amigos cercanos que posee un ciudadano promedio (8,6 en Estados Unidos), o el número de parejas románticas a las que besa la persona promedio a lo largo de su vida (15 para mujeres, 16 para hombres), o el número de peleas por el dinero que una pareja promedio sufre cada mes (3 en Estados Unidos)... es rara la persona que no compara automáticamente su propia vida con estas cifras. Si hemos conseguido más que nuestra justa porción de besos, puede que incluso sintamos una oleada de orgullo; si nos hemos quedado cortos, quizá sintamos autocompasión o vergüenza.[51]

Dividir en tipos y rangos ha llegado a ser tan elemental, natural y correcto que ya no somos conscientes del hecho de que cada uno de esos juicios elimina la individualidad de la persona que está siendo juzgada. Un siglo y medio después de Quetelet —exactamente como temían los poetas y médicos del siglo xix— todos nos hemos convertido en promedianos.

CAPÍTULO 2

CÓMO SE ESTANDARIZÓ NUESTRO MUNDO

Después de abandonar la secundaria, trabajé brevemente en una enorme planta de troquelado de aluminio en Clearfield, Utah. Me sirvió como introducción al mundo laboral. El primer día se me entregó una pequeña tarjeta que explicaba con preciso detalle cómo exactamente se suponía que debía hacer mi trabajo, e incluso se dictaban los movimientos preferidos de mis brazos y mis pies. Agarré un bloque de aluminio sin tratar de una pila y lo cargué hasta la máquina de troquelado en caliente. Pasé el bloque por la máquina, que lo comprimió y sacó una barra en forma de L o S como si fuera de plastilina. Amontoné la barra en un palé y presioné un botón para registrar que había completado una unidad (una porción de mi paga estaba basada en el número de unidades que troquelaba), entonces corrí de nuevo a la pila y empecé otra vez.

Mis dos recuerdos más persistentes del trabajo son las infinitas repeticiones de cortar y correr, cortar y correr, cortar y correr... y el penetrante sonido metálico del timbre de la fábrica anunciando el comienzo y el final de mi turno. La experiencia fue deshumanizadora. Como empleado en una planta de aluminio mi individualidad no importaba en absoluto. En vez de eso, como había advertido el poeta británico Cyples, yo era una «unidad humana»: una mera estadística, un trabajador promedio. No era coincidencia: todo el entorno de trabajo estaba diseñado según los principios del promedianismo, la suposición de que se puede evaluar, clasificar y dirigir a los individuos comparándolos con el promedio.

Puesto que el promedianismo originalmente surgió como resultado del trabajo de dos científicos europeos que trataban de usar las matemáticas para resolver complejos problemas sociales, podría haber perdurado como una filosofía esotérica solo de interés para académicos e intelectuales. Pero tú y yo hemos nacido en un mundo en el que la noción del promedio impregna cada aspecto de nuestras vidas desde el nacimiento hasta la muerte, infiltrándose en los juicios más confidenciales de nuestra autoestima. ¿Cómo exactamente consiguió el promedianismo pasar de ser una conjetura abstracta de un mundo ideal a ser la doctrina organizativa preeminente en los negocios y escuelas de todo el mundo? La respuesta a esta pregunta se centra en gran medida en un solo hombre llamado Frederick Winslow Taylor.

Un economista escribió que Taylor «probablemente había tenido un efecto mayor sobre las vidas públicas y privadas de hombres y mujeres del siglo xx que cualquier otro individuo».[1] Nacido en una rica familia de Pennsylvania en 1856, el Taylor adolescente pasó dos años estudiando en Prusia, uno de los primeros países en reorganizar sus escuelas y ejércitos según las ideas de Quetelet, y un lugar donde es probable que fuera expuesto por primera vez a las ideas del promedianismo que finalmente conformarían los pilares filosóficos de su trabajo.[2]

Después de regresar a casa para asistir a la Academia Phillips Exeter, una escuela preparatoria, su familia esperaba que Taylor siguiera los pasos de su padre y estudiara derecho en Harvard. En vez de eso se hizo aprendiz de operario en una compañía de bombas de Filadelfia. Cuando leí por primera vez acerca de la decisión profesional del joven Taylor pensé que yo había encontrado a un alma gemela, imaginándome a Taylor como un adolescente problemático que no veía claro su camino en la escuela ni en la vida. Estaba equivocado. La decisión de Taylor de trabajar para un fabricante de bombas se compara mejor con un ambicioso Mark Zuckerberg abandonando Harvard para fundar Facebook.

En la década de 1880, Estados Unidos estaba haciendo la transición de una economía agrícola a una industrial. Vías férreas recién extendidas unían ciudades por medio de redes de hierro, los inmigrantes inundaron el país tan rápido que podías caminar por vecindarios enteros sin escuchar una palabra en inglés, y las ciudades se expandían tan rápido que entre 1870 y 1900 la población de Chicago se sextuplicó. Estas alteraciones sociales venían acompañadas de importantes cambios económicos, y los más grandes estaban teniendo lugar en los gigantes edificios nuevos de manufactura: las fábricas. Taylor renunció a Harvard para trabajar en Enterprise Hydraulic Works en los albores de las fábricas electrificadas, una época en la que hacer, montar y construir cosas despertaba la misma sensación de ser una oportunidad para conquistar el mundo que encontramos hoy en Silicon Valley.[3]

Taylor esperaba hacerse un nombre en este apasionante nuevo mundo de la industria, una ambición que se alimentaba del hecho de que la compañía de bombas era propiedad de amigos de la familia. Él tenía que realizar un trabajo pesado mínimo, así que era libre en gran medida para observar y contemplar los detalles de las operaciones de la fábrica. Cuando terminó su aprendizaje se convirtió en obrero del taller mecánico de Midvale Steelwork, un negocio de otro amigo, donde se situó en la vía rápida de los ascensos. Después de seis ascensos en seis años fue elegido jefe de ingenieros de toda la compañía.[4]

Durante esos seis años Taylor contempló los problemas de la nueva era de la producción industrial. Eran muchos. Las primeras décadas de la Segunda Revolución Industrial se caracterizaron por una inflación desbocada, salarios en descenso y frecuentes ataques de pánico económicos. Cuando Taylor comenzó en Midvale, el país estaba en medio de la peor depresión de su generación. Los trabajadores rara vez permanecían en un solo lugar, y las fábricas tenían tasas de cambio de personal de entre 100% y 1.500% en un solo año.[5] En realidad nadie comprendía lo que causaba todos aquellos nuevos problemas económicos de la era industrial, pero para cuando se convirtió en ingeniero jefe, Taylor estaba convencido de que conocía su verdadera fuente: la ineficacia.[6]

Las nuevas fábricas electrificadas, aseguró Taylor, desperdiciaban exorbitantes cantidades de trabajo. Todo aquel desperdicio era el resultado del modo en que las fábricas organizaban a sus trabajadores, que para Taylor era chapucero, inepto y —lo más importante— anticientífico. Siete décadas antes, en los albores de la Revolución Industrial, las primeras industrias a gran escala de fabricación de textiles y de hierro a vapor crearon una enorme agitación social, urgiendo a Adolphe Quetelet a intentar resolver esos nuevos problemas sociales por medio de una ciencia de la sociedad. Quetelet se convirtió en el Isaac Newton de la física social. Ahora, en la década de 1890, Taylor observaba una nueva era de agitación económica y declaró que los problemas de la era industrial solo se podrían resolver por medio de una ciencia del trabajo. En otras palabras, Taylor se propuso convertirse en el Adolphe Quetelet de la organización industrial.

Creía que podría eliminar sistemáticamente la ineficacia de los negocios adoptando el precepto central del promedianismo, la idea de que la individualidad no importaba. «En el pasado el hombre iba primero», anunció Taylor, «en el futuro el sistema debe ir primero».[7]

EL SISTEMA DEBE IR PRIMERO

Antes de que Taylor se propusiera desarrollar una nueva ciencia del trabajo, las compañías a menudo solían contratar a los trabajadores más talentosos disponibles, sin importar su conjunto de habilidades particulares, y entonces permitían que esos empleados estrella reorganizasen los procesos de una compañía según lo que ellos creyeran que podría ayudarles a ser más productivos. Taylor insistió en que lo estaban haciendo al revés. Un negocio no podía amoldar su sistema para encajar con empleados individuales, sin importar lo especiales que parecieran ser. En vez de eso, lo negocios debían contratar a un hombre promedio que encajase en el sistema. «Una organización compuesta de individuos con capacidad mediocre, trabajando de acuerdo con políticas, planes y procedimientos descubiertos por el análisis de los hechos fundamentales de su situación, a largo plazo probará ser más exitosa y estable que una organización de genios liderados cada uno por la inspiración», afirmó Taylor.[8]

Comenzando en la década de 1890, Taylor empezó a lanzar una nueva visión para la organización industrial que sugería minimizar la ineficacia del mismo modo que se suponía que el método del promedio minimizaría el error. Su visión estaba enraizada en un concepto clave del promedianismo: la estandarización.[9] Aunque Quetelet fue el primer científico en promover la estandarización de las burocracias gubernamentales y la recopilación de datos, Taylor dijo que su inspiración para estandarizar el trabajo humano vino de uno de sus profesores de matemáticas en la Academia Phillips Exeter.[10]

A menudo el profesor les asignaba a Taylor y sus compañeros de clase una serie de problemas matemáticos, ordenando a los chicos que chasquearan los dedos y levantaran la mano cuando completaran los problemas. El profesor solía cronometrar a sus estudiantes, y después calculaba cuánto tardaba un muchacho promedio en terminar. Entonces, cuando el profesor preparaba los deberes para la casa, usaba este tiempo medio para calcular exactamente cuántos problemas tenía que incluir en las tareas para que a un chico promedio le tomara exactamente dos horas completarla.

Taylor se dio cuenta de que el método de estandarización de los deberes de su profesor también se podía usar para estandarizar cualquier proceso industrial.[11] Sus primeros intentos de estandarización se llevaron a cabo en Midvale Steelworks. Primero, Taylor buscó modos de mejor la velocidad de cualquier tarea que hubiese que hacer en la fábrica, como añadir carbón al horno. Una vez que se optimizaba una tarea a satisfacción de Taylor, él medía el tiempo medio que le llevaba a los trabajadores completarla. También determinó los movimientos físicos medios que usaba un trabajador para realizar esa tarea. Por ejemplo, determinó que la cantidad óptima de carbón que había que cargar en la pala en un simple movimiento eran 9,5 kilos. Taylor entonces estandarizó todo el proceso industrial alrededor de estos promedios de tal modo que la manera de realizar cada tarea se volvió algo fijo e inviolable (en el caso de las paladas de carbón, insistió en que siempre se usaran palas especiales que optimizasen el transporte de 9,5 kilos), y no se les permitía a los trabajadores desviarse de estos estándares... igual que a mí se me requería troquelar aluminio de un modo precisamente prescrito.

Según Taylor, siempre había «un modo mejor» de conseguir cierto proceso... y solo un modo, el estandarizado.[12] Para Taylor no había nada peor que un trabajador tratando de hacer las cosas a *su* manera. «Hay una roca sobre la cual más de un hombre ingenioso se ha quedado varado, y es la de la satisfacer su facultad de inventiva», advertía Taylor en el artículo de una revista de 1918. «Es totalmente ilegítimo que un hombre promedio comience a hacer una máquina radicalmente nueva, o un método, o un proceso, para reemplazar a una que ya es exitosa».[13] Las fábricas estadounidenses adoptaron los principios de estandarización de Taylor y pronto establecieron reglas de trabajo, imprimieron libros de procedimientos operativos estandarizados y emitieron tarjetas con instrucciones laborales, exponiendo en ellas los requisitos para que se hicieran las cosas. El trabajador, antes conocido como artesano creativo, era relegado al papel de un autómata.[14]

Hoy la estandarización está implementada en las empresas modernas prácticamente igual que en las primeras propuestas de Taylor, algo que experimenté de primera mano en la planta de troquelado de aluminio. Puesto que ese fue mi primer trabajo real a tiempo completo, pensé que su rutina deshumanizante era única en una particular compañía de Utah. Pronto me desengañé de esa idea. Dos años después fui contratado como representante de atención al cliente en una gran compañía de tarjetas de crédito, permaneciendo sentado en una cómoda silla giratoria en una oficina con aire acondicionado. Parecía como si fuera a ser muy diferente a mi trabajo en la fábrica. No lo era. Mi papel, de nuevo, estaba completamente amoldado a los principios de estandarización de Taylor.

Se me dio un guión detallado para que lo usase en las llamadas y se me ordenó no salirme de ese guión bajo ningún concepto. Puesto que seguir el guión correctamente significaba que una llamada al servicio de atención al cliente duraría una cantidad media de tiempo, se me evaluaba sobre la duración de todas y cada una de las llamadas. Si una llamada excedía el tiempo promedio, mi pantalla comenzaba a lanzar destellos rojos. En vez de centrarme en la calidad de la llamada, me centraba en asegurarme de apretar el botón de desconexión lo más rápido posible. El ordenador actualizaba mi tiempo promedio después de cada llamada y mostraba cómo me comparaba con la media del grupo... y también compartía mi porcentaje con mi supervisor. Si mi media excedía mucho la del grupo, mi supervisor me hacía una visita, cosa que hizo varias veces. Si mi media hubiera permanecido alta, me podría haber despedido... aunque yo renuncié antes de que eso llegara a ocurrir.

Durante los cinco años siguientes trabajé en comercios, restaurantes, ventas y fábricas, y en cada una de las organizaciones mi trabajo estaba estandarizado según la creencia de Taylor de que «el sistema debe ir primero». En cada ocasión yo era una pieza de la maquinaria, sin oportunidad de expresar iniciativas ni de asumir la responsabilidad individual. En cada ocasión se esperaba que yo me conformase a la media tanto como fuera posible… o que fuera como todos los demás, mejor aún. Lo peor era que cuando me quejaba de que estos trabajos no tomaban en cuenta mi personalidad, haciéndome sentir inútil y aburrido, a menudo se me acusaba de ser vago o irresponsable. En un sistema estandarizado la individualidad no importa, y eso era lo que pretendía Taylor exactamente.

EL NACIMIENTO DEL GERENTE

La estandarización dejó una pregunta crucial sin responder: ¿quién crearía los estándares que gobernarían un negocio? Por supuesto, el trabajador no, insistía Taylor. Él defendía que los negocios debían quitar de manos de los trabajadores toda la planificación, el control y la toma de decisiones y entregárselo a una nueva clase de «planificadores» que fueran responsables de supervisar a los trabajadores y determinar el mejor modo de estandarizar los procesos de una organización. Taylor adoptó un término recientemente inventado para describir ese nuevo papel: «el gerente».[15]

Aunque la noción de los gerentes puede parecer una idea bastante obvia en nuestras mentes modernas, iba en contra de la sabiduría convencional de los negocios decimonónicos. Antes de Taylor las compañías veían a los empleados «no productivos» que se sentaban en un escritorio sin hacer trabajo físico como un gasto innecesario. No parecía tener ningún sentido contratar a alguien para planear un trabajo que en realidad no *haría*. Pero Taylor insistió en que esta perspectiva estaba del todo equivocada. Las empresas necesitaban cerebros que dirigiesen las manos.[16] Necesitaba planificadores que imaginaran el mejor modo de producir máquinas troqueladoras, de troquelar el aluminio, y el mejor modo de contratar, organizar, pagar y despedir a los trabajadores. Fue la singular visión de Taylor la que le dio forma a nuestra sensación moderna de que el gerente es un ejecutivo que toma decisiones.

Taylor también estableció la división fundamental en los roles de un negocio que en un corto plazo de tiempo llegó a definir nuestro entorno de trabajo moderno: los gerentes están a cargo de dirigir el espectáculo y los empleados son los que realmente hacen el trabajo. En la época de Taylor estos empleados eran básicamente obreros de fábrica, pero hoy incluyen papeles tan variados como asistentes administrativos, flebotomianos, controladores aéreos, ingenieros electricistas e investigadores farmacéuticos. En una charla de 1906, Taylor explicó cómo veía él la relación entre los trabajadores y los gerentes: «En nuestro esquema, no solicitamos la iniciativa de nuestros hombres. No queremos ninguna iniciativa. Todo lo que queremos es que obedezcan las órdenes que les damos, que hagan lo que les decimos, y lo hagan rápido».[17] En 1918, Taylor redobló esfuerzos en cuanto a sus ideas, repartiendo consejos similares a aspirantes a ingenieros mecánicos: «Día a día, año tras año, cada hombre debería hacerse, una y otra vez, dos preguntas: primero, "¿Cómo se llama el hombre para el que ahora trabajo?" y [...] "¿Qué quiere este hombre que haga?". La idea mas importante debería ser la de servir al hombre que está por encima de ti a su manera, no a la tuya».[18]

Taylor expuso estas ideas de estandarización y gestión en su libro *Principios de administración científica* de 1911.[19] El libro se convirtió en un éxito de ventas nacional e internacional en el campo de los negocios, y se tradujo a una docena de lenguas.[20] Casi inmediatamente después de la publicación del libro la administración científica —a menudo llamada simplemente «taylorismo»— se extendió por todas las industrias del mundo.

Los propietarios de negocios reestructuraron sus empresas al crear departamentos y subdepartamentos, cada uno de ellos capitaneado por un gerente taylorista, haciendo del mapa de la organización («organigrama») un nuevo centro de atención. Se establecieron departamentos de recursos humanos y de personal, y se les dio la tarea de encontrar y contratar empleados y asignarles trabajos. El taylorismo inauguró los departamentos de planificación, los expertos en eficiencia, la psicología del trabajo y de las organizaciones, y la ingeniería del tiempo. (Una sola planta de Westinghouse en 1929 tenía un equipo de estudio del tiempo de ciento veinte personas que establecía los estándares para más de cien mil procesos industriales cada mes.)[21]

Puesto que pensar y planear ahora estaba limpiamente separado de hacer y realizar, las empresas desarrollaron un apetito insaciable por que los expertos les contasen la mejor manera de pensar y planear. La industria de la consultoría estratégica nació para satisfacer este apetito, y Frederick Taylor se convirtió en el primer consultor estratégico del mundo. Su opinión se tenía en tanta estima que a veces cobraba el equivalente moderno a 2,5 millones de dólares por sus consejos.

Todos estos consultores estratégicos, departamentos de planificación y expertos en eficiencia dependían de las matemáticas del promedio para presentar sus análisis. Los gerentes creían que la ciencia de Quetelet y Galton justificaba tratar a cada trabajador como una celda en una hoja de cálculo, un número en una columna, un hombre promedio intercambiable. No fue muy difícil convencer a los gerentes de que la individualidad no importaba, puesto que esto hacía su trabajo más fácil y seguro. Después de todo, si tú tomas decisiones sobre las personas usando tipos y rangos, no tendrás razón todo el tiempo… pero tenderás a tener razón sobre la media, y eso era suficientemente bueno para las grandes organizaciones con muchos procesos y roles estandarizados. Es aquellas ocasiones en que los gerentes tomaban una decisión equivocada acerca de un empleado, simplemente culpaban al empleado por no ajustarse al sistema.

La United States Rubber Company, la International Harvester Company y General Motors adoptaron muy pronto los principios de la administración científica. El taylorismo también se aplicó a la albañilería, el enlatado, el procesado de alimentos, el tinte, la encuadernación, la edición, la litografía y el alambrado, y después a la odontología, la banca y la fabricación de mobiliario para hoteles. En Francia, Renault aplicó el taylorismo a la construcción de coches y Michelin lo aplicó a la fabricación de neumáticos. El sistema de planificación nacional del presidente Franklin Roosevelt tomó como modelo el taylorismo de forma explícita. Para 1927, la administración científica ya se había adoptado tan ampliamente que un informe de la Sociedad de Naciones la llamó «un rasgo característico de la civilización estadounidense».[22]

Aunque a menudo se ha identificado al taylorismo con el capitalismo estadounidense, su atractivo cruzó fronteras e ideologías. En la Rusia soviética, Lenin anunció que la administración científica era la clave para levantar la industria rusa y organizar cinco años de planes industriales, y al comienzo de la Segunda Guerra Mundial, Frederick Taylor era tan famoso en la Unión Soviética como Franklin Roosevelt. Mussolini y Hitler añadieron sus nombres a los de Lenin y Stalin como ardientes partidarios del taylorismo, adoptándolo en sus industrias bélicas.[23]

Mientras tanto, las culturas colectivas de Asia aplicaron la administración científica mucho más despiadadamente que sus homólogos occidentales, con compañías como Mitsubishi y Toshiba rehaciéndose por completo según los principios de la estandarización y la separación obrero-gerente. Cuando el hijo de Taylor visitó Japón en 1961, los ejecutivos de Toshiba le rogaron que les diera un lapicero, una fotografía, o cualquier cosa que hubiera tocado su padre.[24]

Hoy la administración científica sigue siendo la filosofía dominante en la organización empresarial en cada país industrializado.[25] A ninguna compañía le gusta admitirlo, por supuesto, ya que en muchos círculos el taylorismo ha adquirido la misma connotación poco respetable que el racismo o el sexismo. Pero muchas de las corporaciones más grandes y exitosas sobre la Tierra todavía se organizan alrededor de la idea de que la individualidad del empleado no importa.

Todo esto nos lleva a una pregunta profunda que trasciende el taylorismo: si tienes una sociedad en la que se afirma la separación de los obreros que se conforman al sistema de los gerentes que definen el sistema, ¿cómo decide la sociedad quién es obrero y quién es gerente?

FÁBRICAS DE EDUCACIÓN

Al igual que el taylorismo comenzó a transformar la industria estadounidense en los albores del siglo XX, las empresas comenzaron a desarrollar una insaciable necesidad de trabajadores semicualificados que poseyeran educación secundaria. Pero había un problema. No solo el país tenía una carencia universal de educación secundaria, sino que casi no había escuelas de secundaria. En el año 1900, apenas 6% de la población estadounidense terminaba la secundaria. Solo 2% terminaba la universidad.[26] Al mismo tiempo, había una afluencia masiva de hijos de inmigrantes y obreros de fábricas, particularmente en las ciudades, que amenazaba con incrementar aún más el número de jóvenes sin estudios. Pronto se hizo evidente que todo el sistema educativo estadounidense necesitaba un gran repaso general.

La cuestión que ocupaba a los primeros reformadores de la educación era cuál debía ser la misión del nuevo sistema escolar. Un grupo de educadores con una perspectiva humanista afirmó que el objetivo apropiado de la educación era proporcionar a los estudiantes la libertad de descubrir sus talentos e intereses al ofrecerles un entorno que les permitiera aprender y desarrollarse a su ritmo. Hubo algunos humanistas que incluso sugirieron que no debía haber cursos obligatorios, y que las escuelas debían ofrecer más cursos que cualquier estudiante tuviera la posibilidad de seguir.[27] No obstante, cuando llegó el momento de ofrecer un sistema de secundaria obligatorio en toda la nación, el modelo humanista se dejó a un lado a favor de una visión de la educación muy diferente: una visión taylorista.

Nunca fue una pelea justa. En un lado estaban los humanistas, una camarilla de académicos con abrigos de *tweed* procedentes de los cómodos y exclusivos colegios universitarios del noreste. Frente a ellos había una amplia coalición de industrialistas pragmáticos y ambiciosos psicólogos plantados en los valores de la estandarización y la administración jerárquica. Estos tayloristas educativos señalaban que, aunque era bonito pensar en ideales humanistas como la autodeterminación educativa, en un tiempo en el que muchas escuelas públicas tenían un centenar de muchachos en una sola clase, la mitad de ellos incapaces de hablar inglés y muchos viviendo en la pobreza, los educadores no podían darse el lujo de ofrecerles a los jóvenes la libertad de ser cualquier cosa que ellos quisieran.[28]

Los tayloristas educativos declararon que la nueva misión de la educación debía ser preparar a grandes números de estudiantes para trabajar en la economía recién taylorizada. Siguiendo la máxima de Taylor de que un sistema de trabajadores promedio era más eficiente que un sistema de genios, los tayloristas educativos defendieron que las escuelas debían proporcionar una educación estándar para un estudiante promedio, en vez de intentar promover la grandeza. A modo de ejemplo, John D. Rockefeller fundó una organización conocida como General Education Board, que publicó un ensayo en 1912 describiendo su visión taylorista de las escuelas: «No debemos intentar hacer a estas personas, o a cualquiera de sus hijos, filósofos, u hombres de letras o de ciencia. No debemos levantar de entre ellos a escritores, oradores, poetas, pintores, músicos [...] ni abogados, médicos, predicadores, políticos, legisladores, de los cuales tenemos un amplio suministro [...] La tarea que tenemos ante nosotros es muy simple, así como hermosa [...] organizaremos a nuestros hijos en pequeñas comunidades y les enseñaremos a hacer de manera perfecta aquellos que sus padres y madres hacen de manera imperfecta».[29]

Para organizar y enseñar a niños a fin de que se conviertan en obreros que puedan realizar tareas industriales «de una manera perfecta», los tayloristas se dispusieron a rehacer toda la estructura del sistema educativo para adaptarla al principio central de la administración científica: estandarizarlo todo alrededor del promedio. Las escuelas de todo el país adoptaron el «Plan Gary», que lleva el nombre de la ciudad industrializada de Indiana donde se originó: a los estudiantes se los dividía en grupos por edad (no por rendimiento, intereses o aptitudes), y estos grupos de estudiantes rotaban por diferentes clases, durante cada una un periodo de tiempo estandarizado. Se introdujeron los timbres escolares para simular los timbres de las fábricas, con la intención de preparar mentalmente a los niños para sus futuras carreras.[30]

Los reformadores educativos tayloristas también introdujeron un nuevo papel profesional en la educación: los planificadores de currículos. Tomando como modelo la administración científica, estos planificadores crearon un currículo fijo e inviolable que dictaba todo lo que ocurría en la escuela, incluyendo qué y cómo debían pensar los estudiantes, qué debían contener los libros de texto y cómo se calificaba a los alumnos. Según se fue extendiendo la estandarización por las escuelas de todo el país, las juntas escolares adoptaron rápidamente una administración jerárquica que replicaba la estructura administrativa del taylorismo, asignando tareas de planificación ejecutiva a los directores, los superintendentes y los superintendentes de distrito.

En 1920, la mayoría de las escuelas estadounidenses estaban organizadas según la visión taylorista de la educación, trataban a cada estudiante como un estudiante promedio y tenían como objetivo proporcionarle a cada uno de ellos la misma educación estandarizada, sin importar su trasfondo, sus habilidades o intereses. En 1924, el periodista estadounidense H. L. Mencken resumió el estado del sistema educativo: «El objetivo de la educación pública no es, en absoluto, expandir el entendimiento; simplemente es reducir a todos los individuos como sea posible al mismo nivel seguro, criar y entrenar a una ciudadanía estandarizada, acabar con la disconformidad y la originalidad. Ese es su objetivo en Estados Unidos [...] y su objetivo en cualquier otro lugar».[31]

Las escuelas estadounidenses, en otras palabras, eran firmemente quetelianas, con sus currículos y clases diseñados para servir al estudiante promedio y crear obreros promedio. Aun así, un hombre sentía que los tayloristas educativos no habían llevado suficientemente lejos el promedianismo. En un sobrecogedor paralelo, igual que Galton había adoptado las ideas de Quetelet acerca del hombre promedio antes de modernizar las ideas del viejo belga y usarlas para separar las clases superiores de la sociedad de las inferiores, Edward Thorndike adoptó las ideas de Taylor acerca de la estandarización antes de modernizarlas y usarlas para separar a los estudiantes superiores de la escuela de los inferiores.

LOS DOTADOS Y LOS INÚTILES

Thorndike fue uno de los psicólogos más prolíficos e influyentes de todos los tiempos.[32] Publicó más de cuatrocientos artículos y vendió millones de libros de texto.[33] Su mentor en Harvard, William James, describió a Thorndike como un «monstruo de la naturaleza» por su adictiva productividad. Ayudó a inventar los campos de la psicología educativa y la psicometría educativa mientras perseguía su logro más influyente de todos: establecer la misión de las escuelas, colegios universitarios y universidades en la Era del Promedio.

Thorndike apoyaba completamente la taylorización de las escuelas. De hecho, él jugó un papel predominante en el mayor programa de formación del país para superintendentes escolares, preparándolos para sus roles como gerentes científicos en el sistema educativo estandarizado.[34] No obstante, Thorndike creía que los tayloristas cometían un error cuando defendían que el cometido de la educación era proporcionarle a cada estudiante la misma educación promedio y prepararlos a todos para los mismos trabajos promedios. Thorndike creía que las escuelas, más bien, debían catalogar a los jóvenes según su capacidad para que se les pudiera dirigir a su adecuada posición en la vida, ya fuera gerente u obrero, un líder eminente o un paria desechable; y de acuerdo a ello se debían asignar los recursos educativos. El axioma principal de Thorndike era: «La calidad es más importante que la igualdad», y con ello quería decir que resultaba más importante identificar a los alumnos superiores y colmarlos de apoyo que proporcionar a cada estudiante las mismas oportunidades educativas.

Thorndike era un defensor entusiasta de las ideas de Francis Galton, a quien reverenciaba como «un científico sumamente justo».[35] Estaba de acuerdo con Galton en la noción del rango, la teoría de que si una persona tenía talento en una cosa, era probable que tuviera talento en la mayoría de las demás también. Justificaba esta convicción usando su propia teoría biológica del aprendizaje: Thorndike creía que algunas personas, simplemente, habían nacido con cerebros que aprendían rápidamente, y estos individuos de rápido aprendizaje no solo tendrían éxito en la escuela, sino también en la vida. Por otro lado, algunas personas nacían con cerebros lentos;

estas pobres almas estaban destinadas a pasarlo mal en la escuela y sufrirían toda la vida.

Thorndike creía que las escuelas debían despejar el camino para que los estudiantes con talento llegasen a la universidad, y de ahí en adelante a trabajos donde sus habilidades superiores se pusieran en uso liderando al país. El grueso de los estudiantes, cuyos talentos Thorndike suponía que estarían sobre la media, podrían ir directamente desde la graduación en secundaria —o incluso antes— a sus trabajos como obreros tayloristas en la economía industrial. En cuanto a los estudiantes de aprendizaje lento, bueno… Thorndike pensaba que probablemente deberíamos dejar de gastar recursos en ellos lo antes posible.[36]

Así pues, ¿cómo clasificarían exactamente las escuelas a los estudiantes? Thorndike contestó a esta pregunta en su libro irónicamente titulado *Individuality* [Individualidad], donde redefinía la individualidad según una definición galtoniana: que la singularidad y el valor de una persona provenían de su desviación del promedio.[37] Thorndike estaba de acuerdo en que todos los aspectos del sistema educativo debían estandarizarse alrededor del promedio, no solo porque ese sería el modo de asegurar resultados estandarizados, como creían los tayloristas, sino porque eso haría más fácil medir la desviación de la media de cada estudiante… y así sería más fácil determinar quién era superior y quién inferior.

Para ayudar a establecer este deseado sistema de clasificación de estudiantes, Thorndike creó pruebas estandarizadas de escritura, ortografía, aritmética, comprensión del inglés, dibujo y lectura, y todas ellas se adoptaron rápidamente en todas las escuelas del país.[38] Escribió libros de texto de aritmética, vocabulario y ortografía que estaban estandarizados teniendo en cuenta al estudiante promedio de una edad en particular, una práctica que todavía hoy se usa en nuestros sistemas educativos. Diseñó exámenes de acceso para las escuelas privadas y las universidades de élite; incluso modeló un examen de acceso para la Facultad de Derecho.[39] Las ideas de Thorndike dieron origen a la noción de los estudiantes dotados, los de honor, los estudiantes con necesidades especiales y las trayectorias educativas. Apoyó el uso de calificaciones como medida práctica para clasificar al talento sobresaliente de los estudiantes y creía que las universidades solo debían admitir a los estudiantes con las mejores calificaciones y la notas más altas en los exámenes estandarizados, puesto que (según la idea de rango de Galton) creía que no solo serían los más propensos a triunfar en la universidad, sino que probablemente triunfarían en cualquier profesión que eligieran.

Para Thorndike el propósito de las escuelas no era educar a *todos* los estudiantes al mismo nivel, sino *clasificarlos* según su nivel innato de talento. Es profundamente irónico que una de las personas más influyentes en la historia de la educación creyera que la educación podía hacer poco por cambiar las habilidades de un estudiante y que estuviera limitada a identificar a aquellos estudiantes nacidos con un cerebro superior… y a aquellos nacidos con uno inferior.

Al igual que muchos otros estudiantes, sentí todo el peso de las clasificaciones thorndikianas sobre mis aspiraciones para el futuro. En la secundaria realicé un test de aptitud para la universidad que se utiliza ampliamente como criterio de admisión en la mayoría de las universidades estadounidenses. A Thorndike le habría encantado ese test, porque no solo informaba de tu calificación, también usaba esta calificación para predecir cómo rendirías en diferentes universidades, en caso de que decidieras asistir. He tratado de olvidar todo lo que respecta a los resultados de mi test, pero todavía perduran rastros del recuerdo como el doloroso residuo de una experiencia traumática. Mi puntuación me colocaba en el área que Galton habría denominado «mediocridad», y el test me informaba que la probabilidad de que consiguiera un notable o una calificación mayor en la Universidad Estatal de Weber, una escuela con matrícula abierta en Ogden, Utah, era de un descorazonador 40%. Pero lo mejor eran las posibilidades de que consiguiera una calificación notable o mayor en mi opción favorita, la Universidad de Brigham Young: un mero 20%.

Recuerdo leer estas predicciones y sentirme bastante desesperanzado con mi vida. Después de todo, estos porcentajes, dispuestos en ordenadas columnas, estaban fundados en la sobria autoridad de las matemáticas: me sentía como si este simple test hubiera sopesado todo mi valor como persona y me hubiera encontrado deficiente. En un principio pensé que tal vez algún día sería ingeniero o neurólogo, pero no; qué fantasía más tonta era *esa*. En vez de eso, el test anunció solemnemente que mejor me acostumbrase a ser de la media.

Hoy en día los laberintos educativos de Thorndike, obsesionados con la clasificación, atrapan a cualquiera dentro de sus muros, y no solo a los estudiantes. Al final de cada curso escolar los administradores evalúan a los profesores, y las calificaciones resultantes se usan para determinar los ascensos, las penalizaciones y la permanencia. Las propias escuelas y universidades reciben calificaciones de parte de varias publicaciones, como *U.S. News and World Report*, que le dan gran peso al promedio de las puntuaciones de los exámenes y a la nota media de los estudiantes, y estas clasificaciones determinan dónde solicitarán el ingreso los estudiantes potenciales y qué estarán dispuestos a pagar. Los negocios basan sus decisiones de contratación en la nota de los solicitantes y en la clasificación de su *alma mater*; a veces estos mismos negocios se clasifican en base a cuántos de sus empleados tienen estudios avanzados y han asistido a universidades famosas. Los sistemas educativos de países enteros se clasifican basándose en su rendimiento nacional sobre pruebas estandarizadas internacionalmente, como el informe PISA (Programa Internacional para la Evaluación de Estudiantes, por sus siglas en inglés).[40]

Nuestro sistema educativo del siglo XXI funciona exactamente como Thorndike pretendió: desde nuestros cursos más bajos se nos clasifica según cómo rendimos en lo que respecta a un currículo educativo estandarizado diseñado para el estudiante promedio, con recompensas y oportunidades repartidas entre los que exceden la media, y restricciones y desdenes amontonándose sobre los rezagados. Los expertos, políticos y activistas contemporáneos sugieren continuamente que nuestro sistema educativo está quebrado, cuando en realidad es justo lo contrario. Durante el último siglo hemos perfeccionado nuestro sistema educativo para que funcione como una máquina taylorista bien engrasada, exprimiendo cada gota posible de eficiencia en servicio del objetivo para el que fue diseñada en un principio su estructura: clasificar eficientemente a los estudiantes para colocarlos en su lugar adecuado en la sociedad.

UN MUNDO DE TIPOS Y RANGOS

En apenas cincuenta años —desde la década de 1890 hasta la de 1940— casi todas nuestras instituciones sociales se dispusieron a evaluarnos a cada uno de nosotros en términos de nuestra relación con el promedio. Durante este periodo de transformación tanto las empresas y escuelas como el gobierno fueron adoptando gradualmente la convicción de que el sistema era más importante que el individuo, ofreciéndonos oportunidades a cada uno según nuestro tipo o rango. Hoy la Era del Promedio continúa sin abates. En la segunda década del siglo xxi a cada uno se nos evalúa según lo mucho que nos aproximemos al promedio… o lo mucho que seamos capaces de superarlo.

No pretendo decir que la taylorización de los lugares de trabajo y la implementación de la estandarización y las clasificaciones en las escuelas fuera cierta clase de desastre. No lo fue. Cuando la sociedad adoptó el promedianismo, los negocios prosperaron y los consumidores obtuvieron productos a un precio razonable. El taylorismo incrementó los salarios en toda la sociedad y probablemente sacó a más gente de la pobreza que ningún otro desarrollo económico del pasado siglo. Al forzar a los aspirantes universitarios y a los que buscaban empleo a realizar pruebas estandarizadas, se redujeron el nepotismo y el amiguismo, y los estudiantes de trasfondos menos privilegiados consiguieron un acceso sin precedentes a oportunidades para mejorar su vida. Aunque es fácil menospreciar la creencia elitista de Thorndike de que la sociedad debería desviar los recursos hacia los estudiantes superiores y alejarlos de los inferiores, también creía que la riqueza y los privilegios heredados no debían jugar un papel en determinar las oportunidades del estudiante (por otro lado, él atribuyó diferentes niveles de talento mental a diferentes étnicas). Thorndike ayudó a establecer un ambiente en el aula que convirtió en estadounidenses a millones de inmigrantes y elevó el número de estadounidenses con un diploma de secundaria de 6% a 81%.[41] En términos generales, la implementación universal de sistemas promedianistas por toda la sociedad estadounidenses sin duda contribuyó a una democracia relativamente estable y próspera.

Aun así, el promedianismo nos costó algo. Igual que pasó con la competición de parecidos a Norma, la sociedad nos impone a cada uno el conformarnos a ciertas expectativas limitadas para tener éxito en la escuela, en nuestra carrera y en la vida. Nos esforzamos para ser como todos los demás... o, más exactamente, todos aspiramos a ser *como todos los demás, solo que mejor*. A los estudiantes dotados se les denomina dotados porque hicieron las mismas pruebas estandarizadas que todos los demás, pero las realizaron mejor. Los mejores candidatos laborales son deseables porque tienen las mismas clases de credenciales que todos los demás, solo que mejores. Hemos perdido la dignidad de nuestra individualidad. Nuestra singularidad se ha convertido en una carga, un obstáculo, o una lamentable distracción en el camino al éxito.

Vivimos en un mundo donde los negocios, las escuelas y los políticos insisten en que los individuos realmente importan, cuando todo está claramente establecido para que el sistema siempre importe más que tú. Los empleados trabajan para compañías donde se sienten como si se les tratara cual piezas de la maquinaria. Los estudiantes obtienen resultados de exámenes o notas que les hacen sentir como si nunca fueran a conseguir sus sueños. En nuestros trabajos y en la escuela se nos dice que no solo hay una manera de hacer las cosas, y si buscamos un camino alternativo a menudo se nos dice que estamos confundidos, que somos unos ingenuos, o que simple y llanamente nos hemos equivocado. La excelencia, con mucha frecuencia, no se prioriza sobre la conformidad al sistema.

Sin embargo, queremos que se nos reconozca por nuestra individualidad. Queremos vivir en una sociedad donde realmente podamos ser nosotros mismos: donde podamos aprender, desarrollarnos y buscar oportunidades según nuestros términos y naturaleza, en vez de necesitar conformarnos a una norma artificial.[42] Este deseo impulsa la pregunta del millón que encabeza este libro: ¿cómo puede una sociedad en la que se afirma la convicción de que solo se puede evaluar a los individuos en referencia al promedio crear las condiciones para comprender y aprovechar la individualidad?

CAPÍTULO 3

DERROCAR EL PROMEDIO

Peter Molenaar pasó la primera parte de su larga y aclamada carrera siendo un científico promediano, construyéndose una reputación internacional por medio de la investigación sobre el desarrollo psicológico que descansaba en gran parte sobre normas basadas en el promedio. Estaba tan seguro del valor del pensamiento promediano que en ocasiones Molenaar provocaba a los colegas que sugerían que los científicos conductuales tal vez estuvieran apoyándose demasiado en los promedios para entender a los individuos.[1]

La confianza de Molenaar parecía justificada. Después de todo, él se había pasado la vida inmerso en las matemáticas. En secundaria se le seleccionó para competir en las Olimpiadas Matemáticas holandesas. La tesis de su doctorado en psicología del desarrollo consistía en una hazaña matemática, describiendo «un modelo de factores dinámico derivado de una descomposición espectral limitada de la función desplazada de la covarianza en un componente singular y no singular». Las publicaciones sobre psicología posteriores de Molenaar a menudo estaban tan llenas de ecuaciones y pruebas que un lector lego se podía preguntar si encontraría en ellas algo de psicología.[2]

Dirigió su talento matemático y su compromiso con el promedianismo hasta la cima del éxito académico en los Países Bajos. En 2003, Molenaar era un profesor de rango H1, el mayor posible en el sistema educativo holandés, y desempeñaba el papel de director del Departamento de Métodos Psicológicos de la prestigiosa Universidad de Ámsterdam. Sin embargo, en los Países Bajos la cúspide académica tiene fecha de caducidad. Las leyes holandesas ordenan que todos los profesores H1 deben renunciar a sus obligaciones con sesenta y dos años para dejar espacio a sus sustitutos, y después jubilarse completamente a los sesenta y cinco. En 2003, Molenaad tenía cincuenta y nueve, y no estaba muy seguro de estar preparado para renunciar, pero al menos esperaba cabalgar hacia el horizonte más alto... hasta que una petición inesperada cayó a sus pies.

Faltando solo tres años para jubilarse como profesor, se le pidió inoportunamente que se hiciera cargo del primer semestre de un curso, después de que la universidad eliminara al compañero que lo enseñaba. La clase era un seminario sobre teoría y métodos de los test psicológicos. Créeme que el curso era tan aburrido como suena. Gran parte de la teoría de los test fue codificada en su forma moderna en un libro de texto de 1968 al que a menudo se le llama «la Biblia de los test», *Statistical Theories of Mental Test Scores*, escrito por dos psicometristas llamados Frederic Lord y Melvin Novick.[3] Hasta hoy sigue siendo lectura obligatoria para cualquiera que desee diseñar, administrar o comprender test estandarizados; yo mismo tuve que leer a Lord y Melvin en posgrado. Es la clase de libro que lees por encima lo más rápido posible, porque el texto es tan interesante como las instrucciones de un formulario de impuestos. El tomo es tan aburrido, de hecho, que nadie nunca se ha percatado de que sus páginas que inducen al sueño ocultan el hilo que desenmarañaría el promedianismo.

A fin de prepararse para su periodo como profesor sustituto, Molenaar abrió su copia de Lord y Novick. Fue entonces cuando experimentó lo que él llama su *aha-erlebnis*, la palabra alemana para «epifanía». Fue un momento que cambiaría el curso de su vida… y que sacudiría los cimientos de las ciencias sociales. En la introducción del libro Lord y Novick observaron, con cierta ironía, que cualquier test psicológico trataba de discernir la «verdadera puntuación» del que lo realizaba en algún rasgo de interés. Tenía sentido; ¿acaso la razón por la que le hacemos a alguien un test de inteligencia, de personalidad o de admisión en la universidad no es que queremos conocer la verdadera clasificación de su inteligencia, el auténtico tipo de su personalidad o el genuino percentil de su aptitud?

Después Lord y Novick observaron que, según la teoría principal de la evaluación de su época —la teoría de la evaluación clásica[4]—, la única manera de determinar la verdadera puntuación de una persona era administrando la *misma* prueba a la *misma* persona una y otra vez, muchas veces.[5] La razón por la que era necesario probar a alguien repetidamente en, supongamos, un test de aptitud para las matemáticas, era que se presumía que siempre ocurrirían cierta cantidad de errores en cada sesión de evaluación (quizá el que realizaba la prueba estaría distraído o hambriento; quizá leyera mal una pregunta o dos; quizá adivinase bien). Pero si tomas la puntuación promedio de una persona en un gran número de sesiones de evaluación, esta puntuación media se convertiría en la verdadera puntuación individual.

El problema, como Lord y Novick reconocían completamente, era que resultaba imposible de manera práctica evaluar a la misma persona múltiples veces, puesto que los seres humanos aprenden y, por lo tanto, cualquiera que realizase, por ejemplo, un test de matemáticas, inevitablemente lo haría de manera diferente como resultado de estar viendo de nuevo el mismo test, frustrando la posibilidad de obtener muchas puntuaciones independientes.[6] Sin embargo, en vez de admitir la derrota, Lord y Novick propusieron un modo alternativo de derivar la puntuación verdadera de alguien: en vez de evaluar a una persona muchas veces, recomendaban evaluar a muchas personas una vez.[7] Según la teoría de la evaluación clásica, era válido sustituir una distribución grupal de puntuaciones por una individual.

Adolphe Quetelet llevó a cabo la misma maniobra conceptual casi un siglo antes cuando usó la metáfora de la «estatua del gladiador» para definir el significado del promedio humano por primera vez. Declaró que tomar el tamaño medio de mil copias de una sola estatua de un soldado equivalía a tomar el tamaño medio de mil soldados vivos diferentes. En esencia, tanto Quetelet como Lord y Novick suponían que medir a una persona muchas veces era intercambiable con medir a muchas personas una vez.

Ese fue el momento aha-erlebnis de Molenaar. En el acto reconoció que la peculiar suposición de Lord y Novick no solo impactaba en los test: la misma suposición servía como base para las investigaciones en todos los campos de la ciencia que estudian a los individuos. Puso en entredicho la validez de una inmensa gama de herramientas científicas supuestamente sólidas: los test de admisión de escuelas y universidades privadas; los procesos de selección de los programas para gente dotada y gente con necesidades especiales; los test diagnósticos que evaluaban la salud mental y física y los riesgos de enfermedad; los modelos cerebrales; los modelos de ganancia de peso; los modelos de violencia doméstica; los modelos de conducta al votar; los tratamientos para la depresión; la administración de la insulina para los diabéticos; las políticas de contratación y evaluación de los empleados, los salarios y los ascensos; y los métodos básicos de calificación en escuelas y universidades.

La extraña suposición de que la distribución de mediciones de un grupo podía sustituirse con tranquilidad por la distribución de mediciones de un individuo resultaba aceptada implícitamente por casi todos los científicos que estudiaban a los individuos, aunque la mayor parte del tiempo apenas eran conscientes de ello. No obstante, después de toda una vida en la psicología matemática, cuando Molenaar vio inesperadamente esta suposición injustificable explicada con todo lujo de detalles, supo exactamente lo que estaba viendo: un error irrefutable en el corazón mismo del promedianismo.

EL SEÑUELO ERGÓDICO

Molenaar reconoció que el error fatal del promedianismo estaba en su paradójica suposición de que podías comprender a los individuos ignorando su individualidad. Le dio un nombre a ese error: «el señuelo ergódico». El término se derivó de una rama de las matemáticas que surgió del primer debate científico acerca de la relación entre grupos e individuos, un campo conocido como teoría ergódica.[8] Si deseamos comprender exactamente por qué nuestras escuelas, empresas y ciencias humanas han caído presas de una manera de pensar errónea, debemos aprender un poco acerca de cómo funciona el señuelo ergódico.

A finales de la década de 1800 los físicos estaban estudiando el comportamiento de los gases. En aquella época los físicos podían medir las cualidades colectivas de las moléculas de gas, como el volumen, la presión y la temperatura de una bombona de gas, pero no tenían ni idea de qué aspecto tenía ni cómo se comportaba una molécula en particular. Querían saber si podían usar la conducta media de un grupo de moléculas de gas para predecir la conducta media de una sola molécula. Para responder a esta pregunta los físicos trabajaron en un conjunto de principios matemáticos conocidos como teoría ergódica, que especificaba exactamente cuándo podías usar información acerca de un grupo para sacar conclusiones de los miembros individuales del grupo.[9]

Las reglas son bastante sencillas. Según la teoría ergódica, se te permite usar el promedio de un grupo para hacer predicciones acerca de los individuos si se dan dos condiciones: (1) cada miembro del grupo es idéntico, y (2) cada miembro del grupo permanecerá igual en el futuro.[10] Si un grupo de entidades en particular cumple estas dos condiciones, el grupo se considera «ergódico», en cuyo caso es correcto usar la conducta media del grupo para hacer predicciones acerca de un individuo. Por desgracia para los físicos del siglo XIX, resultó ser que la mayoría de las moléculas de gas, a pesar de su aparente simplicidad, en realidad no son ergódicas.[11]

Por supuesto, no necesitas ser científico para ver que las personas tampoco son ergódicas. «Usar el promedio de un grupo para evaluar a los individuos solo sería válido si los seres humanos fueran clones congelados, idénticos e inmutables», me explicó Molenaar.[12] «Pero, obviamente, los seres humanos no son clones congelados». Aun así, incluso los métodos promedianos más básicos, como el rango y el tipo, presupusieron que las personas *sí eran* clones congelados. Por esto Molenaar le llamó a esta suposición el señuelo ergódico: toma algo que no es ergódico pretendiendo que sí lo es. Debemos pensar en el señuelo ergódico como una especie de «truco» intelectual en el que el cebo del promedianismo embauca a científicos, educadores, empresarios, contratadores y médicos para que crean que han aprendido algo importante acerca de un individuo comparándolo con su promedio, cuando en realidad están ignorando todo lo importante en cuanto a él.

Un ejemplo puede ayudar a ilustrar las consecuencias prácticas del señuelo ergódico. Imagina que quieres reducir el número de errores que cometes cuando mecanografías en un teclado cambiando la velocidad a la que tecleas. El enfoque promediano a este problema sería evaluar la habilidad para mecanografiar de diferentes personas, y después comparar la velocidad media al mecanografiar con el número medio de errores. Si lo haces descubrirás que una velocidad de mecanografía más rápida va asociada a menos errores, en promedio. Ahí es donde entra en escena el señuelo ergódico: un promediano llegaría a la conclusión de que si *tú* quieres reducir el número de errores al mecanografiar, entonces *debes* hacerlo más rápido. En realidad, la gente que mecanografía más rápido tiende a ser más competente en mecanografía en general, y por eso cometen menos errores. Pero esa es una conclusión «a nivel grupal». Si en vez de eso tomases como modelo la relación entre la velocidad y los errores a nivel individual —por ejemplo, midiendo cuántos errores cometes *tú* cuando mecanografías a diferentes velocidades— entonces descubrirías que mecanografiar más rápido en realidad te lleva a cometer *más* errores. Cuando aplicas el señuelo ergódico —sustituir el conocimiento acerca del grupo por el conocimiento acerca del individuo— consigues exactamente la respuesta incorrecta.

La epifanía de Molenaar también reveló el pecado original del promedianismo, el error que ocurrió en el momento fundacional de la Era del Promedio: la interpretación de Quetelet del tamaño medio de los soldados escoceses. Cuando Quetelet declaró que sus mediciones del promedio de la circunferencia del pecho realmente representaban la talla de pecho del «verdadero» soldado escocés, justificando su interpretación con la utilización de «la estatua del gladiador», puso en práctica el primer señuelo ergódico. Este señuelo ergódico lo condujo a creer en la existencia del hombre promedio y, más importante aún, se usó para justificar su suposición de que *el promedio representa el ideal, y el individuo representa el error.*

Un siglo y medio de ciencia aplicada había afirmado el principal malentendido de Quetelet.[13] Así es como terminamos con una estatua de Norma que no coincide con ningún cuerpo femenino, modelos de cerebro que no encajan con el cerebro de nadie, terapias médicas estandarizadas que se no se dirigen a la fisiología de ninguno, políticas financieras de crédito que penalizan a los individuos que sí merecen créditos, estrategias de admisión a la universidad que rechazan a estudiantes prometedores, y políticas de contratación que pasan por alto el talento excepcional.

En 2004, Peter Molenaar explicó en detalle las consecuencias del señuelo ergódico para el estudio de los individuos en un artículo titulado: «A Manifesto on Psychology as Idiographic Science: Bringing the Person Back into Scientific Psychology, This Time Forever» [Manifiesto sobre la psicología como una ciencia ideográfica: devolviendo a la persona a la psicología científica, de una vez por todas].[14] Después de una carrera científica dedicada al pensamiento promediano, su manifiesto ahora declaraba que el promedianismo estaba irredimiblemente mal.

«Supongo que puedo decir que yo era como el Pablo bíblico», me contó Molenaar con una sonrisa. «Al principio perseguía a los cristianos, a todos mis colegas que aseguraban que el promedio estaba mal y que el individuo era la senda. Entonces tuve mi momento en el "camino hacia Damasco", y ahora soy el mayor proselitista entre ellos cuando se trata del evangelio de la individualidad».

LA CIENCIA DE LA INDIVIDUALIDAD

Que tú les lleves el evangelio a los gentiles no quiere decir que ellos te vayan a escuchar. Cuando le pregunté a Molenaar acerca de la reacción inicial a sus ideas, él respondió: «Al igual que con la mayoría de los intentos de suplantar o siquiera alterar ligeramente los enfoques establecidos, a menudo los argumentos caen de algún modo en oídos sordos. Los esfuerzos más radiales pueden asumir un carácter de Sísifo».[15]

Poco después de publicar su manifiesto sobre la individualidad, Molenaar dio una charla en la universidad acerca de sus detalles, la cual incluía un llamamiento a dejar a un lado el promedianismo. Un psicólogo sacudió la cabeza como respuesta y dijo: «¡Lo que propones es la anarquía!».[16] Quizá este sentimiento fuera la reacción más común entre los psicometristas y los científicos sociales siempre que Molenaar mostraba el error irreconciliable en el corazón del promedianismo. Nadie discutió las matemáticas de Molenaar. En verdad es justo decir que muchos de los científicos y educadores cuyas vidas profesionales estaban afectadas por el señuelo ergódico no seguían todos los detalles de la teoría ergódica. Pero incluso aquellos que comprendían las matemáticas y reconocían que las conclusiones de Molenaar tenían sentido seguían expresando la misma preocupación compartida: si ya no podías utilizar promedios para evaluar, tomar como modelo y seleccionar individuos... ¿qué *ibas* a usar?

Este contraargumento práctico recalca la razón por la que el promedianismo ha permanecido durante tanto tiempo y se ha introducido en lo profundo de la sociedad, y la razón de por qué las empresas, las universidades, los gobiernos y los ejércitos lo han adoptado con tanto entusiasmo: porque el promedianismo funcionaba mejor que cualquier otra cosa disponible. Después de todo, los tipos, los rangos y las normas basadas en el promedio son muy convenientes. Conlleva poco esfuerzo decir cosas como: «Ella es más inteligente que la media», o «Él se graduó el segundo de su promoción», o «Ella es introvertida», declaraciones concisas que parecen verdad porque aparentan estar basadas en simples matemáticas. Por eso es que el promedianismo constituía una filosofía perfecta para la era industrial, una era en la que los gerentes —ya sean en negocios o escuelas— necesitaban un modo eficiente de examinar a grandes números de personas para colocarlas en sus puestos adecuados en un sistema estandarizado y estratificado. Los promedios proporcionan procesos estables, transparentes y racionalizados para tomar decisiones rápidamente, y aunque los administradores de universidades y los ejecutivos de recursos humanos pronuncian grandes discursos contra los problemas asociados a la clasificación de estudiantes y empleados, nunca ningún directivo perderá jamás su trabajo por comparar a un individuo con un promedio.

Después de oír a sus colegas reaccionar a su manifiesto a favor de la individualidad preguntándose, con bastante razón, qué se suponía que debían usar si no podían utilizar promedios, Molenaar se dio cuenta de que no era suficiente con probar que el promedianismo estaba mal por medio de una compleja prueba matemática. Si realmente quería vencer la tiranía del promedio de una vez por todas necesitaba ofrecer una *alternativa* al promedianismo: un modo práctico de entender a los individuos que proporcionara mejores resultados que el rango o el tipo.

Molenaar se sentó con su jefa, la decana de la escuela de posgrado de la Universidad de Ámsterdam, y le habló con entusiasmo de sus planes para desarrollar un nuevo marco científico a fin de estudiar y evaluar a los individuos. Presentó ideas para varios proyectos nuevos, incluyendo una conferencia internacional acerca de la individualidad, y después le pidió fondos para esas iniciativas.

«Sabes que no puedo darte nuevos recursos», respondió la decana con reticencia. «Te marchas en tres años. Lo siento mucho, Peter, conoces las reglas del sistema, y no puedo hacer nada».[17]

Molenaar se vio obligado de repente a mirarse en el espejo. Allí estaba él, con sesenta años, convencido de que podía hacer una profunda contribución a la ciencia, una que posiblemente cambiaría la estructura básica de la sociedad. No obstante, el lanzamiento de revoluciones era un tema de jóvenes, y el sistema universitario holandés no le iba a proporcionar ningún apoyo para sus grandes aspiraciones. Se preguntó si realmente quería luchar por ello.

Molenaar consideró rendirse a lo inevitable: después de todo, estaba al final de su exitosa carrera y, aunque decidiera convertirse en el líder de un movimiento científico innovador, eso no solo le demandaría años de investigación, sino incontables batallas con científicos e instituciones. Sin embargo, no lo pensó demasiado. «Cuando te das cuenta de lo que está en juego, de cuántas partes de la sociedad están afectadas por todo esto», me contó Molenaar, «solo tienes que intentar encontrar el modo».[18]

Comenzó a buscar nuevas oportunidades fuera de la Universidad de Ámsterdam que le capacitasen para perseguir su visión de construir una alternativa al promedianismo. En 2005, se materializó una. Al otro lado del Atlántico la Universidad Estatal de Pensilvania le ofreció una posición asegurada en su facultad, y poco después de eso lo nombraron director fundador de la unidad central de los Sistemas de Metodología del Desarrollo Cuantitativo del Instituto para la Investigación de Ciencias Sociales, todo un grupo de investigación que podía moldear como desease. En la Universidad de Pensilvania reunió en torno a sí mismo a un grupo de científicos de primera clase y estudiantes de posgrado de todo el mundo que compartían su visión y que pronto empezaron a referirse a Molenaar como «Maestro». Juntos comenzaron a poner los cimientos para una alternativa factible al promedianismo: una ciencia interdisciplinaria del individuo.

Recuerda que los dos supuestos definitorios de la Era del Promedio son la convicción de Quetelet de que *el promedio es el ideal y lo individual es el error*, y la convicción de Galton de que *si alguien es eminente en una cosa es probable que sea eminente en la mayoría*. Por el contrario, el principal supuesto de la ciencia del individuo es que *la individualidad importa*[19]: el individuo no es un error, y en lo que respecta las cualidades humanas que más importan (como el talento, la inteligencia, la personalidad y el carácter) no se puede reducir a los individuos a una simple puntuación.

Al construir esta nueva suposición, Molenaar y sus colegas comenzaron a desarrollar nuevas herramientas que les permitan a científicos, médicos, educadores y empresas mejorar el modo en que evalúan a los individuos. Estas herramientas a menudo recurren a una clase de matemáticas diferentes a las que usan los promedianos. Las matemáticas del promedianismo son conocidas como *estadística,* porque son unas matemáticas que *valoran lo estático*: los valores inmutables, estables y fijos. Pero Molenaar y sus colegas defienden que para comprender con exactitud a los individuos uno debe volverse a una clase muy diferente de matemáticas, conocida como *sistemas dinámicos*: las matemáticas de lo valores cambiantes, no lineales y dinámicos.[20]

Puesto que los supuestos y las matemáticas de la ciencia del individuo son tan diferentes a las del promedianismo, no debería sorprendernos que la ciencia del individuo también haya puesto patas arriba el método para estudiar a las personas.

ANALIZA, DESPUÉS SUMA

El principal método de investigación del promedianismo es *suma, después analiza*: primero combina a mucha gente junta y busca patrones en el grupo. Luego usa los patrones de ese grupo (como promedios y otras estadísticas) para analizar y modelar a los individuos.[21] En vez de eso, la ciencia del individuo enseña a los científicos a *analizar, y después sumar*: primero, busca los patrones dentro de cada individuo. Luego busca modos de combinar esos patrones individuales en la perspectiva colectiva. Un ejemplo de la psicología del desarrollo ilustra cómo cambiar a un enfoque que propone al «individuo primero» para estudiar a las personas puede derribar las convicciones acerca de la naturaleza humana sostenidas durante mucho tiempo.

Desde la década de 1930 hasta la de 1980 los científicos que estudiaban el desarrollo infantil lucharon con un enigmático misterio conocido como reflejo del paso. Cuando se sujeta de pie a un recién nacido, comienza a mover las piernas arriba y abajo en un movimiento que se parece mucho a caminar. Durante mucho tiempo los científicos sugirieron que el reflejo del paso señalaba a la presencia de un instinto de caminar innato. Pero la razón por la que se mitificaba tanto este reflejo radicaba en que, alrededor de los dos meses, desaparecía. Cuando sostienes a un bebé mayor sus piernas permanecen en gran medida sin moverse. Pero entonces, poco antes de que el niño comience a caminar, el reflejo del paso regresa mágicamente. ¿Qué causa que el reflejo aparezca, desaparezca y después aparezca otra vez?

En un principio los científicos intentaron resolver el misterio del reflejo del paso usando el método tradicional del promedianismo: sumar, y después analizar. Puesto que todo el mundo daba por hecho que el reflejo del paso estaba asociado con el desarrollo neuronal, los científicos examinaron un gran número de bebés, calculando la edad media en que el reflejo aparece y desaparece, y después compararon esas edades medias con la edad media de varios hitos del desarrollo neuronal. Los científicos descubrieron que había un proceso neuronal que parecía corresponder con la aparición y desaparición del reflejo del paso: la mielinización, el proceso psicológico mediante el cual a las neuronas les crece una envoltura de protección. Así que los científicos propusieron la «teoría de la mielinización»: todos los bebés nacen con el reflejo del paso, pero según el control motor central del cerebro comienza la mielinización, el reflejo desaparece. Después, cuando el control motor central del cerebro se desarrolla más, el bebé recobra en control consciente del reflejo.[22]

A principios de la década de 1960, la teoría de la mielinización se había convertido en la explicación médica normativa para el reflejo del paso. Incluso servía de base para el diagnóstico de trastornos neuronales: si el reflejo del paso del bebé no desaparecía en su momento, los médicos y neurólogos les advertían a los padres que quizá su hijo tuviera alguna clase de discapacidad neurológica.[23] Muchos pediatras y psicólogos infantiles incluso afirmaban que era malo que los padres intentasen alentar el reflejo del paso en su hijo, defendiendo que eso podría retrasar el desarrollo normal y causar anormalidades neuromusculares.

La curiosa y complicada teoría de la mielinización se impuso durante varias décadas entre los pediatras estadounidenses y podría haberse extendido por el siglo XXI de no ser por una joven científica llamada Esther Thelen.[24] Mientras estudiaba a los animales al principio de su carrera, Thelen descubrió que muchas conductas instintivas que los biólogos insistían en que eran fijas y rígidas en realidad eran altamente variables, y dependían en gran parte de las rarezas únicas de cada animal individual. Esta experiencia profesional formativa la condujo a estudiar las matemáticas de los sistemas dinámicos, y finalmente decidió reexaminar el reflejo del paso humano centrándose en la individualidad de cada niño.

Thelen estudió a cuarenta bebés en un periodo de dos años. Todos los días tomaba una fotografía de cada bebé, examinando su desarrollo físico individual. Los sostenía sobre cintas de correr y los colocaba en diferentes posiciones para analizar la mecánica individual del movimiento de cada bebé. Finalmente formuló una nueva hipótesis acerca de qué causaba la desaparición del reflejo del paso: los muslos regordetes.

Se dio cuenta de que los bebés que ganaban peso a un ritmo más lento tendían a mover más las piernas y durante un periodo de tiempo más largo. Los bebés que ganaban peso a un ritmo más rápido tendían a perder antes el reflejo del paso, debido a que, simplemente, los músculos no eran suficientemente fuertes como para sostenerles las piernas. No era la gordura *absoluta* de los muslos el factor clave, sino más bien el *ritmo* de crecimiento físico, puesto que lo que importaba era la cantidad de grasa corporal relativa para el desarrollo de la fuerza del músculo.[25] Por eso los científicos anteriores que solo habían comparado la edad media con el peso medio nunca habían descubierto nada. El enfoque de sumar y después analizar disfrazaba el patrón de desarrollo individual de cada niño. El enfoque de Thelen de analizar y después sumar lo reveló.

No hace falta decir que nunca antes habían aparecido en ningún reporte científico los muslos regordetes, así que muchos investigadores rechazaron la idea sin pensarlo dos veces. No obstante, con una serie de ingeniosos experimentos Thelen probó fuera de toda duda que su teoría de los muslos regordetes era correcta. Colocó a los bebés en el agua y *voilà*: el reflejo del paso resurgía, incluso en aquellos bebés con la piernas más gordas. Añadió diferentes pesos a las piernas de los bebés y fue capaz de predecir qué bebés perderían el reflejo del paso.[26]

Cuando Esther Thelen estudió la individualidad de cada bebé, llegó a una explicación que habían eludido generaciones de investigadores promedianistas, quienes les informaron a los padres que tenía que haber algo malo en el cerebro de sus bebés cuando la causa real de sus preocupaciones eran los muslos gordos de sus hijos.

En la Universidad de Pensilvania, Peter Molenaar y su departamento habían demostrado un número de descubrimientos similares en los que un enfoque que se centraba primero en el individuo conducía a resultados superiores comparado con apoyarse únicamente en promedios de grupo. Existe una dificultad en este enfoque individual: requiere una gran cantidad de datos, muchos más que los enfoques promedianos. En muchos campos que estudian a los seres humanos hace cien, cincuenta o incluso veinticinco años no se disponía de las herramientas para adquirir y gestionar los extensos datos necesarios a fin de analizar eficazmente y después sumar. Durante la era industrial los métodos promedianos eran lo último, y los métodos que se enfocaban primero en el individuo a menudo eran una simple fantasía. No obstante, ahora vivimos en la era digital, y en la última década la capacidad para adquirir, almacenar y manipular cantidades masivas de datos individuales se ha convertido en algo práctico y común.

Todo lo que falta es la mentalidad para hacer uso de esto.

LA INDIVIDUALIDAD IMPORTA

Cuando el teniente Gilbert Daniels sugirió por primera vez que las cabinas necesitaban ajustarse a *cada* piloto en vez de al piloto *medio*, parecía una tarea imposible. Hoy en día las mismas compañías que una vez dijeron que no se podía hacer pregonan la flexibilidad de sus cabinas como un argumento de venta.[27] Igualmente, cuando Esther Thelen decidió desafiar la teoría de la mielinización profundamente

arraigada estudiando la individualidad de los bebés, parecía una tarea difícil, por decir lo menos, y posiblemente algo sin sentido. Pero
no le llevó mucho tiempo darse cuenta del ignorado papel de los
muslos regordetes.

El promedianismo nos obliga a pensar empleando patrones increíblemente limitantes: patrones de los que en gran medida no somos
conscientes, porque las opiniones a las que llegamos parecen ser demasiado evidentes y racionales. Vivimos en un mundo que nos anima a —no, nos *demanda*— que nos comparemos con una horda de
promedios y no nos facilita una justificación para hacerlo. Debemos
comparar nuestro salario con el salario promedio para juzgar nuestro éxito profesional. Debemos comparar nuestra nota con la nota
promedio para juzgar nuestro éxito académico. Debemos comparar
nuestra edad con la edad promedio a la que se casa la gente para juzgar si nos hemos casado demasiado tarde o demasiado pronto. Sin
embargo, una vez que te liberas del pensamiento promediano, lo que
antes parecía imposible comenzará a ser intuitivo, y después obvio.

Es fácil sentir simpatía por el psicólogo que le avisó a Molenaad:
«¡Lo que propones es la anarquía!». Librarse del promedio parece
antinatural. Es aventurarse más allá de los límites conocidos, una
proposición que parece particularmente temeraria cuando todo el
mundo a tu alrededor permanece aferrado a la tierra firme del promedianismo. Pero no hay necesidad de andar a tiendas en la os-
curidad. En la siguiente parte del libro compartiré tres principios
extraídos de la ciencia del individuo que pueden reemplazar tu confianza en el promedio: el principio de la irregularidad, el principio
del contexto y el principio de las sendas. Estos principios te permitirán evaluar, seleccionar y comprender a los individuos de un modo
totalmente nuevo. Te posibilitarán descartar los tipos y los rangos y
descubrir en su lugar los verdaderos patrones de la individualidad en
tu propia vida. Te ayudarán a eliminar la autoridad no cuestionada
del promedio de una vez por todas.

PARTE II

LOS PRINCIPIOS DE LA INDIVIDUALIDAD

Un individuo es un sistema altamente dimensional que evoluciona en el espacio y el tiempo.

—PETER MOLENAAR, UNIVERSIDAD ESTATAL DE PENSILVANIA

CAPÍTULO 4

EL TALENTO SIEMPRE ES IRREGULAR

A mediados de la década de 2000, Google ya estaba en camino de convertirse en un gigante de Internet, decisivo para la época, y una de las corporaciones más innovadoras y exitosas de la historia. Para sostener sus extraordinarios niveles de crecimiento e innovación, Google tenía un voraz apetito de empleados talentosos. Por fortuna, la compañía estaba muy bien de dinero, y la combinación de salarios altos, generosos beneficios y la oportunidad de trabajar en productos innovadores hizo de Google uno de los lugares de trabajo más deseables del mundo.[1] En 2007 recibía cien mil solicitudes de empleo al mes, lo que garantizaba que Google tuviera posibilidades de encontrar grandes talentos… siempre y cuando pudiese averiguar cómo *identificar* a esos grandes talentos.[2]

Al principio Google tomaba sus decisiones de contratación del mismo modo que la mayoría de las compañías de la lista Fortune

500: mirando las calificaciones de selectividad, la nota media académica y los diplomas, y contratando a los se situaban en el rango superior.[3] En poco tiempo el campus de Google en Mountain View estaba lleno de empleados con pruebas de selectividad casi intachables, con las mejores notas y títulos avanzados de la talla de Caltech, Stanford, MIT y Harvard.[4]

Las clasificaciones individuales con respecto a un puñado de medidas —o incluso a una simple medida— no solo es una práctica común cuando se recluta a nuevos empleados, también es el método más extendido de evaluar a los empleados existentes.[5] En 2012, Deloitte, la empresa de servicios profesionales más grande del mundo, le asignó a cada uno de sus más de sesenta mil empleados una clasificación numérica basándose en su rendimiento en los proyectos laborales, y después, al final de año, en una «reunión de consenso», la puntuación de esos proyectos se combinaban en una clasificación final que iba del 1 al 5. A cada empleado, en otras palabras, se le evaluaba usando un solo número. Es difícil imaginar un método más directo para comparar el valor de los empleados que evaluándolos sobre una simple escala unidimensional.[6]

Según el *Wall Street Journal*, cerca de un 60% de las firmas de la lista Fortune 500 todavía utilizaban en 2012 alguna clase de sistemas de clasificación de una sola puntuación para evaluar a sus empleados.[7] Tal vez la versión más extrema de estos sistemas es lo que se conoce como «*forced ranking*» [clasificación forzada] un método pionero de General Electric en los años ochenta, donde se conocía como «*rank and yank*» [clasifica y despide].[8] En un sistema de clasificación forzada, a los empleados no solo se les catalogaba según una escala unidimensional; se debía designar a cierto porcentaje predeterminado de empleados por encima de la media, a cierto porcentaje como el promedio… y cierto porcentaje *debía* estar designado por debajo de la media. Los empleados asignados a los puestos altos de la clasificación recibían bonos y ascensos. Los que estaban abajo recibían avisos o, en algunos casos, simplemente eran despedidos.[9] En 2009, el 42% de las grandes compañías utilizaban sistemas de clasificación forzada, incluyendo Microsoft, cuya versión bien publicitada se conocía como «curva de la vitalidad».[10]

Por supuesto, es fácil comprender por qué tantas empresas han adoptado sistemas de una sola puntuación para contratar y evaluar el rendimiento: es fácil e intuitivo de usar y lleva la imprenta de la objetividad y la certeza matemática. Si un aspirante está clasificado por encima del promedio, contrátalo o recompénsalo. Si está por debajo, ignóralo o déjalo marchar. Si quieres más empleados talentosos, simplemente «eleva el estándar»: incrementa la puntuación que usas como referencia para contratar o ascender.

Clasificar el talento individual y el rendimiento en una sola escala, o en unas pocas escalas, parece tener todo el sentido. Y aun así, en 2015 tanto Google y Deloitte como Microsoft modificaron o abandonaron sus sistemas de contratación y evaluación basados en la clasificación.

A pesar del crecimiento y la rentabilidad constantes de Google, a mediados de la década de 2000 había señales de que algo iba mal en el modo en que seleccionaban el talento. Muchos de sus contratados no rendían del modo en que la dirección había imaginado, y había un sentimiento creciente dentro de Google de que los reclutadores de la compañía y los directivos estaban ignorando a muchos candidatos cuyo talento no se capturaba con las medidas familiares usadas por la mayoría de las compañías, como las notas, las puntuaciones en los test y los diplomas.[11] Como me explicó Todd Carlisle, el director de recursos humanos para las operaciones de calidad del producto en Google: «Comenzamos a emplear un montón de tiempo y dinero analizando el "talento perdido" que sentíamos que debíamos haber contratado, pero no lo hicimos».[12]

En Deloitte en 2014, también empezaron a darse cuenta de que su método de evaluación de empleados de una sola puntuación no estaba funcionando tan bien como se esperaba. Deloitte dedicaba más de dos millones de horas al año al proceso de calcular las clasificaciones del rendimiento de los empleados —una cantidad inmensa de tiempo—, pero el valor de esas clasificaciones se estaba cuestionando.[13] En un artículo de la *Harvard Business Review* escrito junto con Marcus Buckingham, Ashley Goodall, antiguo director de desarrollo del liderazgo en Deloitte, escribió que lo que les hizo detenerse fue una investigación que sugería que una clasificación por medio de un solo elemento tal vez no capturase el verdadero rendimiento de un empleado tanto como revela las tendencias idiosincráticas de la persona que evaluaba ese rendimiento. «Tanto interna como externamente era evidente que la gente empezaba a reconocer que no funcionaban las revisiones tradicionales de rendimiento en cuanto a un solo elemento, así que estaba claro que necesitamos dejarlas a un lado», me contó Goodall.[14]

Mientras tanto, en Microsoft la curva de la vitalidad era un auténtico desastre. Un artículo de *Vanity Fair* de 2012 le llamó «la década perdida» a la era en la que Microsoft lo utilizó. El sistema de clasificación por rendimiento forzaba a los empleados a competir por la clasificación, matando la colaboración entre ellos y, peor aún, conduciéndolos a evitar trabajar con los mejores, puesto que hacerlo los amenazaba con descender en su propia clasificación como resultado. Mientras estuvo en marcha la curva de la vitalidad, informa el artículo, la compañía «mutó hacia algo hinchado y cargado de burocracia, con una cultura interna que sin querer recompensaba a los directivos que ahogaban las ideas innovadoras que podrían amenazar el orden establecido».[15] A finales de 2013, Microsoft echó por la borda de repente la curva de la vitalidad.[16] Así pues, ¿dónde se equivocaron Google, Deloitte y Microsoft?

Cada una de estas innovadoras compañías en un principio siguió la noción promediana de que puedes evaluar eficazmente a los individuos clasificándolos: una noción enraizada en la creencia de Francis Galton de que si eres bueno o eminente en una cosa, lo serás en la mayoría.[17] Y, para la mayoría de nosotros, parece que este enfoque *debía* haber funcionado. Después de todo, ¿no es obvio que generalmente algunas personas tienen más talento que otras, y que por lo tanto debería ser posible clasificar el talento en una escala simple y hacer suposiciones acerca de su potencial basándonos en esa clasificación? Google, Deloitte y Microsoft, sin embargo, descubrieron que la idea de que el talento se puede reducir a un número que se pueda comparar con un claro promedio simplemente no funciona. ¿Pero por qué? ¿Qué se encuentra en la raíz del inesperado fracaso de la clasificación?

La respuesta es el pensamiento unidimensional. El primer principio de la individualidad —*el principio de la irregularidad*— explica por qué.

EL PRINCIPIO DE LA IRREGULARIDAD

Nuestras mentes tienen la tendencia natural a usar una escala unidimensional para pensar en complejos rasgos humanos como la talla, la inteligencia, el carácter o el talento. Si se nos pidiera que evaluásemos la talla de una persona, por ejemplo, instintivamente juzgaríamos a un individuo como grande, pequeño o un tipo normal. Si escuchamos que se describe a un hombre como *grande*, nos imaginamos a alguien con grandes brazos y piernas, y un gran cuerpo: alguien del todo corpulento. Si se describe a una mujer como *inteligente*, suponemos que es probable que sea buena resolviendo problemas en un amplio espectro de campos, y seguramente también que tenga buena educación. Durante la Era del Promedio nuestras instituciones sociales, particularmente las empresas y escuelas, han reforzado la predilección natural de nuestra mente por el pensamiento unidimensional, alentándonos a comparar el mérito de la gente en escalas simples, como grados, puntuaciones del cociente intelectual y salarios.[18]

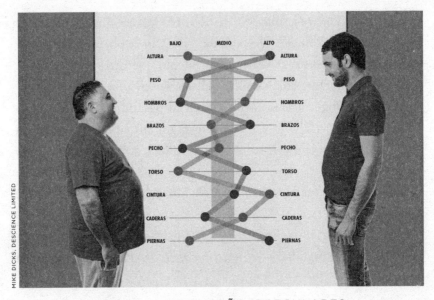

PERFILES DE TAMAÑO IRREGULARES

Sin embargo, el pensamiento unidimensional falla cuando se aplica a casi cualquier cualidad individual que realmente importe; y la manera más sencilla de entender por qué es dándole un vistazo a la verdadera naturaleza del tamaño humano. La imagen anterior representa las medidas de dos hombres en nueve dimensiones de la talla física, las mismas dimensiones analizadas por Gilbert Daniels en su revelador estudio de los pilotos.

¿Qué hombre es más grande? Parece como si tuviera que haber una respuesta fácil, pero cuando comparas a los dos hombres en cada dimensión la respuesta resulta ser más escurridiza de lo que podríamos pensar. El hombre de la derecha es alto, pero tiene hombros estrechos. El hombre de izquierda tiene una gran cintura, pero caderas cerca del tamaño medio. Puedes intentar determinar qué hombre es más grande considerando simplemente el promedio de las nueve dimensiones de cada uno… salvo que, si realizaras este cálculo, descubrirías que el tamaño medio de los dos es prácticamente idéntico. Al mismo tiempo, podemos ver que sería engañoso decir que son de la misma talla, o describir a cualquiera de ellos como hombre promedio: el de la izquierda es promedio en dos dimensiones (largura de brazos y pecho), mientras que el hombre de la derecha apenas es promedio en una dimensión (cintura). No hay una respuesta simple a la pregunta de qué hombre es más grande.

Aunque puede parecer obvio una vez que lo piensas, no dejes que esta afirmación te engañe, porque el hecho de que no haya respuesta a la pregunta —la razón por la que no es posible clasificar a los individuos por tamaño— revela una realidad importante acerca de los seres humanos y el primer principio de la individualidad: *el principio de la irregularidad*. Este principio sostiene que no podemos aplicar el pensamiento unidimensional para entender algo que es complejo e «irregular». ¿Qué es exactamente la irregularidad? Una cualidad es irregular si cumple dos criterios. Primero, debe estar compuesta de múltiples dimensiones. Segundo, esas dimensiones deben estar débilmente relacionadas entre sí. La irregularidad no solo tiene que ver con el tamaño humano; casi cualquier característica humana que nos importa —incluyendo el talento, la inteligencia, el carácter y la creatividad, entre otras— es irregular.

Para comprender este criterio, regresemos a nuestro ejemplo del tamaño humano. Si la pregunta que tratábamos de responder era «¿Qué hombre es *más alto*?», la respuesta sería sencilla. La altura es unidimensional, así que es perfectamente aceptable clasificar a las personas según lo altas que sean. Pero el tamaño humano es otra cosa: se compone de muchas dimensiones diferentes que no están fuertemente enlazadas. Observa de nuevo la figura. La franja vertical del centro de la imagen representa la clasificación de medidas del «piloto promedio» como lo definió Daniel una vez. Durante décadas las fuerzas aéreas pensaron que los cuerpos de la mayoría de los pilotos estarían dentro de esa franja vertical, porque suponían que alguien con un tamaño medio de brazo también tendría un tamaño medio de piernas y torso. Pero, debido a que el tamaño es irregular, resulta que eso no es para nada cierto. De hecho, Daniels descubrió que menos del 2% de los pilotos medidos se correspondían con el promedio en cuatro o más de esas nueve dimensiones, y ninguno pertenecía al promedio en todas ellas.[19]

¿Y si expandiésemos la franja promedio para incluir el 90% medio de cada dimensión en vez del 30%? Podrías pensar que la mayoría de los cuerpos con seguridad caerían dentro de un espectro tan ancho. En realidad, menos de la mitad de todas las personas lo harían.[20] Resulta que *la mayoría* de nosotros tenemos al menos una parte de nuestro cuerpo que es bastante más grande o bastante más pequeña. Por eso una cabina diseñada para el promedio es una cabina diseñada para nadie. La irregularidad también explica por qué los organizadores del concurso de parecidos de Norma no pudieron encontrar a una mujer que encajase perfectamente. Las mujeres han protestado durante mucho tiempo por las dimensiones exageradas de la muñeca Barbie de Mattel, pero el principio de la irregularidad nos dice que una muñeca de tamaño medio —una muñeca del tamaño de Norma— solo es una farsa.

Por supuesto, a veces es razonable *pretender* que el tamaño es unidimensional si la compensación merece la pena, como cuando se trata de ropa fabricada en serie: a cambio de la ausencia de un ajuste perfecto para cada persona, obtenemos camisas y pantalones fabricados a bajo costo para todo el mundo. Pero, si hay mucho en juego —si tienes que retocar un caro vestido de boda, o diseñar un dispositivo de seguridad como las bolsas de aire de un automóvil, o construir la cabina de un avión— entonces ignorar la multidimensionalidad del tamaño nunca es una buena solución. Cuando importa, no hay atajos: solo puedes hacer que encaje bien si piensas en el tamaño en los términos de todas sus dimensiones.

Prácticamente cualquier característica humana significativa —especialmente el talento— consiste en múltiples dimensiones. El

problema es que cuando intentamos medir el talento, solemos re-
currir al promedio, reduciendo nuestro talento irregular a una sola
dimensión, como la puntuación de un test estandarizado, los grados o una clasificación por rendimiento en el trabajo. No obstante,
cuando sucumbimos frente a esta clase de pensamiento unidimensional, acabamos en grandes problemas. Toma como ejemplo a los
New York Knicks.

En 2003, Isaiah Thomas, antigua estrella de la NBA, asumió el
cargo de presidente de operaciones de baloncesto para los Knicks
con una clara visión de cómo quería reconstruir una de las franqui-
cias deportivas más populares del mundo. Evaluó a los jugadores
usando una filosofía unidimensional del talento para el baloncesto:
adquirió y retuvo jugadores basándose solamente en el número medio de puntos que marcaban por partido.[21]

Thomas pensaba que, como el éxito de un equipo de baloncesto
se basaba en conseguir más puntos que tu oponente, si tus jugadores tenían la puntuación media combinada más alta, podías esperar
—en promedio— ganar más partidos. Thomas no estaba solo en
su encaprichamiento con las mejores clasificaciones. Incluso hoy
en día la media de puntuación de un jugador normalmente es el
factor más importante a la hora de determinar salarios, recompensas
de fin de temporada y tiempo de juego.[22] No obstante, Thomas hizo
de esta sola medida el factor más importante para seleccionar a *cada*
miembro del equipo, y los Knicks tenían recursos económicos para
hacer realidad su prioridad. En efecto, los Knicks estaban reuniendo
un equipo usando el mismo enfoque unidimensional con respecto al
talento que utilizan las compañías cuando hacen de las clasificaciones académicas el criterio principal para contratar empleados.

Con un gran gasto, los Knicks se las arreglaron para reunir un
equipo con el promedio de puntuaciones combinadas más alto de la
NBA… y entonces sufrieron cuatro temporadas de derrotas seguidas,
perdiendo el 66% de los partidos.[23] Estos Knicks unidimensionales

eran tan malos que solo dos equipos tuvieron peor puntuación durante el mismo periodo. El principio de la irregularidad hace que sea fácil ver por qué fracasaron tanto: porque el talento, en baloncesto, es multidimensional. Un análisis matemático del rendimiento en baloncesto sugiere que al menos cinco dimensiones tienen un claro efecto sobre el resultado del juego: la puntación, los rebotes, los robos, las asistencias y los bloqueos.[24] Y la mayoría de esas cinco dimensiones no están relacionadas fuertemente entre sí: los jugadores que son grandes robando, por ejemplo, no suelen ser tan buenos bloqueando. De hecho, es excepcionalmente raro encontrar un solo jugador que tenga las cinco. De las decenas de miles de jugadores que han pasado por la NBA desde 1950, solo cinco han dirigido a su equipo en las cinco dimensiones.[25]

Los equipos de baloncesto más exitosos están compuestos por jugadores con perfiles complementarios en lo que respecta a su talento para el baloncesto.[26] Por el contrario, los Knicks de Thomas eran terribles en la defensa y, de manera sorprendente, no eran particularmente buenos en el ataque a pesar de los talentosos jugadores que había en el equipo, puesto que la intención de cada jugador individual era más bien conseguir sus propios puntos que facilitar los de los demás. Los Knicks —al igual que Google, Deloitte y Microsoft— finalmente se dieron cuenta de que un enfoque unidimensional del talento no estaba produciendo los resultados que esperaban. Después de que Thomas se marchase en 2009, los Knicks regresaron a un enfoque multidimensional para evaluar el talento y comenzaron a ganar de nuevo, culminando con un regreso a la fase final en 2012.[2]

LOS ENLACES MÁS DÉBILES

Para que un rasgo humano como el tamaño o el talento se considere irregular, sin embargo, no es suficiente con que sea multidimensional. Cada una de las dimensiones debe ser, además, relativamente independiente. El modo matemático de expresar esta independencia es por medio de las *correlaciones débiles*.

Hace más de un siglo, Francis Galton ayudó a desarrollar el método estadístico de la correlación como una forma de evaluar la fuerza de la relación entre dos dimensiones diferentes, como la altura y el peso.[28] Galton comenzó a aplicar a las personas una versión temprana de la correlación, con la intención de demostrar la validez de su idea de rango: que el talento, la inteligencia, la salud y el carácter de una persona estaban estrechamente relacionados entre sí.[29] Hoy expresamos la correlación como un valor entre 0 y 1, donde 1 es una correlación perfecta (como la que hay entre tu altura en pulgadas y tu altura en centímetros) y 0 es ninguna correlación en absoluto (como la que hay entre tu altura en pulgadas y la temperatura de Saturno).[30] En muchos campos científicos, una correlación de 0,8 o mayor se considera fuerte, mientras que una de 0,4 o inferior se considera débil, aunque los límites precisos para «fuerte» y «débil» sean en última instancia arbitrarios.

Si las correlaciones entre todas las dimensiones de un sistema son fuertes, entonces ese sistema no es irregular y se justifica la aplicación del pensamiento unidimensional para darle sentido. Piensa en el índice Dow Jones. El Dow es una sencilla puntuación numérica que representa el valor combinado de las acciones de treinta grandes y famosas compañías de primera línea. Al cierre de cada día hábil en Estados Unidos las noticias económicas informan obedientemente el valor del Dow Jones hasta la centésima cifra decimal (el 2 de enero de 2015 era 17.832,99) y si ese número ha subido o bajado. Los inversores usan el Dow Jones para evaluar la fuerza global del mercado de valores, y por una buena razón: entre 1986 y 2011 (veintiún años), la correlación media entre el Dow Jones y otros cuatro índices del mercado bursátil era extremadamente alta: 0,94.[31] Aunque el mercado de valores es multidimensional (existen miles de empresas que cotizan en la bolsa de valores en Estados Unidos), su vitalidad general se puede captar razonablemente con un solo número: usar el

Dow Jones para evaluar la fortaleza global del mercado de valores es un pensamiento unidimensional en su forma más razonable.

El tamaño humano, sin embargo, es una cuestión diferente. En 1972, en un seguimiento del estudio de pilotos de Daniels, los investigadores de la Armada de Estados Unidos calcularon las correlaciones entre noventa y seis dimensiones del tamaño de los aviadores de la Armada. Descubrieron que solo unas pocas correlaciones eran mayores que 0,7 mientras que muchas eran menores de 0,1. La correlación media entre las noventa y seis dimensiones del tamaño corporal de los aviadores de la Armada era solo de 0,43.[32] Esto significaba que conocer la altura de alguien, o el grosor de su cuello, o la anchura de su puño probablemente no nos diga mucho del resto de sus dimensiones. Si realmente quieres comprender el tamaño corporal de una persona, no hay un modo simple de resumirlo. Tienes que conocer los detalles de su perfil irregular.

¿Qué ocurre con nuestras mentes? ¿Son irregulares las capacidades mentales? Cuando Galton introdujo por primera vez la correlación en las ciencias sociales, lo hizo con la expectativa de que los científicos encontrarían correlaciones *fuertes* entre nuestras capacidades mentales: que nuestras mentes, en otras palabras, no eran muy irregulares.[33] Uno de los primeros científicos que puso a prueba sistemáticamente esta hipótesis fue un hombre llamado James Cattell, el primer estadounidenses en obtener un doctorado en psicología y un pionero de la teoría de los test, quien acuñó el término de «prueba psicológica».[34] También era un discípulo entusiasta de la idea del rango de Galton. En la década de 1890, Cattell se dispuso a probar, de una vez por todas, que la visión unidimensional de la capacidad mental estaba justificada.[35]

Cattell dirigió una batería de pruebas físicas y mentales a cientos de estudiantes de primer año recién llegados a la Universidad de Columbia durante varios años, midiendo cosas como su tiempo de reacción al sonido, su capacidad para nombrar colores, su capacidad para juzgar cuándo habían pasado diez segundos y el número de letras en una serie que pudieran recordar. Estaba convencido de que descubriría correlaciones fuertes entre estas capacidades… sin embargo, en vez de eso encontró justo lo contrario. Prácticamente no había ninguna correlación.[36] Las capacidades mentales, sin duda, eran irregulares.

Para un creyente devoto en el rango, lo peor estaba por venir. Cattell también midió las correlaciones entre las calificaciones de los estudiantes en los cursos universitarios y su rendimiento en estas pruebas psicológicas y descubrió correlaciones muy débiles entre ellos. Y no solo eso, incluso las correlaciones entre las calificaciones de los estudiantes de diferentes clases eran bajas. De hecho, la única correlación significativa que pudo encontrar Cattell era entre las calificaciones de los estudiantes de latín y las de los de griego.[37]

En los albores de nuestro moderno sistema educativo, cuando se estandarizaron por primera vez nuestras escuelas alrededor de la misión de clasificar a los estudiantes en cuanto al «talento general» en categorías de promedio, por encima del promedio y por debajo del promedio, la primera investigación científica de esta suposición reveló que era falsa. No obstante, los psicólogos estaban tan convencidos de que el talento mental unidimensional *debía* existir, aunque estuviera escondido, que gran parte de los colegas de Cattell rechazaron sus resultados, sugiriendo que algo estaba mal con el modo en que realizó sus experimentos o analizó sus resultados.[38]

Mientras tanto, los psicólogos —y después la educación, y después las empresas— se doblegaron a la idea de que las capacidades mentales estaban fuertemente correlacionadas y se podían representar con un valor unidimensional como una puntuación del cociente intelectual.[39] Desde Cattell, estudio tras estudio ha revelado que la inteligencia individual —por no mencionar la personalidad y el carácter— es irregular.[40] Incluso Edward Thorndike, que modeló nuestro moderno sistema educativo alrededor de la idea de que si eres bueno en una cosa eres bueno en la mayoría de las demás, dirigió su propia investigación para examinar la correlación entre las calificaciones escolares, las puntuaciones de test estandarizados y el éxito en los trabajos profesionales. También encontró correlaciones débiles entre las tres, aunque siguió racionalizando que podía ignorar este hecho con tranquilidad porque creía en una hipotética (aunque no probada) «capacidad de aprendizaje» unidimensional que aseguraba el éxito tanto en la escuela como en el trabajo.[41]

Incluso hoy en día científicos, médicos, gente de negocios y educadores descansan en la idea unidimensional de un valor del cociente intelectual para evaluar la inteligencia. Aunque estemos dispuestos a conceder que sí, que hay múltiples clases de inteligencias —como la musical, la artística o la atlética— es difícil eliminar la sensación de que debe haber alguna clase de «inteligencia general» que posee una persona que se puede aplicar a una gran cantidad de dominios. Si escuchamos que una persona es más lista que otra, suponemos que a la persona más inteligente probablemente se le dará mejor cualquier tarea intelectual que le presentemos.

Considera, sin embargo, los dos perfiles irregulares de inteligencia siguientes. Muestran las puntuaciones de dos mujeres diferentes en la Escala Wechsler de Inteligencia para Adultos (WAIS, por sus siglas en inglés),[42] uno de los test de inteligencia más utilizados hoy en día. El perfil de cada mujer representa su puntuación en diez subpruebas del test WAIS, y cada una mide una dimensión de la inteligencia diferente, como el vocabulario o la resolución de rompecabezas. Las puntuaciones de todas las subpruebas se combinan para generar una puntuación individual del cociente intelectual.

¿Qué mujer es más inteligente? Según el WAIS, son igual de inteligentes —las dos tienen un CI de 103— y cada una de ellas está cerca de la inteligencia promedio, que se define como un CI de 100. Si se nos encargara contratar a la candidata más inteligente para un trabajo, es posible que califiquemos de forma similar a las dos mujeres. Sin embargo, está claro que las dos poseen fortalezas y debilidades mentales diferentes, y si el objetivo es entender los talentos de estas mujeres, es obvio que apoyarse en la puntuación de su CI resulta engañoso.[44]

Al igual que ocurre con el tamaño físico, las correlaciones entre cada una de las dimensiones de la capacidad mental evaluadas por el WAIS en gran medida no son particularmente fuertes,[45] indicando que el talento mental es irregular y no se puede describir o entender por un valor unidimensional como el cociente intelectual. Aun así, hoy en día pocos nos podemos resistir al señuelo de evaluar la inteligencia de una persona con una sola clasificación o número. Pero una evaluación unidimensional de las capacidades mentales es aún más engañosa que estas representaciones de perfiles de inteligencia. Si subdivides la inteligencia aún más y comparas, por ejemplo, la memoria a corto plazo para palabras con la memoria a corto plazo para imágenes, los científicos han demostrado que estas «microdimensiones» también muestran correlaciones débiles.[46] Sin importar lo mucho que dividas tu mente, eres irregular por completo.

Todo esto conduce a una pregunta obvia: si las capacidades

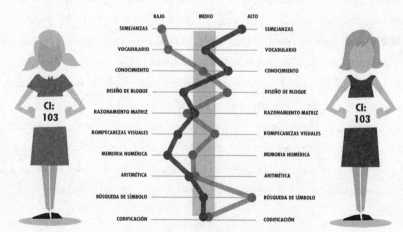

PERFILES DE INTELIGENCIA IRREGULARES

humanas son irregulares, ¿por qué tantos psicólogos, educadores y ejecutivos de empresas continúan usando el pensamiento unidimensional para evaluar el talento? Porque la mayoría de nosotros nos hemos formado en la ciencia promedianista, que implícitamente prioriza el sistema sobre el individuo. Es totalmente posible construir un sistema de evaluación funcional sobre correlaciones débiles: si seleccionas empleados basándote en una visión unidimensional del talento, aunque quizá te equivoques acerca de un individuo, *en promedio* lo harás mejor que alguien que selecciona a los empleados al azar.

Como resultado, nos las hemos arreglado para convencernos de que las correlaciones débiles significan algo que no son. En muchos campos de la psicología y la educación, si encuentras una correlación de, digamos, 0,4 (la correlación entre la puntuación de los exámenes de admisión y la calificación del primer semestre en la universidad[47]), normalmente se asume que has encontrado algo importante y significativo. Sin embargo, según las matemáticas de la correlación, si encuentras una correlación de 0,4 entre dos dimensiones, eso significa que has conseguido explicar el 16% de la conducta de cada dimensión.[48] ¿Realmente comprendes algo si puedes explicar el 16% de ello? ¿Contratarías a un mecánico que dice que puede explicar el 16% de lo que está mal en tu coche?

Por supuesto, si nos importa más la eficacia del sistema que la de la individualidad, entonces comprender el 16%, en promedio, es innegablemente mejor que nada. Puede que sea suficiente a fin de establecer políticas para *grupos* de personas. Pero si tu objetivo es identificar y alimentar la excelencia individual, entonces las correlaciones débiles nos dicen algo diferente: solo tendremos éxito si prestamos atención a la evidente irregularidad de cada individuo.

SUPERAR LA CEGUERA ANTE EL TALENTO

En 2004, Todd Carlisle se convirtió en analista del departamento de recursos humanos de Google, donde ayudó a facilitar las interacciones entre los directores de proyecto de Google que necesitaban contratar nuevos empleados, y los reclutadores que reunían «paquetes de contratación» de candidatos que los gerentes pudieran usar para tomar la decisión de a quién contratar. Por aquel entonces las calificaciones escolares y la puntuación en los test estandarizados ocupaban un lugar prominente en aquellos paquetes. No obstante, Carlisle se dio cuenta de un fenómeno muy curioso: cada vez más los directores de proyecto les pedían a los reclutadores que incluyeran información adicional acerca de los candidatos.[49] Algunos querían saber si los candidatos habían participado en competiciones de programación. Otros querían saber si sus aficiones incluían el ajedrez o tocar en una banda. Parecía que cada director de proyecto tenía una idea preferida acerca de qué información extra era importante cuando se tomaba la decisión de contratar.

«Un día me di cuenta, simplemente, de que si la métrica tradicional —los grados y las puntuaciones en los test— realmente era tan genial, ¿por qué iba nadie a suplementarla con métrica adicional, tan poco tradicional?», me contó Carlisle. «Fue entonces cuando decidí hacer el experimento».[50] Carlisle albergaba la sensación interna de que probablemente había un montón de gente talentosa allí fuera que Google se estaba perdiendo, y pensó que parte del problema era un énfasis excesivo en un pequeño conjunto de medidas conocidas. Creía que podría cambiar el modo en que la compañía enfocaba la contratación para observar más bien al postulante completo en toda su complejidad. Puesto que en Google las grandes decisiones se toman ante todo por consenso en vez de por decreto, Carlisle sabía que, si tenía que convencer a los directores de proyecto del valor de la visión multidimensional de la evaluación del talento, necesitaría un estudio que no solo evaluase sistemáticamente sus propias ideas acerca de qué dimensiones del talento predecían el éxito en Google, sino *todas* las dimensiones que los gerentes y ejecutivos creyeran que estaban relacionadas con un gran empleado.

Primero, Carlisle seleccionó una enorme lista de más de trescientas dimensiones (él las llamó «factores») que incluían las tradicionales como las puntuaciones en los test estandarizados, los diplomas, la clasificación en la universidad y las calificaciones, así como también factores más idiosincráticos que otros gerentes habían identificado como significativos. (Un prominente ejecutivo de Google, por ejemplo, sugirió que la edad a la que alguien se interesaba por primera vez en los ordenadores podía ser importante.) Después Carlisle dirigió una prueba tras otra para analizar cuáles de esos factores se relacionaban en realidad con el éxito del empleado. Los resultados fueron sorprendentes e inequívocos.[51]

Resultaba que las puntuaciones en las pruebas de selectividad y el prestigio de la universidad del candidato no predecían nada. Tampoco el haber ganado competiciones de programación. Las calificaciones importaban un poco, pero solo los tres primeros años después de la graduación. «Sin embargo, la auténtica sorpresa para mí y un montón de gente en Google», me contó Carlisle, «fue que cuando analizábamos los datos no podíamos encontrar una sola variable que importase para la mayoría de los trabajos en Google. Ni una».[52]

En otras palabras, había muchas maneras diferentes de tener talento en Google, y si la compañía quería realizar el mejor trabajo posible a la hora de reclutar empleados, necesitaba ser sensible a todas ellas. Carlisle había descubierto la irregularidad del talento de Google y, como resultado, hizo cambios en el modo en que se contrataba a los nuevos empleados.

Ellos rara vez les preguntan a los candidatos por sus calificaciones si hace más de tres años que terminaron los estudios y ya no exigen las puntuaciones de las pruebas para ningún candidato. «Ya no miramos tampoco la selectividad escolar del mismo modo», me explicó Carlisle. «El desafío ahora no es solo qué información recoger, sino cómo presentarla: tienes que centrarte en qué factores enfatizas como los más importantes en un paquete de contratación. El experimento ha ayudado a crear una imagen de los candidatos más completa que los gerentes pueden usar para contratar mejor».[53]

Tomar en consideración el talento irregular de los aspirantes no es una clase de lujo sofisticado que solamente los gigantes como Google se pueden permitir asumir. También es un modo de que las compañías pequeñas identifiquen y atraigan los mejores talentos a un mercado de trabajo competitivo. IGN es un popular sitio web dedicado a videojuegos y otros medios de comunicación, pero tiene menos del uno por ciento de empleados que Google, y un porcentaje aún más pequeño de ventas.[54] En un principio IGN se enfocó en la contratación usando el mismo pensamiento unidimensional que otras empresas tecnológicas. Por supuesto, si todas las compañías de toda la industria tecnológica evalúan a los empleados con el mismo criterio unidimensional como las calificaciones y las puntuaciones en los test estandarizados, tendría que haber muy pocos candidatos en lo alto de esas clasificaciones; y es mucho más probable que esos candidatos «superiores» firmasen con un pez gordo como Google o Microsoft que con uno pequeño como IGN.

Los ejecutivos de IGN se dieron cuenta de que, simplemente, no podían competir con el resto de las empresas tecnológicas por los empleados que ellos consideraban talentosos. Solo tenían dos opciones: ofrecer un sueldo mayor —no factible— o cambiar el modo en que buscaban el talento. Así que, en 2011, IGN creó un programa llamado Code-Foo que era un sistema de reclutamiento «sin currículo permitido» que tenía como propósito descubrir el talento para programar sin explotar.[55] El programa de seis semanas les pagaba a los programadores aspirantes para que aprendiesen nuevos lenguajes de programación y después trabajasen en *software* real diseñando proyectos en IGN.[56] Lo inusual en el Code-Foo era el modo en que los gerentes de IGN evaluaban a los aspirantes. Ignoraban del todo el trasfondo educativo y la experiencia previa. En vez de presentar un currículo, los candidatos presentaban un escrito de su pasión por IGN y respondían a cuatro preguntas que evaluaban su capacidad de cifrado. En esencia, IGN estaba diciendo: «No nos importa qué has hecho o cómo has aprendido a programar, solo queremos que seas bueno... y que te emociones por poner tus habilidades a trabajar».

En 2011, ciento cuatro personas presentaron su solicitud para el programa Code-Foo; se aceptaron veintiocho, y solo la mitad de ellas habían obtenido una licenciatura universitaria en un campo técnico. El presidente de IGN, Roy Bahat, le contó a la revista *Fast Company* que esperaba que Code-Foo finalmente condujera a una o dos contrataciones. IGN terminó contratando a ocho.[57] «No es que, si hubieras mirado sus currículos, hubieras dicho que es imposible que estuvieran cualificados para los trabajos», dijo Bahat a *Fast Company*. «Sino que, si solo mirases sus currículos... allí no habría necesariamente una razón para decir que sí. Son la clase de personas que habríamos ignorado».[58]

A menudo, cuando las organizaciones adoptan la irregularidad por primera vez, se sienten como si hubieran descubierto un modo de encontrar diamantes en bruto, de identificar el talento escondido o no ortodoxo. Pero el principio de la irregularidad dice otra cosa: aunque quizá hayamos identificado el talento *ignorado*, no hay nada no ortodoxo o escondido en ello. Se trata de un talento auténtico y simple, como siempre ha existido, como solo puede existir en seres humanos irregulares. La dificultad real no es encontrar nuevas maneras de distinguir el talento: es deshacerse de la ceguera unidimensional que evitaba que lo viéramos todo el tiempo.

Por supuesto, la ceguera más importante de eliminar es aquella con la que nos miramos a nosotros mismos.

ACCEDER A TODO TU POTENCIAL

Mientras se acercaba el final de los requisitos de mi licenciatura en la Universidad Estatal de Weber, decidí solicitar el ingreso en escuelas de posgrado en campos relacionados con la neurociencia. Si me admitían, sería la primera persona de las dos partes de mi familia en asistir a la escuela de posgrado. Me las había arreglado para darle la vuelta a la situación en la universidad y obtener buenas calificaciones, así como entusiastas cartas de recomendación de un par de profesores. Solo había una cosa que se interponía en mi camino: los test estandarizados.

Necesitaba hacerlo bien en el GRE, el Graduate Record Examination, una prueba exigida por todos los programas de ciencias de posgrado a los que solicitaba el ingreso.[59] En aquel momento el test consistía en tres partes: una de matemática, una verbal y la parte llamada de razonamiento analítico, que está supuestamente diseñada a fin de evaluar tu capacidad para pensar con lógica. Consistía en juegos de palabras complicados con cosas como: «Jack, Jenny, Jeanie, Julie, Jerry y Jeremy asisten a una cena. A Jack no le gusta Jenny, a Jeanie no le gusta Jeremy, Julie ama a Jerry y Jenny siempre roba los panecillos de Julie. Si se sientan en una mesa redonda, ¿quién se sentaría a la izquierda de Jeremy?».

Comencé a prepararme para el GRE seis meses antes de tener que hacer el examen, pero dos semanas antes las cosas parecían desalentadoras. Había realizado unos veinte test de prueba. Lo solía hacer bien en las secciones de matemáticas y la parte verbal, pero en la sección de razonamiento analítico era un desastre. Nunca puntué por encima del percentil 10. Todas las veces respondía mal casi todas las preguntas. Mi tutor, que obtuvo una puntuación perfecta en la sección de razonamiento analítico, había compartido su método conmigo, y yo me imaginaba que si simplemente practicaba su método suficientes veces, al final mi rendimiento mejoraría. No lo hizo. Las Julies, las Jennys y las Jeanies se me confundían y parecía que nunca podía razonar la respuesta. De nuevo estaba frente a la posibilidad de que todos mis sueños acabaran en un brusco final, porque me era difícil imaginar cualquier programa de posgrado que admitiese a alguien que hubiese obtenido una puntuación del percentil 10 en cualquiera de los test.

Mientras estudiaba en la casa de mis padres me encontraba tan frustrado que lancé el lápiz al otro lado de la habitación, y casi se le clava a mi padre cuando entró inesperadamente. Por suerte para mí, se acercó y me preguntó qué sucedía. Le conté que estaba fallando en la sección analítica y le mostré el método que usaba para resolver los problemas.

«Eso requiere que hagas la mayor parte del problema en tu cabeza», señaló él.

«Claro», respondí yo. «Así es como se supone que se hacen estos problemas». *Después de todo*, pensé para mí, *mi profesor ha obtenido una puntuación perfecta con este método, y la mayoría de los compañeros de mi clase de preparación también puntúan por encima del percentil 80 usándolo.*

«Pero tú no tienes una gran memoria a corto plazo. ¿Por qué intentas usar un método que te exige tanto de la memoria a corto plazo?», dijo. Él sabía, sin embargo, que lo había hecho bien en mis clases de geometría. «Por el contrario, eres bastante bueno en el pensamiento visual, ¿por qué no usas un método de resolución que se apoye en eso?».

Se sentó y procedió a mostrarme un modo de convertir cada problema en una clase de tabla visual que me permitiera dibujar las relaciones precisas entre Jerry, Jenny y Julie de un modo claro y fiable. Al principio era completamente escéptico de que esta técnica, que de hecho era muy fácil para mí, pudiera funcionar. Pero lo intenté con un problema tras otro y todas las veces me dio la respuesta correcta. No podía creerlo. Dos semanas después hice el GRE y obtuve la mayor puntuación en la sección de razonamiento analítico.

Mi instructor de GRE había diseñado un modo de resolver los problemas que encajaba con sus capacidades mentales irregulares...

pero no necesariamente con las mías. Por fortuna, mi padre tenía una idea más clara de mi irregularidad. Me ayudó a ver que mi problema no era que tuviera capacidades analíticas débiles —la visión unidimensional que yo había establecido después de fallar en un test tras otro al usar el método de mi instructor— sino que más bien estaba apoyándome en una de mis capacidades mentales más débiles, la memoria a corto plazo, para resolver los problemas. Una vez que mi padre me ayudó a identificar una estrategia que jugaba con mis fortalezas, finalmente pude responder las preguntas del test correctamente y demostrar mi verdadero talento.

Tengo una deuda de gratitud con mi padre. Su atenta consideración a mi perfil irregular —mi individualidad— lo llevó a ofrecerme un consejo inestimable que cambió el curso de mi vida. Si no hubiera cambiado a un modo visual de analizar los problemas del GRE, lo habría hecho mal y, como resultado, probablemente nunca hubiera entrado en Harvard. Ese es el poder del primer principio de la individualidad. Cuando somos capaces de apreciar la irregularidad en el talento de otras personas —el perfil irregular de nuestros hijos, nuestros empleados o estudiantes— es más probable que reconozcamos su potencial sin explotar, les mostremos cómo usar sus fortalezas, y los ayudemos a identificar y mejorar sus debilidades, como hizo mi padre.

Y cuando somos conscientes de nuestra propia irregularidad es menos probable que caigamos en una visión unidimensional del talento que limita aquello de lo que somos capaces. Si hubiera suspendido el test es posible que llegara a la conclusión de que no tenía lo que hacía falta para alcanzar el éxito en la escuela de posgrado —después de todo, eso era lo que *suponía* que te decía ese test— y rebajara las expectativas que tenía para mí.

Reconocer tu propia irregularidad es el primer paso para entender todo nuestro potencial y negarnos a ser encasillados por medio de declaraciones arbitrarias, basadas en los promedios, de quién esperamos ser.

CAPÍTULO 5

LOS RASGOS SON UN MITO

¿Eres extrovertido o introvertido? Esta engañosa y simple pregunta nos zambulle en uno de los debates más antiguos y conflictivos de la psicología: la naturaleza de tu personalidad. En un lado del debate están los *psicólogos internalistas*, que defienden que nuestra conducta viene determinada por rasgos de personalidad bien definidos, como la introversión y la extroversión. Estos psicólogos fechan sus orígenes científicos en Francis Galton, quien defendía que el temperamento y el carácter humano son «realidades duraderas y factores persistentes de nuestra conducta».[1]

Los *psicólogos situacionistas*, por otro lado, aseguran que el entorno dirige nuestra personalidad mucho más que los rasgos personales. Creen que la cultura y las circunstancias inmediatas determinan cómo nos comportamos, defendiendo, por ejemplo, que es probable que las películas violentas hagan a la gente agresiva, a pesar de sus tendencias innatas.[2] Los psicólogos situacionistas trazan sus orígenes hasta un fundador igualmente impresionante, Adolphe Quetelet, quien aseguró que «la sociedad prepara el crimen y los culpables solo son los instrumentos por medio de los cuales este se ejecuta».[3]

El famoso estudio sobre la obediencia de Stanley Milgram, el psicólogo de Yale, es un clásico experimento situacionista.[4] En este estudio se les pidió a los participantes que provocasen descargas eléctricas (de entre 15 V hasta unos 450 V potencialmente mortales) a una persona localizada en otra habitación siempre que el individuo daba una respuesta incorrecta a una pregunta. Sin que los participantes lo supieran, las personas de la otra habitación eran actores y en realidad no estaban recibiendo descargas eléctricas. Milgram quería saber algo: ¿hasta dónde se podía empujar a la gente a herir a otras personas si una figura autoritaria le daba órdenes? Los resultados fueron alarmantes: el 65% de los participantes administraron una descarga de 450 V, incluso cuando la persona de la otra habitación rogó para que no lo hiciera, alegó problemas del corazón, o simplemente dejó de responder.[5] Según los situacionistas, los resultados de este estudio probaron que una situación fuerte influye en la conducta de la mayoría de las personas, incluso las empuja a actuar con crueldad.

A lo largo del siglo xx, los teóricos de los rasgos y la situación batallaron en los vestíbulos y los laboratorios de la academia, pero en la década de 1980 los psicólogos internalistas se alzaron como los vencedores indiscutibles.[6] Aunque los psicólogos situacionistas eran capaces de predecir, en promedio, cómo se comportarían en una situación *la mayoría* de las personas, nunca podían predecir cómo iba a comportarse un *individuo* en particular. Por ejemplo, podían predecir que una mayoría de personas administrarían una descarga eléctrica a un extraño inocente si se lo pedía una figura autoritaria, pero no si era más probable que lo hiciera Mary Smith de Cincinnati, que Abigail Jones de Tallahassee.

Por el contrario, los teóricos internalistas hicieron un mejor trabajo prediciendo la conducta de cualquier individuo particular... en *promedio*, al menos. También produjeron algo mucho más útil para las empresas: los test de personalidad. Hoy, cada año se les realizan a los empleados dos mil quinientas evaluaciones diferentes basadas en los rasgos.[7] Por ejemplo, ochenta y nueve de las compañías de la lista Fortune 100, miles de universidades y cientos de agencias gubernamentales usan los test del Indicador de Tipo de Myers-Briggs (MBTI, por sus siglas en inglés), que evalúan cuatro dimensiones de la personalidad y clasifica a las personas en dieciséis tipos distintos.[8] Salesforce.com, mientras tanto, se apoya en el test de personalidad de Enneagram para evaluar a los aspirantes, una prueba que le asigna a la persona uno de los nueve tipos de personalidad de que dispone (el «tipo 8», por ejemplo, es un «desafiante»).[9] Estos y otros test son parte de una industria de quinientos mil millones de dólares que se dedica exclusivamente a medir y clasificar nuestros rasgos de personalidad.

Sin embargo, quizá la mayor razón para el éxito de la teoría de los rasgos es que parece cuadrar con nuestro sentido de nosotros mismos… y de los demás. Cuando se nos enfrenta con el Myers-Briggs, por ejemplo, tendemos a aplicar nuestra personalidad a su estructura instintivamente, decidiendo con rapidez si somos introvertidos o extrovertidos, racionales o emocionales, sensoriales o perceptivos. Igualmente, si nos pidieran que describiésemos la personalidad de nuestro mejor amigo —o nuestro peor enemigo— es muy probable que ofreciésemos una lista de sus rasgos prominentes. Son serviciales, optimistas e impulsivos, podríamos concluir, o quizá agresivos, cínicos y egoístas. Del mismo modo, si nos pidieran que señalásemos a unos cuantos colegas introvertidos, sospecho que tendríamos pocos problemas para proporcionar nombres.

Los test que nos puntúan en una serie de rasgos son populares porque satisfacen nuestra profunda convicción de que podemos acceder al corazón de la «verdadera» identidad de una persona conociendo esos rasgos que definen la esencia de su personalidad. Tendemos a creer que en lo profundo de los fundamentos del alma de una persona alguien está esencialmente conectado para ser amistoso u hostil, vago o diligente, introvertido o extrovertido, y que esas características definitorias se notan sin importar las circunstancias o las tareas. Esta creencia se conoce como *pensamiento esencialista*.[10]

El pensamiento esencialista es tanto una consecuencia como una causa de la clasificación por *tipos*: si conocemos los rasgos de personalidad de alguien, creemos que podemos clasificarlo como de un tipo en particular. Y si sabemos que alguien pertenece a un tipo en particular, creemos que podremos sacar conclusiones acerca de su personalidad y su conducta. Eso es lo que me pasó a mí en séptimo grado, después de comenzar una pelea de pelotas de papel en la clase de inglés. El incidente hizo que me ganase (justamente) un viaje a la oficina del orientador escolar, y puesto que no era mi primera visita, se me pidió que completase un cuestionario de agresividad que determinó que estaba cerca del percentil 70 de la clasificación. Se convocó a mis padres a la escuela, donde el orientador les informó que, en su opinión, yo era un «niño agresivo», y pacientemente les expuso las evidencias: mis bolas de papel, una pelea hacía un año y, la prueba más irrefutable de todas, los resultados del cuestionario.

El orientador creía que la agresividad era algo esencial en mi carácter, un rasgo definitorio de quién era, y él suponía, comprensiblemente, que este conocimiento le permitía hacer predicciones sobre mí. Recomendó que viera a un psicólogo, advirtiendo que los niños agresivos a menudo sufrían en la escuela y que normalmente no se adaptan a las presiones de la universidad. También les informó a mis padres de que lucharía contra las figuras de autoridad y que por lo tanto tendría problemas para mantener un trabajo si mi orientación no era eficaz. Esta es, por supuesto, la razón por la que nos apoyamos en el pensamiento esencialista para evaluar a la gente: conocer los rasgos de alguien parece garantizarnos la capacidad para predecir cómo se comportarán en la escuela, el trabajo o, incluso (como insisten las páginas web de citas), con la pareja romántica.[11]

Pero ahí está el problema: cuando se trata de predecir la conducta de los individuos —al contrario de predecir la conducta media de un *grupo* de personas— en realidad los rasgos sirven muy poco. De hecho, las correlaciones entre los rasgos de personalidad y las conductas que *deberían* estar relacionadas —como la agresividad y meterse en peleas, o la extroversión e ir a fiestas— rara vez son más fuertes que 0,30.[12] ¿Cuán débil es eso? Según las matemáticas de la correlación, significa que los rasgos de tu personalidad explican el 9% de tu conducta. ¡El nueve por ciento! Hay correlaciones igual de débiles entre las puntuaciones de personalidad basadas en los rasgos y los logros académicos, las dotes profesionales y el éxito romántico.[13]

Si tu personalidad y tu conducta no se explican por medio de una colección de rasgos perdurables, ¿entonces cómo *explicamos* nuestras personalidades? Después de todo, nuestra conducta no es aleatoria; y no depende únicamente de la situación. La razón de que la teoría internalista, y el pensamiento esencialista que la sustenta, haga poco por explicar la conducta humana se debe a que ignora completamente el segundo principio de la individualidad: el *principio del contexto*.

EL PRINCIPIO DEL CONTEXTO

Yuichi Shoda, profesor de la Universidad de Washington, es uno de los principales investigadores del desarrollo infantil, y uno de mis científicos favoritos en toda la psicología.[14] Shoda comenzó a dirigir investigaciones acerca de la personalidad como un estudiante de posgrado en Stanford en la década de los ochenta, en la cúspide del conflicto académico entre los teóricos internalistas y los situacionistas. Pero aunque sus investigaciones lo colocaron en medio del debate acerca de la personalidad, él nunca se decantó por ninguno de los dos campos. Desde el principio intuyó que ambos enfoques eran incompletos y, en última instancia, engañosos.[15]

Shoda se acercó a la personalidad humana analítica y sistemáticamente, desechando las viejas suposiciones. Al hacerlo se convenció de que el perenne conflicto entre la teoría internalista y la situacionista era un lastre para el campo, porque ambos enfoques fallaban a la hora de explicar lo que él veía como la verdadera complejidad del individuo. Shoda pensó que había un tercer modo de pensar acerca de la personalidad, no en términos de rasgos o situaciones, sino en términos de las maneras que los rasgos y las situaciones *interactuaban*. Era una posición sin compromiso: si tenía razón, significaría que ambas partes del venerable debate acerca de la personalidad estaban equivocadas.[16]

Sabía que, para persuadir a otros científicos de la legitimidad de su teoría, necesitaría un estudio muy convincente, uno que reuniese una gran cantidad de datos conductuales de individuos de diversos escenarios naturales. No parecía realizable estudiar a adultos con esa clase de exhaustividad, puesto que casi seguro requeriría monitorizarlos todo el día, incluyendo sus trabajos. En vez de eso, decidió estudiar a los niños de un programa de campamentos de verano en New Hampshire conocido como Wediko Children's Services.[17]

Los niños de Wediko tenían entre seis y trece años, y la mayoría venían de familias de bajos ingresos del área de Boston. Shoda siguió a 84 niños (60 niños y 24 niñas) por todo el campamento y a todas las horas de actividad, durante seis semanas, documentando su conducta en cada localización de Wediko, excepto los baños. Para conseguir esta enorme empresa, Shoda se apoyó en un equipo de 77 orientadores adultos del campamento que registraron más de 14.000 horas de observación, una media de 167 horas por cada niño. Los orientadores del campamento también rellenaron puntuaciones subjetivas para cada niño al final de cada hora.[18]

Al final del verano, Shoda examinó minuciosamente este paquete masivo de datos analizando en primer lugar la conducta individual de cada niño, y después buscando patrones colectivos. Los resultados fueron claros e inequívocos, y una bofetada directa al pensamiento esencialista: cada niño exhibía diferentes personalidades en diferentes situaciones.[19]

Ahora bien, en cierto sentido no es una gran sorpresa, y puede que te sientas llamado a argumentar: «¡Por supuesto que nos comportamos de manera diferente en diferentes escenarios!». No obstante, piensa un momento en los rasgos modélicos de personalidad. El Myers-Briggs, por ejemplo, sin duda *no* dice que nuestros rasgos cambien fundamentalmente dependiendo del escenario; de hecho, afirma lo contrario: que la predisposición a ser introvertido o extrovertido influye en nuestra conducta sin importar la situación. Los test de personalidad basados en rasgos dan por supuesto que podemos ser *o* extrovertidos *o* introvertidos… pero no *ambas* cosas. Sin embargo, Shoda descubrió que todos los niños *eran* ambas cosas en realidad.[20]

Una chica puede ser extrovertida en la cafetería, pero introvertida en el patio. Un chico puede ser extrovertido en el patio, pero introvertido en la clase de matemáticas. Y no era solo la situación el factor determinante: si escogías a dos chicas, una podría ser introvertida en la cafetería y extrovertida en clase, mientras que otra podía ser extrovertida en la cafetería e introvertida en clase. El modo en que alguien se comportaba dependía siempre tanto del individuo como de la situación. No existe eso de la «naturaleza esencial» de una persona. Por supuesto, puedes decir que alguien es más introvertido o extrovertido *en promedio*; esto era, de hecho, exactamente lo que la psicología internalista venía a decir. Pero si te apoyabas en los promedios, entonces te perderías todos los detalles importantes de la conducta de una persona.

Los resultados de Shoda contradecían directamente los principios básicos de la teoría internalista. Evaluar la personalidad *en promedio* puede que fuera suficientemente bueno para que los académicos intentasen sacar amplias conclusiones acerca de grupos de personas, pero no es suficientemente bueno si estás buscando contratar al empleado que mejor encaja en el trabajo o darle el consejo más eficaz a un estudiante, y no es para nada bueno a la hora de tomar decisiones sobre *ti*. Definirte como «generoso» o «tacaño» no hace justicia al hecho de que donas dinero a una organización no gubernamental en problemas con un fin misionero, pero no a tu universidad bien dotada. Sin embargo, los resultados de Shoda también negaban la teoría situacionista, puesto que sus datos demostraban que cualquier situación dada afectaba a cada persona de forma diferente. No era de extrañar que, cuando los psicólogos de la personalidad descubrieron los resultados de Shoda, muchos reaccionaron del mismo modo que los psicometristas cuando escucharon hablar por primera vez del señuelo ergódico de Peter Molenaar: acusaron a Shoda de promover la anarquía.

Shoda parecía estar sugiriendo que no había nada coherente en la personalidad de una persona, que sus conductas eran un torbellino constante, que cambiaban aleatoriamente de lugar en lugar. ¿Qué se suponía que iban a modelar los teóricos de la personalidad si los rasgos ya no eran estables? Pero Shoda no estaba socavando el concepto de personalidad: más bien, al colocar juntos a la persona y al contexto, le estaba dando vida. Él demostró que, de hecho, *hay* algo coherente en nuestra identidad, solo que no era la clase de coherencia que cualquiera esperase: somos coherentes *dentro de un contexto dado*. Según los resultados de Shoda (así como de una gran cantidad de la investigación subsiguiente), si eres concienzudo y neurótico mientras conduces hoy, es bastante seguro apostar a que mañana serás concienzudo y neurótico mientras conduzcas. Al mismo tiempo, lo que hace que seas únicamente ti es que quizá *no* seas concienzudo y neurótico cuando toques versiones de los Beatles con tu banda en el contexto de tu pub local.

Las investigaciones de Shoda encarnan el segundo principio de la individualidad, el *principio del contexto*, que asegura que la conducta individual no se puede explicar o predecir aparte de una situación particular, y que la influencia de una situación no se puede especificar sin mencionar al individuo que la está experimentando.[21] En otras palabras, la conducta no está determinada por los rasgos o la situación, sino que surge de la interacción única entre ambos. Si quieres comprender a una persona, las descripciones de sus tendencias medias o su «naturaleza esencial» es posible que te lleven por mal camino. Más bien, necesitas una nueva manera de pensar que se centre en las marcas conductuales específicas del contexto de una persona.

MARCAS SI-ENTONCES

Shoda resumió sus descubrimientos pioneros en su libro acertadamente llamado *The Person in Context: Building a Science of the Individual* [La persona en contexto: construir una ciencia del individuo].[22] En él proporciona una alternativa al pensamiento esencialista a la que llama «marcas si-entonces».[23] Si quieres comprender a un compañero de trabajo llamado Jack, por ejemplo, no es particularmente útil decir: «Jack es extrovertido». En vez de eso, Shoda sugiere una caracterización diferente: *SI* Jack está en la oficina, *ENTONCES* es extrovertido. *SI* Jack está con un grupo grande de extraños, *ENTONCES* es medianamente extrovertido. *SI* Jack está estresado, *ENTONCES* es introvertido.

Un ejemplo del estudio de Shoda ilustra el valor práctico de conocer las marcas si-entonces de alguien. Cuando se evaluaron usando los cuestionarios de agresividad estándares, dos chicos de Wediko mostraron niveles casi idénticos de agresividad que, interpretados a través de las lentes del pensamiento esencialista, conducirían a suponer que sus perspectivas de futuro eran similares y requerirían formas de intervención parecidas. Sin embargo, los datos de Shoda revelaron una distinción oculta: una distinción que marcaba toda la diferencia para comprender a estos niños. Uno de los niños era agresivo rodeado de sus compañeros, pero dócil rodeado de adultos. El otro niño solo era agresivo rodeado de adultos, pero dócil rodeado de sus compañeros. La agresividad de cada chico era marcadamente diferente, y aun así estas diferencias cruciales se borraron al usar una puntuación basada en los rasgos. La agresividad no era la «esencia» de la personalidad de cada chico: más bien, había situaciones en las que cada chico era agresivo, y situaciones en las que no lo era. Había un costo real al ignorar contextos y simplemente etiquetar a cada muchacho dentro de la misma clasificación promedianista.

Considera la siguiente imagen, la cual representa las marcas si-entonces para la agresividad en dos chicos que están basados en los niños del estudio de Shoda.

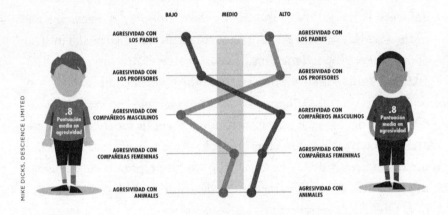

MARCAS SI-ENTONCES PARA LA AGRESIVIDAD

En el momento en que leí por primera vez el estudio de Shoda, volví a mi experiencia cuando en la escuela me designaron como un «chico agresivo». Recordé que una vez que mi abuela escuchó el veredicto se negó a creerlo, diciéndoles a mis padres: «¡Siempre es muy bueno en mi casa!». No era inconsciencia de abuela. Realmente yo *era* bueno cuando estaba con ella. Me agresividad se disparaba en contextos muy específicos, como cuando se me acosaba. En la clase donde me metí en problemas por disparar bolitas de papel había tres chicos mayores a los que les gustaba empujarme. Intenté evitarlos fuera de clase, pero dentro a menudo reaccionaba a su presencia convirtiéndome en el payaso de la clase, puesto que pensaba que si podía hacerles reír sería más probable que me ignorasen. Normalmente funcionaba, aunque también me gané un viaje a la oficina del orientador.

Si los administradores de la escuela (que yo creo que se preocupaban por mí de verdad) hubieran intentado comprender el contexto de mi conducta, quizá habrían podido ayudarme en vez de etiquetarme como agresivo, en vez de consignarme a la conflictiva esfera de ser «un niño problemático». Si hubieran intentado obtener una perspectiva de por qué me portaba mal *en aquel contexto*, quizá habrían podido intervenir —hablando con el profesor o trasladándome a una nueva clase— en vez de suponer que comprendían algo esencial acerca de mi carácter.

Más tarde, cuando me las arreglé para asistir a la Universidad Estatal de Weber, usé mi conocimiento de las marcas si-entonces para cambiar la forma en que me enfocaba en las clases. Algo inestimable que hice desde el principio fue evitar las clases donde conociera a otros estudiantes de secundaria. Sabía que ese contexto en particular me conduciría a comportarme como el payaso de la clase, y sabía que nunca tendría éxito en la universidad actuando de esa forma.

Igualmente, sabía que respondería bien a ciertos estilos de enseñanza. En especial me gustaban los profesores que desafiaban a sus alumnos a pensar por sí mismos y a discutir las ideas, aunque tendía a sentirme frustrado y desmotivado con profesores que entendían que se conocían los hechos y que nuestro trabajo era sentarnos allí y digerirlos. Así que al principio de cada semestre me apuntaba en seis asignaturas para asistir al menos a una sesión de cada una. Si había un chico al que ya conocía, o si el estilo del profesor no me encajaba, simplemente abandonaba la clase.

Saber cómo me comportaba en ciertos contextos me permitió que tomara mejores decisiones como estudiante universitario y más allá.

¿ERES HONESTO O DESHONESTO?

No es difícil aceptar nuestras marcas si-entonces cuando se trata de la personalidad: aceptar que debemos ser simultáneamente agresivos con algunas personas y buenos y tranquilos con otras, o que nuestra introversión o extroversión son específicas a cualquier situación en la que nos encontremos. ¿Qué hay de la honestidad? ¿La lealtad? ¿La amabilidad? ¿No son ellas inherentes a nuestro carácter? ¿O el carácter también es una cualidad cambiable y contextual?

Durante mucho tiempo se creía que el carácter de la gente estaba grabado a fuego en su naturaleza. Si descubrimos que se ha pillado al hijo del vecino robando caramelos en la tienda local, instintivamente suponemos que también va a robar otras cosas. En verdad no lo dejaríamos solo en nuestra casa. Puede que incluso nos sintamos inclinados a pensar que tiene cierto defecto en la fibra moral que inevitablemente lo conducirá no solo a cometer más actos de robo, sino que es posible que lo lleve a comportarse de otras maneras poco escrupulosas, como engañar en la escuela y mentirles a los adultos.

Resulta que esta visión está mal. El carácter no es diferente a cualquier conducta humana: no tiene sentido hablar de él en ausencia del contexto. En una era en la que todavía tenemos debates encendidos acerca de cómo infundir rasgos morales como la empatía, el respeto y el autocontrol en nuestros hijos, cuando creemos que algo es *honesto* o *deshonesto* sin nada en medio, la idea de que cada una de estas importantes cualidades se caracterice por una marca si-entonces altamente individualizada puede parecer provocadora. Y aun así, el conocimiento de que el carácter es contextual no es nada nuevo.

Una de las primeras investigaciones científicas a gran escala sobre el carácter se llevó a cabo en la década de 1920 por parte de un psicólogo y ministro ordenado llamado Hugh Hartshorne.[24] Eran los embriagadores días en que las escuelas de todo Estados Unidos se estaban estandarizando, y se levantaba un encendido debate acerca de si los centros

de enseñanza debían enseñar carácter y cómo.[25] Como presidente de la
Religious Education Association, Hartshorne creía personalmente que
la educación religiosa era el mejor medio para inculcar valores morales
en los jóvenes. Sin embargo, como científico, también sabía que antes
de poder defender cualquier enfoque en particular primero necesitaba
dirigir una investigación para clarificar la naturaleza del carácter.

El equipo de Hartshorne examinó a 8.150 estudiantes de la escuela pública y a 2.715 de la escuela privada de entre ocho y dieciséis
años. Se colocó a cada estudiante en veintinueve contextos experi-
mentales diferentes que incluían cuatro situaciones diferentes (escuela, hogar, fiesta y competición atlética), y tres posibles actos de
engaño (mentir, hacer trampas o robar). Cada contexto estaba ma-
nipulado para tener dos condiciones. En la primera condición (la supervisada), no había manera de que los estudiantes se comportasen
deshonestamente. Por ejemplo, mientras realizaban un examen en la
escuela eran observados de cerca por el profesor, quien después calificaba sus respuestas. En la segunda condición (la no supervisada), se
llevaba a creer a los estudiantes que cualquier engaño que hubieran
cometido no sería detectado. Por ejemplo, después de hacer el examen en la escuela se les daba la oportunidad de calificárselo ellos a
solas en una habitación, pero Hartshorne insertó una hoja de carbón
escondida debajo de la prueba para detectar si los estudiantes habían
cambiado las respuestas a fin de obtener una puntuación mejor. Para
cada contexto, la diferencia entre la conducta de un estudiante en las
condiciones supervisadas o no supervisadas proporcionó una medida
de la honestidad del estudiante en ese contexto.[26]

Cuando comenzó el estudio, Hartshorne veía la honestidad a través del prisma del pensamiento esencialista, esperando que cada estudiante en concreto fuera virtuoso o no virtuoso. Pero eso no fue,
en absoluto, lo que descubrió. En vez de eso los estudiantes mostraron poca coherencia en su virtud. Una niña que engañaba a la hora
de puntuar su propia prueba podía ser honesta cuando mantenía la

puntuación en el juego de una fiesta. Un niño que engañaba en un examen copiando las respuestas de otro estudiante podía ser que no engañase cuando se puntuaba su propio examen. Un niño que robaba dinero en casa podía no robar dinero en la escuela. Resultó ser que la honestidad era contextual.[27]

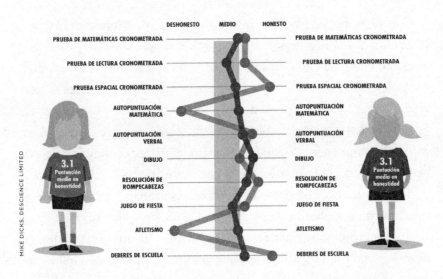

Para tener una idea de lo que encontró Hartshorne, echemos un vistazo a las marcas si-entonces para dos estudiantes de octavo grado provenientes de su estudio. Cada una de las estudiantes tenía una puntuación media similar en honestidad. La estudiante de la derecha, salvo en una excepción, mostraba sistemáticamente el mismo nivel de honestidad, sin importar las oportunidades para engañar. Hartshorne señaló que esta estudiante era una auténtica rareza: de los 10.865 estudiantes de su estudio, ella era la más coherente por un gran margen, con un perfil honesto mucho más favorecedor que el de cualquiera.[28] La estudiante de la izquierda, mientras tanto, poseía una marca si-entonces decididamente diferente. La conducta de esta estudiante variaba muchísimo de un contexto a otro, desde una honestidad meticulosa hasta el engaño más atroz. Sin embargo, si tomas un punto de vista esencialista del carácter, llegarás a la conclusión de que no hay diferencia entre estas estudiantes: son igual de honestas en promedio. El principio del contexto, no obstante, nos muestra que una visión así es incorrecta, porque ignora la individualidad de cada estudiante.

Cuando el público descubrió los resultados de Hartshorne, hubo una conmoción y un escándalo generalizados. «No ha habido una teoría más desconcertante para los padres y los profesores en general que la doctrina de que la conducta moral es específica y está condicionada en gran medida por la situación externa», declaró Hartshorne en respuesta. «Si Johnny es honesto en casa y debes remarcar que engaña en los exámenes de la escuela, su madre estará más dispuesta a ser incrédula. Por ofensivo que le parezca a la opinión popular, la doctrina de la especificidad parecería estar bien establecida [...] honestidad, caridad, cooperación, inhibición y persistencia son hábitos particulares en vez de rasgos generales».[29]

Las cosas no han cambiado mucho, y hoy en días los padres y los profesores todavía quieren creer que la fibra moral es un rasgo personal y no depende de la situación. Ten autocontrol. A los padres se les bombardea con estudios y libros que aseguran que el autocontrol es la clave para que nuestros hijos tengan una vida exitosa.[30] Uno de los estudios más famosos citados para apoyar la importancia del autocontrol —y se podría decir que el estudio de psicología más famoso de nuestra generación— es el llamado «estudio del malvavisco».

El marco general para el estudio del malvavisco se ha replicado muchas veces.[31] En la versión más común del estudio un adulto le ofrece a un niño, normalmente de entre tres y cinco años de edad, un malvavisco y una elección. Puede comérselo inmediatamente o esperar quince minutos y recibir un segundo malvavisco. El adulto deja la sala. La duración del tiempo que tarda el niño en comerse el malvavisco se toma como medida singular de su autocontrol, que se clasifica desde bajo hasta alto.

El estudio del malvavisco fue inventado hace más de cuarenta años por un psicólogo de la Universidad de Columbia llamado Walter Mischel.[32] La influencia popular del estudio realmente explotó cuando Mischel y nuestro amigo Yuichi Shoda hicieron un seguimiento a los participantes de los estudios originales años después y descubrieron que, en promedio, los participantes que habían exhibido mayor autocontrol de niños tendían a ser los que estaban mejor integrados socialmente, y los que habían obtenido mayor éxito académico como adolescentes.[33]

Esto desató nada menos que una locura por el autocontrol que se extendió por la ciencia, la paternidad y la educación. Los neurólogos buscaron las estructuras del «autocontrol» en el cerebro que permitían que los niños resistieran la tentación de comerse los malvaviscos,[34] los psicólogos infantiles desarrollaron programas que los padres podían usar para incrementar el autocontrol en sus hijos e hijas,[35] y los educadores corrieron a promover nuevas formas de educación del carácter que se creía que ayudarían a aumentar el autocontrol.[36] Los expertos y los medios de comunicación sugirieron que los niños con una fuerza de voluntad débil que no podían esperar pacientemente el malvavisco adicional estaban en un grave riesgo de fracasar en la vida.[37] Por supuesto, todo el furor alimentado por los malvaviscos estaba basado en la suposición implícita de que el autocontrol era un rasgo esencialista.

«Era muy irónico que todos usaran el estudio para apoyar la perspectiva internalista y promover la educación del carácter», me contó Shoda. «Porque Walter [Mischel] luchó toda su carrera contra ello. En realidad, intentábamos mostrar que los niños pueden aumentar su control sobre presiones situacionales por medio de estrategias de si-entonces».[38]

El principio del contexto nos recuerda que el autocontrol no existe aparte de una situación en particular, y una de las personas que reconoció que faltaba el contexto en los relatos populares del test del malvavisco fue una científica llamada Celeste Kidd.[39] Ahora es profesora adjunta de Ciencias Cognitivas y del Cerebro en la Universidad de Rochester, y cuando escuchó hablar por primera vez de los estudios del malvavisco trabajaba como voluntaria en un albergue para gente sin hogar. «Había muchos niños viviendo en el albergue», me contó. «Si un niño conseguía un juguete o un caramelo siempre estaba el peligro real de que simplemente otro niño se lo quitase, de modo que lo más seguro e inteligente era mantenerlo escondido o comérselo lo más rápido posible. Así que cuando me topé con los estudios del malvavisco mi reacción inmediata fue que todos los niños del albergue se comerían el malvavisco enseguida».[40]

Kidd dirigió su propia versión del estudio del malvavisco, con un giro fundamental: colocó un grupo de niños en una situación «segura» y a otro grupo en una «insegura». Antes de que comenzara el test del malvavisco lo niños de la situación insegura se encontraron con un adulto que no mantendría su palabra: por ejemplo, durante un proyecto de arte el adulto le prometió al niño que si esperaba un poco le traería un nuevo conjunto de materiales de arte para reemplazar su contenedor de lápices de colores rotos y gastados. Pocos minutos después regresó con las manos vacías. Los niños en el grupo seguro, mientras tanto, se encontraron con un adulto que les entregaba nuevos materiales exactamente como había prometido.[41]

Los niños de la situación segura se comportaron de forma muy parecida a los niños en los estudios de malvaviscos previos: unos pocos cedieron rápidamente a la tentación, pero cerca de dos tercios de ellos se las apañaron para esperar los quince minutos enteros, el máximo de tiempo. Las cosas fueron muy diferentes para los niños de la situación insegura. La mitad de ellos devoraron el malvavisco en el primer minuto después de que el adulto se marchase. Solo un niño aguantó lo suficiente para conseguir un segundo malvavisco.[42] Se percibe el autocontrol como una especie de rasgo esencial, pero Kidd ayudó a demostrar que también es contextual.

CONECTAR EL TALENTO CON EL CONTEXTO

La popularidad de la prueba del malvavisco y su conclusión de que el autocontrol es la clave para el éxito muestra que un dominio en el que la sociedad permanece más atada al pensamiento esencialista es en nuestra actitud hacia la habilidad, el talento y el potencial. Imaginamos que son cualidades esenciales, que los individuos las poseen o no, que las circunstancias pueden tener una influencia menor sobre algo como el talento, pero las circunstancias no determinan ni crean el talento.

En ningún lugar se refleja esto más que en cómo contratamos a los empleados. Cuando se trata de encontrar a la mejor persona para el trabajo, todos los sistemas de nuestro mundo empresarial están dispuestos a ignorar el contexto, y eso comienza con la herramienta de contratación más esencialista de todas: la descripción del trabajo. Una descripción del trabajo típica para el puesto de director de mercadeo incluye una sección de «cualificaciones clave» o «habilidades requeridas», que luce más o menos así:

- Debe tener diez años o más de experiencia en mercadeo progresivo y gerencia de ventas.
- Se requiere licenciatura; preferiblemente un doctorado.
- Debe poseer habilidades de comunicación, estrategia y liderazgo excepcionales.
- Debe ser profesional en mercadeo multicanal y gestión de programas de afiliados.

Cada semana cientos de miles de empresas publican descripciones laborales redactadas de manera similar para atraer a los candidatos a las posiciones abiertas. Los reclutadores enumeran la experiencia, las habilidades y las credenciales que busca un empleador, y después filtra a los aspirantes que no cumplen estos criterios y selecciona al mejor candidato de los que quedan. A primera vista esto parece tener sentido común: los candidatos tendrán ciertas habilidades y capacidades o no; serán «buenos comunicadores» o no; serán «profesionales» en algo como el mercadeo multicanal o no. Por supuesto, la razón por la que es difícil ver qué hay de malo en este enfoque es que se nos ha embaucado con el pensamiento esencialista.

En vez de centrarnos en la «esencia» del empleado, el principio del contexto sugiere centrarnos en el rendimiento que necesitamos que el empleado ponga de manifiesto y el contexto en el que ocurrirá ese desempeño constituye un punto de partida mejor. Una persona pionera en un enfoque exactamente así es Lou Adler, fundador del Lou Adler Group, y uno de los reclutadores y consejeros de contratación más influyentes.[43]

Antes de cambiar a una carrera como reclutador, Adler diseñaba misiles y sistemas de orientación para una fábrica aeroespacial. Como resultado, se acercó a la práctica de encontrar y seleccionar empleados con la mentalidad de un ingeniero. «Un día simplemente me di cuenta: una vez que observas cómo el rendimiento depende del contexto, y cómo el reclutamiento debería centrarse en conectar a los individuos a contextos óptimos, esto parece tener sentido común», me explicó Adler. «Pero resultaba realmente difícil conseguir que las compañías implementasen el sentido común».[44]

Inspirado por su visión centrada en el contexto en el lugar de trabajo, Adler desarrolló un modo nuevo de reclutar y contratar empleados al que llama «contratación basada en el rendimiento». En vez de describir a la *persona* que quieren, Adler les pide a los empleadores que describan primero el *trabajo* que desean que se haga.[45] «Las compañías siempre dicen que quieren un buen comunicador. Esa es una de las habilidades más comunes que ves en una descripción del trabajo», me explicó Adler. «Pero eso de un "buen comunicador" en general no existe. Hay muchas clases de habilidad es de comunicación que puedes necesitar para un trabajo en particular, y no hay nadie que sea bueno en todas ellas». Para un representante de atención al cliente, la buena comunicación es hacer preguntas a fin de comprender el problema de un cliente. Para un contable, puede ser explicarle a un alto ejecutivo cómo un déficit de venta afecta a los ingresos. Para un ejecutivo de cuentas puede ser dirigir una presentación durante todo un día ante un comité de compradores. La revelación de Adler fue que todos estos detalles contextuales para la realización de una «buena comunicación» importaban de verdad.[46]

El Adler Group ha ayudado a más de diez mil gerentes de contratación de empresas, desde las incipientes hasta compañías de la lista Fortune 500, a cambiar a una contratación basada en el rendimiento.[47] Un cliente entusiasta por el impacto que ha tenido en su empresa la contratación basada en el rendimiento es el niño prodigio de veinticinco años Callum Negus-Fancey, el fundador de Let's Go Holdings, con base en Londres.[48] La compañía se hizo rápidamente un nombre como «especialistas en defensa de la marca» para compañías audiovisuales y tecnológicas y, como resultado, Let's Go experimentó un crecimiento muy rápido en sus tres primeros años.[49]

«Al principio realmente no sabíamos qué estábamos haciendo cuando se trataba de contratar, así que usábamos el enfoque de la descripción tradicional del trabajo», me contó Callum. «Necesitábamos a alguien que dirigiese a un equipo de mercadeo, y contratamos a alguien que encajaba con la descripción genérica del trabajo. Tenía un montón de experiencia impresionante, pero era experiencia en grandes empresas, y cuando comenzó a trabajar con nosotros, una compañía incipiente de rápido movimiento, simplemente no encajaba. Fue un desastre».[50]

Entonces Callum escuchó hablar de la contratación basada en el rendimiento y le pidió a Adler que lo ayudase a encontrar a un nuevo gerente de recursos humanos. «Adler nos mostró que lo que realmente importaba era seleccionar a alguien con éxito en el trabajo en contextos similares a Let's Go», me contó Callum. En su caso, el modelo de Adler terminó identificando a un posible candidato muy inesperado: un farmacéutico de Bélgica. «Thierry Thielens no era británico, y nunca antes había hecho nada en recursos humanos», recordó Callum. Al principio Callum era escéptico, pero Adler explicó que el anterior desempeño del farmacéutico y las condiciones bajo las que había trabajado (como tener que aprender rápidamente a gestionar a un personal que cambiaba rápidamente en medio de una serie de situaciones nuevas) eran casi idénticos a lo que ellos necesitaban que hiciese en Let's Go. Así que Callum lo contrató. «Hoy es una de las personas más importantes de la compañía», me dijo Callum, «y nunca lo habríamos considerado si simplemente hubiéramos mirado la descripción del trabajo».[51]

La industria de los recursos humanos nació en el taylorismo, con departamentos de personal encargados de buscar empleados promedio para ocupar trabajos promedio. El pensamiento esencialista era desde el principio un fundamento para esta mentalidad, y hoy sigue siendo así de muchas maneras. «Las compañías siempre lamentan la escasez de talento, que existe déficit de habilidades», me contó Adler. «Pero en realidad solo hay un déficit de pensamiento. Si haces el esfuerzo de analizar bien los detalles contextuales del trabajo, serás recompensado».[52] Las compañías que aplican el principio del contexto —compañías que intentan unir las marcas si-entonces de los candidatos con los perfiles de rendimiento de las posiciones que intentan ocupar— terminarán con empleados más exitosos, leales y motivados. Por nuestra parte, tendremos la oportunidad de disfrutar de una carrera que se ajuste a quiénes somos en realidad.

Sin embargo, una carrera mejor no es lo único que el principio del contexto nos proporciona. También nos presenta un mapa mejor para comprendernos a nosotros mismos así como a los demás y *sus* talentos, habilidades y potencial. Y esta comprensión profunda de quiénes somos y cómo interactuamos con los que nos rodean es el centro de nuestro éxito personal y profesional.

CONOCER A LOS DEMÁS POR LO QUE SON

El principio del contexto nos desafía a pensar en nosotros mismos y los demás de un modo que va en contra de cómo nos han enseñado a pensar acerca de nuestra personalidad la mayoría de nuestra vida. Es natural que mucha gente se resista a dejar a un lado la idea de que, en el fondo, debemos poseer alguna clase de rasgos duraderos y esenciales. La mayoría de nosotros creemos que, a fin de cuentas, en el fondo somos optimistas… o cínicos. Que somos amables… o groseros. Que somos sinceros… o deshonestos. La idea de que quienes somos varíe según las circunstancias en las que nos encontremos —aunque esos cambios sean únicos para nosotros— parece violar el principio fundamental de la identidad: nosotros *sentimos* nuestra personalidad como algo estable y constante.

Lo sentimos así porque nuestro cerebro es exquisitamente sensible al contexto y se adapta de forma automática a la situación en la que nos encontremos. Cuando somos extrovertidos en la fiesta de un amigo, nuestro cerebro compara instintivamente nuestra conducta con las experiencias en contextos similares y llega a la conclusión de que estamos actuando según lo esperado: somos extrovertidos, al menos en las fiestas. En el trabajo, por otro lado, puede que nos consideremos introvertidos, puesto que nuestro cerebro recuerda que normalmente nos comportamos con un perfil bajo rodeados de compañeros de trabajo. Si sentimos nuestra personalidad estable y constante es porque *es* estable y constante… dentro de un contexto dado. Los astrólogos lo averiguaron hace mucho tiempo, y por eso los horóscopos suelen parecer convincentes: si el astrólogo nos anuncia que los Leo a veces son tímidos, bueno, *todos* somos tímidos en algún momento. Solo depende del contexto.

La personalidad del resto de la gente nos parece estable, sin embargo, por una razón diferente: tendemos a interactuar con la mayoría de las personas dentro de un estrecho rango de contextos. Puede que solo conozcamos a un colega en el trabajo, por ejemplo, no en casa con su familia. O que vayamos de compras o a tomar algo con una amiga los fines de semana, pero nunca la veamos en la sala de juntas. Pasamos tiempo con nuestro niños en casa, pero rara vez los vemos en la escuela o con sus amigos. Otra razón por la que nos parece que la conducta de la gente está formada por rasgos es que *tú* eres parte de su contexto. Es posible que tu jefa piense que eres tímido cuando tú sabes que solo eres tímido cerca de *ella*; al mismo tiempo, puede que pensemos que nuestra jefa es autoritaria y arrogante, aunque quizá solo se comporta así cerca de *ti*. Simplemente, no vemos la diversidad de contextos en las vidas de nuestros conocidos ni de, siquiera, los más cercanos a nosotros y, como resultado, nos formamos juicios acerca de quiénes son basándonos en nuestra limitada información.

Romper con el pensamiento esencialista y llegar a ser conscientes des, las marcas si-entonces puede darnos una ventaja increíble en nuestra vida personal y profesional. A un nivel personal nos ayudan a reconocer con mayor facilidad las situaciones en las que brillamos, lo que nos permite tomar mejores decisiones. Por ejemplo, puede que seas excelente como parte de un equipo colaborativo, pero sufras en un contexto que sea más aislado e individual, así que cuando te ofrecen un gran ascenso que requiere que trabajes de forma independiente desde casa el 90% del tiempo, tal vez decidas rechazarlo porque reconoces que, a pesar de sus beneficios, el trabajo no encaja con tu marca si-entonces. A la inversa, el principio del contexto también nos ayuda a identificar factores situacionales que tal vez nos conduzcan a comportarnos de un modo negativo o a sabotearnos a nosotros mismos, y nos ayuda a cambiar o evitar esos factores.

En muchas maneras no es difícil desarrollar la conciencia de los contextos en los que alcanzamos el éxito y los contextos en los que luchamos. La parte difícil es pensar en las marcas si-entonces de otras personas. El pensamiento esencialista todavía impregna cada aspecto de nuestra vida social, y es difícil resistirse a la fuerza de la falsa certeza. Ese es el desafío para todos nosotros, y donde el principio del contexto puede ofrecer sus mayores beneficios. Cada vez que nos encontremos pensando en que alguien es neurótico, agresivo o distante, deberíamos recordar que solo los estamos viendo en un contexto en particular.

Comprender las estrategias si-entonces de los demás es especialmente importante cuando se nos confíe ayudarlos a tener éxito: como su gerente, padre, consejero, profesor, etc. Cuando desempeamos esas funciones, el principio del contexto nos permite encargarnos del asunto con más productividad siempre que veamos a nuestro hijo, empleado, estudiante o cliente mostrando una conducta negativa que queremos cambiar. En vez de preguntar por qué se comportan de ese modo, podemos reformular la pregunta en términos del contexto, y preguntarnos: «¿Por qué se comportan de este modo *en este contexto?*». Cuando veamos conductas que creamos que son malas, podemos evitar responder hasta que encontremos primero un ejemplo en el que su conducta *no sea* así (por ejemplo, mi conducta agresiva era así en clase de dibujo, pero no con mi abuela). O podemos seguir el consejo de Celeste Kidd: ella me contó que siempre que se encontraba juzgando a alguien basándose en conductas que le parecían insensibles o irracionales, se detenía, daba un paso atrás e intentaba imaginar un conjunto de circunstancias que produjera una conducta racional y sensible. La mayor parte de las veces se daba cuenta de que estaba proyectando su propio contexto en vez de apreciar el de la persona en cuestión.

Incluso si no se nos confía ayudar a los demás a tener éxito, recordar que solo los vemos cuando interactuamos con ellos —como un compañero de trabajo o un jefe— en un solo contexto puede ayudarnos a ser más compasivos y a comprender a los demás. Si podemos ver a esa compañera «difícil» en todos sus contextos, descubriremos que es una amiga devota fuera de la oficina, una hermana atenta y una tía cariñosa con sus sobrinos. Entonces resulta más difícil juzgar a esa compañera, reducirla a unos rasgos de personalidad poco halagadores, y en el proceso arrancarle todo lo que la hace humana: su complejidad. Recordar que hay algo más en la persona que el contexto en el que ambos nos juntamos en ese momento abre la puerta para que podamos tratar a los demás con una comprensión y un respeto más profundos del que nos haya permitido nunca el pensamiento esencialista. Y esa comprensión y ese respeto son la base de las relaciones positivas que con más probabilidad nos dirigirán a nuestro éxito y nuestra felicidad.

CAPÍTULO 6

TODOS CAMINAMOS POR LA SENDA MENOS CONCURRIDA

Uno de los hitos de la infancia más importantes de la vida es ponerse de pie. Para los padres, el simple acto de nuestro hijo de aprender a caminar está ligado a nuestras esperanzas y sueños acerca de su futuro, a nuestro anhelo de estar seguros de que va a ser normal, saludable y *exitoso*. Mientras vemos a nuestro hijo luchar para arrastrarse por el suelo y levantarse, comparamos ansiosamente su progreso con las normas prescritas. Prestamos atención a si se sienta con la edad *correcta* y si gatea del modo *adecuado*. Si nuestra hija se queda atrás con respecto a algún escalón del desarrollo, tememos que pueda ser señal de un problema más serio, o no preocupamos de que vaya a estar toda su vida afectada por su naturaleza lenta.

El hijo de un amigo empezó a gatear hace poco de una manera aparentemente inusual: acostándose sobre un lado y arrastrándose hacia delante con las manos, manteniendo las caderas y las piernas quietas sobre el suelo como una sirenita. Mi amigo lo llevó volando al doctor, temiendo que esta aberrante conducta sugiriese que las piernas de su hijo —o, Dios no lo quisiera, su cerebro— no se estuvieran desarrollando correctamente. Podríamos reírnos ante una reacción tan exagerada, pero al mismo tiempo todo padre lo comprende. Muchos de nosotros —no solo mi amigo— instintivamente consideramos la desviación del camino normal como una señal inequívoca de que algo va *mal*.

Todos hemos visto cómo el pensamiento promedianista nos embauca para creer en cerebros, cuerpos y personalidades «normales». Pero también nos embauca para creer en sendas normales: la idea de que hay un camino correcto para crecer, aprender o conseguir nuestros objetivos, sea ese objetivo tan básico como aprender a andar, o tan desafiante como convertirte en bioquímico. Esta convicción surge de la tercera barrera mental del promedianismo: *el pensamiento normativo*.

La suposición clave del pensamiento normativo es que el camino correcto es el que sigue la persona promedio, o al menos el miembro promedio de un grupo en particular al que esperamos emular, como el de los graduados o los profesionales exitosos. Del mismo modo que les creemos a los incontables pediatras y científicos que nos han dicho que hay hitos ordenados para el desarrollo infantil, para caminar, hablar, leer y todo lo demás.[1]

En gran parte, le debemos a Frederick Taylor, Edward Thorndike y sus discípulos nuestra sensación de que solo hay un camino adecuado. Taylor estableció los cimientos para la idea de una pista de carreras estándar dentro de las organizaciones jerárquicas: la persona promedio comenzaba como aprendiz de gerente, después se le ascendía a gerente, después a jefe de departamento, después a vicepresidente de una división, y etc. Sus ideas administrativas y su creencia de que había «un camino correcto» para realizar cualquier tarea en el proceso industrial ayudó a determinar la duración de un día laboral o una semana laboral: normas temporales originalmente diseñadas para maximizar la eficiencia industrial, pero que hoy en día todavía sirven como pautas prácticamente invisibles para todos los aspectos de nuestra vida personal y profesional.[2]

La estandarización de Taylor del tiempo en las fábricas también inspiró las sendas inflexibles de nuestro sistema educativo, desarrolladas e implementadas por Thorndike y los tayloristas educativos.[3] Nuestras escuelas todavía siguen la misma marcha rígida en cuanto al tiempo, igual que hace un siglo, con una duración de las clases, días escolares y semestres preestablecidos, discurriendo a través de la misma secuencia inquebrantable de cursos «obligatorios», asegurando todos ellos que cualquier estudiante (normal) se gradúe de secundaria con la misma edad y, es de suponer, con el mismo conjunto de conocimientos.

Cuando unes una senda educativa normal a una senda profesional normal, terminas con una senda normal en la vida. Si quieres ser ingeniero, debes pasar doce años en la escuela, después cuatro en la universidad, después conseguir un trabajo como ingeniero becario, después esperar ascender a ingeniero, a encargado de proyectos, a jefe de departamento y a vicepresidente de ingeniería. En mi profesión académica, el camino normal también está ordenado: escuela, universidad, escuela de posgrado, postdoctorado, profesor auxiliar, profesor adjunto, profesor a tiempo completo, catedrático.

Nuestra creencia común en las sendas del logro normales nos empujan a comparar la progresión de nuestras vidas con estas cotas basadas en el promedio. El tiempo normal que se necesita para alcanzar un hito (como gatear) o un objetivo profesional (como fundar nuestra propia agencia de publicidad) está incrustado en nuestra mente como un cronómetro siempre presente. Si nuestro hijo comienza a gatear más tarde de lo normal, o nombran director de mercadeo a nuestro antiguo compañero de clase antes de lo planeado, solemos sentirnos como si nosotros (y nuestro hijo) nos hubiéramos quedado rezagados.

Si esperamos superar la barrera mental del pensamiento normativo, el primer paso es ver las sendas humanas de desarrollo como realmente son.

EL PRINCIPIO DE LAS SENDAS

El acto de caminar es tan universal y profundamente humano que casi parece evidente que se debe desarrollar a través de un conjunto bien definido de etapas establecidas: una senda normal. Durante casi sesenta años los investigadores y las instituciones médicas coincidieron en insistir en que los niños gatean, se ponen de pie y caminan según un plan de desarrollo normal. Estas autoridades respaldaban una secuencia de hitos específicos para la edad que se debía esperar que un niño «típico» atravesara, basándose en las edades promedio obtenidas de grandes muestras de niños.[4] La suposición de que *debe* haber una senda normal por la que discurrir parecía tan intuitiva y obvia que casi nunca se cuestionó. Pero una persona que sí lo hizo fue una científica llamada Karen Adolph.[5]

Adolph aprendió la importancia de centrarse en la individualidad del niño de su mentora Esther Thelen, la científica que resolvió el misterio del reflejo del paso. Adolph había aplicado esta misma perspectiva a su trabajo pionero sobre el desarrollo infantil, incluyendo el gateo. En un estudio, ella y sus colegas siguieron el rastro del desarrollo de veintiocho niños desde antes de que gateasen hasta el día en que caminaban, examinando los datos con el método de «analizar, después sumar». Adolph descubrió que no existe una senda normal en el gateo. En vez de eso, se encontró con más de veinticinco sendas diferentes que seguían los niños, cada una con patrones de movimiento únicos, y *todas* ellas conducían finalmente a caminar.[6]

La senda normal dictaba que los niños debían seguir ciertas etapas (como rodar sobre la barriga o mover los brazos y las piernas con movimientos paralelos) en cierto orden. Pero Adolph descubrió que algunos niños exhibían múltiples etapas simultáneamente, o avanzaban y volvían atrás entre las etapas, o simplemente se saltaban algunas del todo.[7] Por ejemplo, aunque desde hacía mucho se creía que «gatear con la barriga» era una etapa esencial del gateo que los niños atravesaban para aprender a caminar, casi la mitad de los bebés del estudio de Adolph nunca lo hicieron.[8]

Cuando me topé por primera vez con la investigación de Adolph, recordé cómo mi hijo caminó antes de gatear, provocando una irracional oleada de orgullo —¡Miren! ¡Mi hijo va a ser gimnasta olímpico!— que se convirtió abruptamente en una grave preocupación cuando, dos meses después, «retrocedió» y empezó a gatear. Pero la investigación de Adolph demuestra que nuestra biología no nos empuja a seguir una planificación predeterminada. Como me explicó ella misma: «Todos los bebés resuelven el problema del movimiento de una manera única».[9]

Y, más provocativo aún, parece ser que no solo hay muchas maneras de aprender a gatear, sino que el mismo acto de gatear puede que no sea un paso universal y necesario para aprender a caminar. La idea de que gatear es un estado indispensable que precede a caminar es una creencia cultural... el resultado de promediar la conducta de una muestra muy inusual de niños: los hijos de la sociedad occidental industrializada.

En 2004, el antropólogo David Tracer estaba estudiando la tribu aborigen Au en Papúa Nueva Guinea cuando se vio sorprendido por una extraña revelación: aunque había estado observando a los Au durante veinte años, nunca había visto a ninguno de sus bebés gatear.[10] Ni uno solo. Sin embargo, sí pasaban por lo que él llamaba una «fase de arrastrarse», en la que arrastran su trasero por el suelo en posición vertical. Tracer se preguntaba por qué este patrón de desarrollo motor parecía tan diferente de la senda normal que dictaba la ciencia occidental.[11]

Decidió investigar más, siguiendo a ciento trece bebés desde el nacimiento hasta los trece meses de edad, documentando sus interacciones diarias con sus cuidadores, así como evaluándolos usando los test estandarizados de desarrollo motor infantil. Descubrió que los cuidadores Au interactuaban con sus bebés de una manera fundamentalmente diferente a la de los cuidadores occidentales. Se llevaba a cuestas a los bebés Au en un portabebés el 75% del tiempo, y en aquellas raras ocasiones en las que los bebés estaban en el suelo sus cuidadores no les permitían ponerse bocabajo. Había una buena razón para esta restricción: los Au sabían que sus bebés se contagiarían de enfermedades mortales y parásitos si tenían un contacto excesivo con el suelo.[12]

En occidente damos por garantizado que el suelo de nuestra casa está relativamente libre de gérmenes peligrosos, así que nunca cuestionamos si gatear es una etapa esencial del desarrollo motor. Esto es un recordatorio poderoso de que demasiado a menudo interpretamos patrones promedios de conducta como una prueba de que algo es innato y universal, cuando de hecho los patrones pueden surgir por completo de costumbres sociales que determinan desde el principio qué sendas son posibles.

Por supuesto, no es que esas sendas desviadas no existan. Hay giros equivocados en el desarrollo y callejones sin salida; a veces los niños tienen problemas médicos reales que hacen que no se puedan mover adecuadamente y se necesita intervención. No obstante, estas cuestiones médicas, como el mismo acto de caminar, son lo suficiente individuales como para que no se puedan comprender fácilmente al comparar lo mucho que se desvía un bebé del desarrollo promedio.

El pensamiento normativo —la creencia de que existe una senda normal— ha engañado a los científicos de muchos campos, no solo a los del desarrollo infantil. Sirva como ejemplo el cáncer de colon, una de las formas de cáncer más comunes y letales en el mundo.[13] Durante varias décadas se supuso que una «senda estándar» dictaba cómo se formaba y progresaba el cáncer de colon, una secuencia biomolecular fija dirigida por el desarrollo de mutaciones genéticas específicas.[14] ¿Cómo obtuvieron los científicos esta senda estandarizada? Promediando los resultados de una amplia variedad de pacientes individuales con cáncer de colon.

La idea de una senda estándar de cáncer de colon siguió siendo el punto de vista consensuado entre los científicos hasta que los investigadores, armados con más datos y métodos más poderosos, comenzaron a centrarse en pacientes individuales en lugar de en los promedios. Descubrieron, para su sorpresa, que la senda estándar solo contaba para el 7% de los casos reales de cáncer de colon. En cambio, los investigadores descubrieron que había múltiples formas de cáncer de colon, cada uno de ellos con su propia senda de desarrollo: sendas que se habían ocultado por la creencia de los científicos de que *debía* haber una senda estándar.[15] El reconocimiento de múltiples sendas ha conducido a mayores descubrimientos en la investigación y el tratamiento, incluyendo una identificación más temprana de la enfermedad y el desarrollo de medicamentos más eficaces que tienen como objetivo tratar patrones específicos del cáncer de color.[16]

El pensamiento normativo también impregna la salud mental. Durante mucho tiempo los médicos que trataban la depresión suponían que todos los pacientes en terapia cognitiva (una forma común de psicoterapia) seguían un patrón estándar de recuperación, una senda obtenida del promedio de las experiencias de recuperación de muchos pacientes. Según la senda estándar, los pacientes mostraban una rápida reducción de los síntomas, seguida de avances lentos en el resto del proceso.[17] Esta senda estándar se usa en gran medida como referencia en el progreso para pacientes tratados con este enfoque. Sin embargo, en el año 2013 un equipo de investigadores centrados en estudiar los resultados de las recuperaciones individuales en vez de los resultados promedio descubrió que la senda de recuperación promedio solo se aplicaba a un 30% de los pacientes. También descubrieron dos sendas alternativas de recuperación: en una los pacientes hacían un lento progreso lineal; en la otra los pacientes mostraban un descenso radical de los síntomas y después de eso tenían una recuperación lenta. Resultó que no había nada óptimo o siquiera «normal» en la senda de recuperación promedio.[18]

El hecho de que no haya una sola senda normal para *ninguna* clase de desarrollo humano —biológico, mental, moral o profesional— forma la base del tercer principio de la individualidad, *el principio de las sendas.* Este principio hace dos afirmaciones importantes. Primero, en todos los aspectos de nuestra vida y para cualquier objetivo dado hay muchas maneras igualmente válidas de alcanzar el mismo resultado; y, segundo, la senda particular que resulta óptima para ti depende de tu propia individualidad.

La primera afirmación se fundamenta en un poderoso concepto de las matemáticas de los sistemas complejos llamado *equifinalidad.*[19] Según la equifinalidad, en cualquier sistema multidimensional que implique cambios en el tiempo —como una persona interactuando con el mundo— *siempre* hay múltiples modos de llegar del punto A al punto B. La segunda afirmación se deriva de la ciencia del individuo, la cual nos dice que, debido a los principios de la irregularidad y el contexto, los individuos oscilan de forma natural al *ritmo* de su progreso, y en las *secuencias* que siguen para alcanzar un resultado.[20] Es al comprender el *porqué de esto* que descubrimos cómo aprovechar el principio de las sendas a nuestro favor como individuos y como sociedad.

EL CAMINO DE LA EXCELENCIA

Si crees que solo existe una senda para conseguir tu objetivo, entonces todo lo que hay que hacer es evaluar tu progreso en cuanto a lo rápido o lo lento que alcanzas cada meta comparado con lo normal.

En consecuencia, le damos un tremendo significado al ritmo del crecimiento, el aprendizaje y el desarrollo personal, igualando la *rapidez* con la *calidad*. Términos como «niño prodigio» o «avispado» reflejan nuestra fe cultural en que más rápido significa más inteligente. Si dos estudiantes obtienen el mismo resultado en un test, pero uno lo termina en la mitad de tiempo, suponemos que el estudiante más rápido es el más cualificado. Y si un estudiante necesitase tiempo extra para completar una tarea o terminar un test, la presunción es que no es particularmente brillante.

La suposición de que más rápido significa más inteligente fue introducida en nuestro sistema educativo por Edward Thorndike. Él creía que el ritmo al que aprendían la materia los estudiantes estaba correlacionado con su capacidad para retenerlo, que a su vez estaba correlacionada con el éxito académico y profesional. O, según sus palabras, «son los que aprenden rápido lo que retienen bien».[21] Explicó esta supuesta correlación argumentando que las diferencias en el aprendizaje eran el resultado de diferencias en la capacidad cerebral para formar conexiones.[22]

Thorndike recomendó un tiempo estandarizado para las clases, las tareas para el hogar y los exámenes, basándose en cuánto tiempo le llevaba al estudiante *promedio* completar una tarea como un modo de clasificar eficazmente a los estudiantes. Puesto que igualaba el ser más rápido que el promedio con ser más inteligente que el promedio, suponía que los estudiantes más inteligentes rendirían bien cuando se les diera una asignación de tiempo promedio. Por otro lado, puesto que suponía que los estudiantes torpes no rendirían mucho mejor por mucho tiempo que se les diese, no había razón para ofrecerles más que una asignación de tiempo promedio, en especial porque eso solo retrasaría a los estudiantes brillantes.[23] Incluso hoy en día seguimos siendo reacios a proporcionarles a los estudiantes tiempo extra para completar los exámenes o las tareas, creyendo que de algún modo es injusto: que si no son suficientemente rápidos para terminar estas tareas en el tiempo asignado, se les debería penalizar apropiadamente en las clasificaciones educativas.[24]

Sin embargo, ¿qué sucedería si Thorndike estuviera equivocado? Si la rapidez y la capacidad de aprendizaje *no* están relacionadas, eso significaría que hemos creado un sistema educativo que es profundamente injusto, que favorece a los estudiantes que resultan ser rápidos, mientras penaliza a los que solo son inteligentes, aunque aprendan a un ritmo más lento. Si supiéramos que la velocidad y la capacidad de aprendizaje no están relacionadas, haríamos, espero, todo lo posible por proporcionarles a los estudiantes todo el tiempo que necesitasen para aprender la nueva materia y completar sus tareas y exámenes. Evaluaríamos a los estudiantes basándonos en la calidad de sus resultados, no en la rapidez de su ritmo. No clasificaríamos a los estudiantes basándonos en cómo rinden en exámenes donde arriesgan mucho y que deben terminar en una cantidad de tiempo fijada.

La naturaleza fundamental de la oportunidad educativa en nuestra sociedad depende de la pregunta de cómo están relacionadas la velocidad y la capacidad... y resulta que conocemos la respuesta desde hace treinta años gracias a la investigación pionera de uno de los expertos en educación más famosos del siglo xx, Benjamin Bloom.[25]

A finales de la década de 1970 y principios de los años ochenta, los expertos y los políticos de Estados Unidos debatían si las escuelas estaban reduciendo las diferencias en los resultados o si esto se podía deber a factores que se hallaban fuera del control de la escuela, como la pobreza. Bloom, entonces profesor en la Universidad de Chicago, estaba convencido de que las escuelas tenían importancia. Creía que la razón por la que muchos estudiantes sufrían en la escuela no tenía nada que ver con las diferencias en la capacidad de aprender, y que todo se relacionaba con restricciones artificiales impuestas en el proceso educativo, especialmente la instrucción por grupos a un ritmo establecido: cuando un planificador de currículos determinaba el ritmo al que toda la clase debía aprender la materia.[26] Bloom defendía que si eliminabas esta restricción, el rendimiento de los estudiantes mejoraría. Para probar su hipótesis diseñó una serie de experimentos a fin de determinar qué pasaría si se les permitía a los estudiantes aprender a su propio ritmo.

Bloom y sus colegas dividieron al azar a los estudiantes en dos grupos.[27] A todos los estudiantes se les enseñó un tema que no habían aprendido antes, como la teoría de la probabilidad. Al primer grupo —el «grupo con el ritmo establecido»— se le enseñó la materia de manera tradicional: en una clase durante periodos fijos de enseñanza. Al segundo grupo —el «grupo con el ritmo autoimpuesto»— se le enseñó la misma materia y se le entregó la misma cantidad *total* de tiempo de enseñanza, pero se les proporcionó un tutor que les permitía avanzar por la materia a su propio ritmo, a veces más rápido y a veces lento, tomándose el tiempo que necesitaban para aprender cada nuevo concepto.[28]

Cuando Bloom comparó el rendimiento de los estudiantes en cada grupo los resultados fueron impresionantes. Los estudiantes de la clase tradicional rindieron exactamente como se esperaría si creyeses en la idea de que más rápido es igual a más inteligente: al final del curso apenas un 20% había conseguido dominar la materia (lo que Bloom definió como tener una puntuación del 85% o superior en el examen final), un porcentaje igual de pequeño lo había hecho muy mal, mientras que la mayoría de los estudiantes tenían una puntuación en algún punto intermedio. Por el contrario, más del 90% de los estudiantes con el ritmo autoimpuesto consiguieron dominar la materia.[29]

Bloom mostró que cuando a los estudiantes se les permite un poco de flexibilidad en el ritmo de su aprendizaje, la gran mayoría termina rindiendo extremadamente bien. Los datos de Bloom también revelaron que el ritmo individual de los estudiantes varía dependiendo exactamente de lo que estén aprendiendo. Un estudiante podía vencer sin problemas la materia sobre fracciones, por ejemplo, pero quedarse estancado en los decimales; otro estudiante podía avanzar rápido en los decimales, pero tomarse un tiempo extra para las fracciones. No existía lo de aprendices «rápidos» o «lentos». Estas dos perspectivas —que la velocidad no equivale a capacidad y que no hay aprendices universalmente rápidos o lentos— en realidad se habían reconocido varias décadas antes del estudio pionero de Bloom, y se han replicado muchas veces desde entonces usando diferentes estudiantes y contenidos, pero siempre produciendo resultados similares.[30] Igualar la velocidad con la capacidad en el aprendizaje es innegablemente erróneo.

Por supuesto, la conclusión que sigue lógicamente a esto es tanto obvia como terrible: al demandar que nuestros estudiantes aprendan a un ritmo determinado estamos perjudicando artificialmente la capacidad de muchos de aprender y tener éxito. Lo que una persona puede aprender, lo puede aprender la mayoría si se le permite ajustar su ritmo. Aun así, la estructura de nuestro sistema educativo simplemente no está diseñada para acomodar tal individualidad, y por lo tanto fracasa a la hora de nutrir el potencial y el talento de *todos* sus estudiantes.

Por supuesto, una cosa es reconocer el problema y otra arreglarlo completamente. En la década de 1980, cuando Bloom llevó a cabo su investigación, reconoció que sería prohibitivamente complejo y caro convertir nuestro sistema educativo con un ritmo establecido en uno con un ritmo flexible.[31] Sin embargo, los ochenta ya pasaron. Vivimos en una era donde las nuevas tecnologías al alcance de todos pueden hacer del aprendizaje a un ritmo autoimpuesto una realidad accesible.

La Khan Academy es una organización sin ánimo de lucro cuya misión es, en palabras de su propia página web, «proporcionar una educación gratuita de clase mundial para cualquier persona en cualquier lugar».[32] Hoy en día la Khan Academy presume de más de diez millones de usuarios en todo el mundo y consiste en un extenso conjunto de módulos en línea que cubren prácticamente cualquier tema académico imaginable, desde historia antigua hasta macroeconomía.[33] Tal vez lo más notable con respecto a los módulos de Khan (además de ser gratuitos) es el hecho de que puedes establecer tú mismo por completo el ritmo: el *software* se adapta al ritmo de aprendizaje de cada estudiante y solo pasa a un nuevo conjunto de materias cuando el estudiante domina el conjunto en el que está.[34]

Puesto que Khan registra los datos del progreso de cada estudiante es posible trazar la senda de aprendizaje individual de cada uno de ellos que usa los módulos. Los datos confirman precisamente lo que Bloom descubrió en primer lugar hace más de treinta años: todo estudiante sigue una senda única que se desarrolla a un ritmo altamente individualizado. Los datos también confirman que el ritmo al que aprende cualquier estudiante no es uniforme: todos aprendemos algunas cosas rápidamente y otras lentamente, incluso dentro de una misma materia.[35]

En su conocida charla de TED de 2011, Khan habló elocuentemente de la relación entre el ritmo y el aprendizaje: «En un modelo tradicional, si hacías una evaluación instantánea [del rendimiento de un estudiante después de un periodo fijado de tiempo], dirías, oh, estos son los superdotados, y estos son los lentos. Quizá se les debería tratar de manera diferente. Podríamos ponerlos en diferentes clases. Pero cuando dejas que cada estudiante trabaje a su propio ritmo [...] los mismos chicos que pensaste que eran lentos hace seis semanas ahora los considerarías superdotados. Y lo veríamos una y otra vez. Esto hace que de verdad te preguntes cuántos de los calificativos de los que nos hemos beneficiado se debían solo a una coincidencia temporal».[36]

¿Por qué debería importarnos si a un niño le lleva dos semanas o cuatro aprender a resolver ecuaciones de segundo grado, siempre y cuando pueda resolverlas? ¿Por qué nos debería importar si a un estudiante de odontología le lleva un año o dos aprender a realizar un conducto radicular, siempre y cuando pueda realizarlo sin error? Ya hay muchos ámbitos de la vida en los que realmente no nos importa cuánto le tome a alguien dominarlos: solo nos preocupa que los hayan dominado. Conducir, por ejemplo. En una licencia de conducción no se registra cuántas veces fallaste el examen escrito, o la edad a la que la obtuviste finalmente. Siempre y cuando pases el examen, se te permite conducir. El examen de abogacía es otro ejemplo familiar: obtener tu licencia para ser abogado no depende de cuánto te lleve pasar el examen, solo de que lo pases.

Si cada estudiante aprende a un ritmo diferente, y si un estudiante concreto aprende a diferentes ritmos en diferentes momentos y con diferentes materias, entonces la idea de que deberíamos esperar que cada estudiante aprendiese a un ritmo establecido es innegablemente errónea. Piensa en esto: ¿realmente no eras bueno en matemáticas o en ciencias? ¿O era que la clase simplemente no se ajustaba a tu ritmo de aprendizaje?

REDES DE DESARROLLO

No es difícil creer que todo el mundo se desarrolla a un ritmo diferente, ni tampoco que cada uno progresa a diferentes ritmos en diferentes dominios. Lo que puede ser mucho más difícil de aceptar es la segunda afirmación del principio de las sendas: que no hay secuencias universalmente fijadas en el desarrollo humano; ningún grupo de etapas por el que todos deben pasar para crecer, aprender o conseguir objetivos. La idea de las etapas normativas obtuvo un amplio apoyo público a principios del siglo xx debido al trabajo de un pionero en los estudios sobre la infancia, un psicólogo y pediatra estadounidense llamado Arnold Gesell.[37]

Gesell creía que la evolución diseñó el cerebro humano para que desarrollase cierta secuencia determinada por maduración biológica, de tal modo que la mente tuviera que aprender y ajustarse a cosas específicas acerca del mundo antes de que pudiera proceder a estados más avanzados, sirviendo cada nuevo estado como un fundamento esencial para el siguiente.[38] Gesell fue el primer científico en rastrear el desarrollo de un gran número de niños y el primero en usar el promedio de su desarrollo para describir hitos establecidos que él creía que representaban el progreso normal de un niño típico.[39]

Gesell encontraba etapas basadas en el promedio donde quiera que mirase: por ejemplo, identificó 22 etapas en el desarrollo del gateo, incluyendo «levantar la cabeza y el pecho del suelo, girar en círculos, empujarse hacia delante arrastrando el abdomen por el suelo, brincar hacia delante con la barriga levantada y sobre el suelo alternativamente, mecer las manos y las rodillas rítmicamente, gatear sobre las manos y las rodillas, avanzando con las manos y los pies».[40] Aseguraba que había identificado 58 etapas de conducta cuando se jugaba con una bolita (los bebés de veintiocho semanas colocaban la mano abierta sobre una bolita, según Gesell, mientras que los de cuarenta y cuatro semanas la sujetaban firmemente), y 53 etapas en la conducta de agarrar un sonajero.[41] Incluso acuñó el término de «los terribles dos años» y la frase «solo está pasando por una etapa».[42]

Gesell estableció un laboratorio en la Universidad de Yale donde examinaba a los bebés y les daba «puntuaciones Gesell» indicando cómo estaba su desarrollo físico y mental en comparación con lo normal.[43] Si un niño no progresaba por la secuencia adecuada de etapas, a menudo se les decía a los padres (o se dejaba que lo supusieran) que algo podía ir mal con su hijo.[44] Estas «puntuaciones Gesell» también se usaban como base para la adopción: Gesell creía que podía mejorar el éxito de las adopciones uniendo a bebés inteligentes con padres inteligentes, y a bebés promedio con padres promedio.[45] Muchas organizaciones médicas, incluyendo la Sociedad Americana de Pediatría, respaldaron el marco de trabajo de Gesell en su momento,[46] y hoy sus ideas todavía forman la base de las edades «normales» para las etapas del desarrollo que se usan en muchas guías pediátricas y en conocidos libros sobre paternidad.[47]

Gesell y casi un centenar de teóricos de las etapas han visto el desarrollo como una especie de escalera inmutable, creyendo que desde el momento del nacimiento cada uno estamos predestinados a ascender esa misma escalera peldaño a peldaño.[48] Pero a comienzos de la década de los ochenta algunos investigadores comenzaron a darse cuenta de que muchos de los niños de sus estudios no encajaban con las secuencias prescritas que se pensaban que eran universales. Al final, las discrepancias entre el desarrollo individual y esas sendas supuestamente normales se hicieron tan obvias que crearon lo que se llegó a conocer como «crisis de la variabilidad» en la ciencia del desarrollo.[49]

Para resolver esta crisis, una nueva generación de científicos comprometidos a comprender la individualidad humana comenzó a perfilar una alternativa a la noción de los pasos del desarrollo. Uno de estos investigadores es el psicólogo Kurt Fischer, figura pionera en la ciencia del individuo y el científico que me introdujo formalmente en sus principios.[50] También, tengo que añadir, es mi mentor. A lo largo de su carrera Fischer ha enfocado su investigación desde una perspectiva que ponía al individuo primero[51] y ha llevado al principio de las sendas a influir en un amplio espectro de temas del desarrollo, incluyendo uno de mis ejemplos favoritos: comprender cómo los niños pequeños aprenden a leer.

Durante décadas los científicos y los educadores han supuesto que los niños aprendían a leer palabras sueltas según una secuencia estándar de habilidades, como aprender el significado de una palabra antes de aprender a identificar sus letras, cosa que a su vez ocurre antes de aprender a producir palabras que rimen con una cierta palabra.[52] Esta secuencia de lectura «estándar» se derivaba de grupos promedios, y Fischer tenía la corazonada de que este enfoque promedianista había conducido a científicos y educadores a pasar por alto algo importante en el proceso de aprender a leer.[53]

Para probar esta corazonada Fischer y un colega suyo analizaron la secuencia del desarrollo de la lectura en estudiantes de primero, segundo y tercero. Al centrarse en las secuencias de cada estudiante en vez de en la media del grupo, Fischer descubrió que en realidad existían *tres* secuencias diferentes por las que podían pasar los niños en su camino para aprender a leer palabras enteras.[54] Una de ellas era, de hecho, la senda «estándar», y el 60% de los niños la seguían. No obstante, la otra secuencia, que incluía las mismas habilidades que la primera, pero en diferente orden, la seguía el 30% de los niños que también aprendían a leer bien. La tercera secuencia la seguía el 10% de los niños. Sin embargo, a diferencia de las otras dos, los niños que la seguían terminaban con importantes problemas de lectura. A estos niños se los había catalogado como lentos o discapacitados, pero al reconocer que discurrían por una senda que se sabía errónea, podían recibir formas de intervención específicas y una enseñanza compensatoria, en vez de ser vistos como poco inteligentes o disminuidos.[55]

Después de que su investigación socavase la noción de secuencias fijas y ayudase a resolver la crisis de la variabilidad, Fischer ofreció una nueva metáfora para el desarrollo que él entendía que le permitiría a la gente a liberarse del viejo promedianismo. «No hay escaleras», me contó Fischer una vez. «Más bien, cada uno de nosotros tenemos nuestra propia *red* de desarrollo, donde cada nuevo paso que damos abre todo un espectro de nuevas posibilidades que desarrollar según nuestra propia individualidad».[56]

El principio de las sendas nos asegura que, igual que no hay escaleras fijas en el desarrollo de la lectura, no hay escaleras fijas en el desarrollo de ningún otro aspecto de nuestra vida, incluidas nuestra carrera. Piensa en lo que te llevaría convertirte en un científico consumado. En círculos académicos normalmente existe la suposición implícita de una secuencia estandarizada para el éxito: pasa por la maestría, consigue una posición permanente en una universidad o un instituto de investigación inmediatamente después de tu doctorado y entonces consigue una serie de ascensos rápidos y becas de investigación cada vez más grandes. Sin embargo, en 2011, el Consejo Europeo de Investigación (ERC, por sus siglas en inglés), preocupado por los efectos potencialmente negativos de la «tendencia normativa» en el desarrollo de jóvenes científicas, decidió averiguar si realmente existía una senda estándar para una carrera científica de excelencia.[57]

A fin de responder a esta pregunta el ERC convocó un estudio, encabezado por el doctor Claartje Vinkenburg en la Universidad Libre de Ámsterdam, para examinar las sendas profesionales de aspirantes exitosos y no exitosos a dos prestigiosas becas de investigación. En vez de encontrar una senda estándar para los científicos exitosos, Vinkenburg descubrió siete secuencias distintas, y cada una de ellas conducía a una carrera de éxito.[58]

Vinkenburg llamó a cada secuencia caprichosamente con el nombre de un baile. El «quickstep» y el «foxtrot» correspondían a la noción convencional de una carrera de éxito (ascensos rápidos en una universidad o un instituto de investigación), y cerca del 55% de los científicos lograban el éxito de ese modo. Por otro lado, las sendas del «vals vienés» y el «swing» consistían en un progreso lento pero constante, con el «vals» alcanzando la cima académica sin tener suficiente tiempo en el reloj profesional para completar otro movimiento. El «vals lento» suponía una serie extendida de posiciones de postdoctorado. El «tango» era la senda más complicada de todas, y suponía una serie de movimientos dentro y fuera de la ciencia, incluyendo periodos de desempleo. Los científicos que seguían la secuencia del tango eran vistos tradicionalmente como científicos ordinarios o débiles, aunque la investigación del ERC demostró que ellos también habían alcanzado la excelencia científica.[59]

«Es importante darse cuenta de que la excelencia está en cada patrón. No existe una sola manera», le contó Vinkenburg a la revista Science Careers. «Puedes tener una idea para una investigación excelente mientras cuidas de siete hijos o atiendes a un padre enfermo, o estando en el laboratorio veinticuatro horas al día. No debería importar cómo llegas allí».[60]

Así que a menudo imaginamos que una senda hacia un objetivo en particular —ya sea aprender a leer, convertirse en atleta profesional o dirigir una compañía— es algo *que está ahí fuera*, como un camino por un bosque abierto por los excursionistas que vinieron antes de nosotros. Damos por supuesto que el mejor modo de tener éxito en la vida es seguir ese sendero bien trazado. Pero lo que nos dice el principio de las sendas es que nosotros siempre estamos creando por primera vez nuestro propio sendero, inventándolo sobre la marcha, puesto que cada decisión que tomamos —o incluso cada suceso que experimentamos— cambia las posibilidades disponibles para nosotros. Esto es cierto ya sea que aprendamos a gatear o a cómo diseñar una campaña de mercadeo.

Puede ser aterrador contemplar este hecho, porque sugiere que los postes indicadores quizá obstaculicen más que ayuden; y si no podemos depender de esos postes conocidos, ¿en qué podemos apoyarnos para saber cómo lo estamos haciendo? Por eso el principio de las sendas funciona mejor si ya hemos hecho el esfuerzo de comprender nuestro perfil irregular y nuestras marcas si-entonces, porque el único modo de juzgar si vamos por un buen camino es juzgando cómo *encaja* el camino en nuestra individualidad.

TOMAR EL CAMINO INEXPLORADO HACIA EL ÉXITO

Cuando, varios años después de haber suspendido la secundaria, finalmente comencé a ir a la Universidad Estatal de Weber, recibí multitud de consejos acerca de la senda normal para tener éxito en la universidad. Antes de mi primer día de clases me senté con mi orientador académico —que me fue asignado porque él se encargaba de los estudiantes cuyos apellidos comenzasen entre la *Q* y la *Z*— para que revisásemos qué asignaturas debería cursar en cada semestre. Saqué mi libreta y un lápiz y comencé a escribir con entusiasmo todo lo que decía, pensando: *Él conoce el sistema y su trabajo es averiguar qué es lo mejor para mí*. Echó un vistazo a mi expediente de secundaria, se mesó la barba y declaró: «Dado tu historial de bajo rendimiento académico, tiene sentido que tomases todas las asignaturas en el orden usual. Puesto que tienes que pasar por la clase de recuperación de matemáticas, tómala ahora para quitártela de encima, y asegúrate de tomar la clase de lengua inglesa de primer año en el primer semestre».

Estaba agradecido por lo que suponía que era un consejo muy personalizado. Unas horas después me topé con otra estudiante de primer año que compartía conmigo al mismo orientador. Su trasfondo era bastante diferente al mío: ella era una estudiante bien educada de una importante escuela de secundaria de Salt Lake City que se graduó con la nota máxima de promedio. Comparamos notas… y descubrí que mi orientador le había dado a ella las mismas recomendaciones que a mí: excepto la recuperación de matemáticas, por supuesto.

Después del disgusto, pensé en mi situación con más detenimiento. La senda normal no me había funcionado en secundaria, así que ¿por qué razón debería esperar que me funcionase en la universidad? No culpaba a mi orientador —no debía ser sencillo repartir consejos personalizados a cientos de estudiantes de primer año confusos, en un periodo de pocos días— pero tomé la decisión consciente de no aceptar nunca ciegamente lo que él o cualquier otro me dijese acerca de cuál era la senda educativa apropiada a seguir. En vez de eso forjé mi propia senda basándome en lo que sabía acerca de mis fortalezas y debilidades.

Lo primero: la clase de recuperación de matemáticas. ¿Debía tomarla? De ninguna manera. Las clases de recuperación de matemáticas tienen una de las tasas más altas de suspensos en las universidades de todo el país.[61] Sabía que si me sentaba en una larga y aburrida clase de matemáticas casi con seguridad también suspendería. Busqué alternativas y descubrí que podía saltarme las clases de recuperación si pasaba una sola vez un examen de matemáticas llamado el CLEP.[62] Sabía que podía estudiar mucho para el examen a mi ritmo y a mi manera, y por eso durante un año entero practiqué en mi tiempo libre los conceptos que estarían en el examen y terminé haciéndolo tan bien en el CLEP que fui capaz de saltarme todas las clases de matemáticas hasta las estadísticas, que resultó ser mi asignatura favorita en la universidad. Incluso me convertí en profesor auxiliar de un profesor de estadística.

También pospuse la clase de lengua inglesa del primer año hasta mi último año, porque sabía que la encontraría aburrida y que probablemente no la haría bien si la cursaba de primera. (Tenía razón: terminó siendo una de mis peores asignaturas en Weber, pero para cuando la cursé, finalmente ya había desarrollado mis habilidades de estudio y fui capaz de superarla.) No paré ahí: recompuse la secuencia de todo mi plan para los cuatro años a fin de cursar las clases más interesantes los primeros dos años. Una de ellas era un curso avanzado sobre plagas que requería muchos prerrequisitos que no tenía, pero me matriculé en él de todos modos, porque me parecía que atraería mi atención. Lo hizo.

Como estudiante de primer año ni siquiera consideré el programa de honor de la escuela, y no solo porque hubiese sido un fracaso en secundaria. Estaba seguro de que las clases de ese programa significarían un esfuerzo extra, y puesto que todavía tenía un trabajo a fin de proveer para mi esposa y mis dos hijos, hacía todo lo posible para evitar cualquier trabajo adicional. Cuando estaba en segundo año, sin embargo, un amigo mío que estaba en el programa de honor me mencionó por casualidad que todo lo que hacían en clase era sentarse y discutir ideas. Lo dijo en parte como una queja, pero inmediatamente me animé: ¿sentarse y discutir en vez de escuchar largas y áridas conferencias? ¿Cómo me podía apuntar? Convencí al director del programa para que me admitiese (no fue una tarea sencilla, dado mi historial en secundaria y mis mediocres calificaciones en los test estandarizados), y rápidamente descubrí que mi amigo tenía razón: las clases del programa de honor eran ensayos y discusiones en vez de una mera memorización de hechos. Encajaba perfectamente conmigo.

A menudo me preguntan cómo conseguí invertir las cosas de forma tan espectacular en la universidad. Dejé secundaria con un suspenso de promedio, pero me gradué en Weber con un sobresaliente. Si me hubieras preguntado justo antes de haberme graduado, probablemente habría dicho que fue el trabajo duro, el ensayo y error, y un poco de suerte. Eso sigue siendo verdad, pero en los años que han pasado desde entonces he pensado más veces en ello, especialmente para averiguar cómo podía usar los elementos de mi propio éxito a fin de ayudar a otros estudiantes que se sienten como si no encajasen. Cuando pienso en las decisiones que tomé que contribuyeron a mi éxito universitario, cada una de ellas estaba basada en la creencia de que había un sendero a la excelencia disponible para mí, pero que yo era el único capaz de averiguar cuál era. Y, al hacerlo, supe que primero necesitaba saber *quién* era yo.

Mis decisiones también demostraron cómo el principio de la irregularidad, el principio del contexto y el principio de las sendas funcionan mano a mano en última instancia. Con el objetivo de elegir la senda correcta para mí —seleccionar la secuencia de clases que cursar, por ejemplo— tuve que conocer mi propia irregularidad (tal como mi baja tolerancia al aburrimiento, así como mi capacidad para concentrarme con una gran intensidad en aquello que se las ingenia para cautivarme), y tuve que conocer los contextos en los que rendía bien (evitando clases con chicos que conocía de secundaria y buscando clases que se centrasen en argumentos e ideas). Al conocer mi perfil irregular y mis marcas si-entonces, fui capaz de elegir una senda única que se ajustaba perfectamente a mí.

Cuando escuchas mi historia quizá pienses que estoy hecho de una pasta especial. Pero esa es en realidad la clave de los principios de la individualidad: *todos* somos casos especiales. Una vez que comprendes estos principios puedes ejercer un mejor control sobre tu vida, porque te verás a ti mismo como eres realmente, no como el promedio dice que debes ser. No estoy diciendo que existan un millón de sendas que te llevarán hasta donde quieres ir: diseñar una aplicación de éxito, convertirte en productor de un programa de éxito, fundar tu propia compañía. Estoy diciendo que siempre habrá más de una senda disponible para ti y que es posible que la mejor en tu caso sea la menos transitada. Así que atrévete por nuevos caminos e inténtalo con las direcciones inexploradas: es más probable que te conduzcan al éxito que seguir solo el camino promedio.

PARTE III

LA ERA DE LOS INDIVIDUOS

Todas las organizaciones están basadas en suposiciones fundamentales acerca de los individuos, lo sepan ellos o no.

—PAUL GREEN, MORNING STAR COMPANY

CAPÍTULO 7

CUANDO LOS NEGOCIOS SE COMPROMETEN CON LA INDIVIDUALIDAD

Uno de mis primeros trabajos después de abandonar la secundaria fue en el departamento de artículos reservados de un centro comercial. Si tuviera que usar una sola palabra para describir la actitud de mis compañeros de trabajo, sería *apatía*. Incluso mi jefa, una mujer agradable y tranquila de más de cuarenta años, estaba tan desganada como el resto de nosotros. Cuando comencé tenía ganas de causar buena impresión, así que propuse lo que yo creía que era un sistema mejor para organizar las etiquetas de los artículos reservados de modo que estos resultaran más fáciles de encontrar. Compartí ilusionado mi idea con mi jefa y le pregunté si se podría probar.

«¿Para qué preocuparse?», respondió ella encogiéndose de hombres. «Aunque fuera mejor, la empresa nunca lo permitirá». A las pocas semanas de trabajar allí comprendí a qué se refería. Mi idea para cambiar las etiquetas de los artículos reservados podía ser buena, pero hubiera sido una pérdida de tiempo intentarlo, porque no era más que una minúscula pieza intercambiable en una máquina gigante y bien engrasada. No había incentivos por desviarse del curso establecido, ni siquiera en beneficio de la compañía. Se esperaba que yo realizase un conjunto de tareas definidas por otra persona: nada más y nada menos.

Cada uno de nosotros era visto como reemplazable, y se nos reemplazaba: durante mi periodo de seis meses en el centro comercial cerca de un tercio de mis compañeros de trabajo lo abandonaron, entre ellos mi jefa. Aquel movimiento de personal tan desenfrenado hacía difícil que desarrollase relaciones de confianza con mis compañeros, porque sabía que todos eran temporales. La compañía, sin embargo, estaba construida sobre esta rotación constante. La gerencia había diseñado cuidadosamente el sistema para que fuera «a prueba de empleados» y que ningún trabajador individual interrumpiera el funcionamiento de la tienda. Esta era la solución que la compañía había decidido aceptar: tenían un trabajo barato e intercambiable que mantenía en marcha su sistema racionalizado; los empleados como yo perdíamos cualquier sentido de propósito o compromiso.

La indiferencia de los empleados no es única en los negocios o en el sector empresarial: es endémica en la mayoría de las organizaciones que descansan en los principios tayloristas de estandarización y gerencia jerárquica. Los «planificadores» tayloristas o gerentes toman todas las decisiones importantes acerca de cómo estandarizar las operaciones, y los trabajadores implementan esas decisiones, bien o mal. Esta es una de las razones por las que un estudio de Gallup en 2013 descubrió que el 70% de los empleados afirman no sentirse comprometidos con sus trabajos.[1]

Un siglo de modelos de negocio promedianistas provenientes del taylorismo nos han convencido de que, para que el sistema triunfe, el individuo debe ser visto como una celda de una hoja de cálculo:

como un empleado promedio desechable. Esta convicción es espectacularmente errónea. A lo largo del libro he compartido las historias de compañías como Deloitte, Google, Adler Group e IGN, quienes han adoptado, aunque fuera implícitamente, los principios de la individualidad con grandes resultados. Al abandonar las barreras mentales del pensamiento unidimensional, el pensamiento esencialista y el pensamiento normativo, estas compañías han sido capaces de crear equipos de trabajo profundamente comprometidos y competitivos. Es fácil suponer que esas compañías están en una posición en la que pueden deshacerse del legado de la administración científica de Taylor porque tienen vastos recursos, o porque operan en industrias que se encuentran insólitamente abiertas a modos poco ortodoxos de hacer negocios (como la industria tecnológica). Pero aplicar los principios de la individualidad es una opción disponible para todo negocio, en toda industria y país.

Tres compañías —un comercio minorista, una compañía informática de India y un fabricante de alimentos industriales— demuestran que, incluso en industrias o países donde parece que seguir un modelo promedianista es el *único* modo rentable de hacer las cosas —o, al menos, el *mejor* modo— aplicando los principios de la individualidad puede producir resultados igual de bueno, si no mejores.

EL SECRETO DE LA LEALTAD EN COSTCO

Según sus empleados, Costco es un buen trabajo. Durante cuatro años seguidos se ha ganado un lugar en la lista de Glassdoor de mejores lugares para trabajar, llegando a ser el número dos en su lista de 2014 de mejores compañías por compensación y beneficios; solo Google estaba por encima.[2] Hay buenas razones para que los empleados alaben a estos grandes almacenes. En 2014 el empleado medio de Costco ganaba poco más de 20 dólares por hora, comparado con el promedio de un comercio minorista de 12,20 dólares por hora, y un 88% de ellos participaba en programas de salud patrocinados por la compañía. Durante la gran recesión de 2008, mientras otras tiendas despedían a la gente, Costco les subió a sus empleados 1,50 dólares por hora.

Esta situación amistosa con los empleados no ocurrió por accidente. Era una consecuencia directa de la filosofía de la compañía hacia el individuo. «Invertir en los individuos es la esencia de lo que hacemos», me explicó Jim Sinegal, fundador de Costco. «No es solo un eslogan. A menudo la gente dice que le preocupan los individuos, pero eso es algo dictado por las relaciones públicas, no algo en lo que crean. Pero nuestro supuesto desde el principio ha sido que, si contratas a grandes personas, les das un buen sueldo, las tratas con dignidad y les ofreces un camino honesto para una carrera, sucederán grandes cosas».[4]

Uno de los modos en que Costco invierte en sus empleados es dándoles el poder sobre la senda de sus carreras. La gerencia ayuda a los empleados a desarrollar las habilidades que ellos piensan que pueden ser útiles para la compañía y los anima a explorar ofertas laborales en Costco, incluso para posiciones en departamentos muy diferentes de sus posiciones actuales. Costco respalda este compromiso con la autodeterminación del empleado ascendiendo principalmente desde dentro de la organización. Más del 70% de los gerentes de Costco comenzaron empujando carritos o trabajando detrás de la caja registradora.[5]

Un ejemplo de una empleada que forjó su senda única en Costco es Annette Alvarez-Peters. Ella asistió a unos cuantos semestres en la universidad antes de comenzar su trayectoria laboral a los veintiuno como personal de revisión de cuentas en la división de contabilidad de una tienda de San Diego.[6] Entonces pasó a comercialización, donde mantuvo varios puestos, incluso de recepcionista, asistente administrativa, volvió a pedir ser contable y después asistente de compras, donde era responsable de medios vírgenes (disquetes y cintas vírgenes) y de telecomunicaciones (teléfonos y celulares). Puesto que mostraba que se le daban bien las compras, fue ascendida a compradora de electrónica, y después a compradora de bebidas alcohólicas para la división de Los Angeles. Finalmente, en 2005, ascendió a su puesto actual, donde está a cargo de comprar todo el vino, la cerveza y el licor de Costco, una posición tan influyente que incluso se le clasificó en el puesto número cuatro de la Lista de Poder de *Decanter,* que incluye a las personas más influyentes en la industria internacional del vino.[7] El sendero de su carrera en Costco la llevó de oficial contable a una posición en la que sus decisiones pueden afectar al precio del vino en tu restaurante local y qué uvas se plantan en Italia.[8]

La senda profesional de Annette sería inimaginable en muchas compañías donde el pensamiento normativo empuja a los gerentes y a recursos humanos a limitar a sus empleados a un sendero profesional estrecho, o donde ciertas posiciones están concebidas para empleados que cumplan ciertos requisitos, como tener una maestría en administración o trabajar un número de años específico en la industria. «Sobre el papel Annette no parece la clase de persona que debería ser importante en la industria del vino, pero lo es», me contó Sinegal. «La gente de fuera de Costco a menudo trata de comprender su senda profesional, pero nadie lo hace dentro de Costco».[9]

La senda de Matthew Horst en Costco no era menos única que la de Annette. El hermano de Matthew, Chris, escribió una carta abierta a Sinegal y al presidente de Costco, Craig Jelinek, en la que explicaba cómo Matthew siempre había tenido oportunidades laborales limitadas debido a que se le había diagnosticado como una persona con necesidades especiales, limitado, es decir, hasta que solicitó un puesto en Costco. Matthew obtuvo un trabajo empujando carros en el Costco Lancaster, Pennsylvania. Desde entonces Matthew ha sido ascendido varias veces, labrándose en el proceso una carrera que él ama. «Durante toda su vida Matthew ha sido clasificado y conocido por sus "necesidades especiales"», escribió su hermano. «Desde el día en que comenzó en Costco, sin embargo, sus compañeros de trabajo y los clientes lo han valorado por sus fortalezas únicas».[10] Costco no evaluó a Matthew comparando sus rasgos a los de un empleado promedio; lo evaluaron por lo que aportaba a su trabajo como individuo.

«Que encaje lo es todo», me explicó Sinegal. «Miramos más allá de las ideas simplistas como los expedientes académicos [universitarios] o cosas como esa para contratar [...] Hay atributos que importan en Costco, como ser diligente. ¿Pero cómo ves eso en un currículo?». Sinegal reconoció pronto que el mejor modo de identificar a jóvenes con talento era reclutar estudiantes de las universidades cercanas para trabajar a tiempo parcial en vez de contratar graduados de universidades famosas. Costco cultiva el talento a largo plazo identificando a los trabajadores a tiempo parcial que demuestran que encajan bien en el entorno de Costco; y, al mismo tiempo, permitiendo a esos estudiantes ver lo que Costco tiene para ofrecerles.[11]

Por supuesto, el compromiso de Costco con la individualidad no importaba si la compañía no podía competir exitosamente en el mercado minorista, una industria con márgenes estrechísimos e impresionantes costos laborales.[12] Pero Costco no solo había sido rentable cada años desde que había salido a bolsa, ha entregado todo el tiempo retornos más rentables para los inversores que Walmart.[13] Durante la última década Costco ha crecido a una tasa anual del 9% por año, convirtiéndose hoy en el tercer comercio minorista más grande de Estados Unidos.[14] Este éxito económico es aún más impresionante cuando piensas que a los empleados de Costco se les paga aproximadamente un 75% más que a los empleados de Walmart,[15] y además se les da los suculentos beneficios de la industria. Si Costco gasta más en sus empleados que una compañía como Walmart —conocida por su eficiencia y su ajuste de precios no solo en su cadena de suministros, sino también en sus gastos laborales—,

¿cómo es posible que siga siendo tan competitivo?

Una razón es la lealtad de los empleados. No solo los empleados individuales de Costco son mucho más *productivos* que los de competidores como Walmart,[16] los empleados de Costco rara vez dejan la compañía. En Walmart la tasa de rotación es aproximadamente de un 40%; en Costco la tasa es del 17% y baja hasta un impresionante 6% después de que un empleado haya permanecido allí durante un año.[17] Un estudio descubrió que cuando tomas en cuenta el costo escondido de la rotación de empleados que resulta de despedir y contratar a la siguiente tanda de reemplazos (establecido de forma conservadora en un 60% del salario del empleado), Costco en realidad paga *menos* por empleado que Walmart.[18] Paradójicamente, Costco le está ganando a Walmart en su propio juego: el juego de la eficiencia.

«Walmart y Target, y muchos otros comercios minoristas, hicieron una apuesta diferente a nosotros», me contó Sinegal. «Pero una vez que aceptas ese modo de pensamiento, es muy difícil volverse atrás. Walmart tiene más de dos millones de empleados, y una tasa de rotación cercana al 50% anual. Eso significa que reemplazan a un millón de personas cada año. Piensa en eso».[19]

Es tentador mirar a una compañía como Walmart, cuyo dominio de la eficiencia taylorista ha producido una de las empresas más grandes y robustas de la historia, y culpar al capitalismo por cómo esa compañía ve a sus empleados. Pero no hay nada inherente al capitalismo que diga que los empleados deben construir sus prácticas, especialmente las relacionadas con recursos humanos, en torno a los promedios. Costco juega en un escenario similar al de Sam's Club de Walmart y aun así sus ejecutivos han averiguado cómo tratar a sus empleados como individuos y *todavía* tener sólidos beneficios.

La diferencia entre las dos compañías descansa en lo que cada una valora en realidad. Walmart adoptó una mentalidad taylorista tratando a sus empleados como estadísticas, como una columna de ciudadanos medios que puedan ser reemplazados fácilmente. Costco hace un esfuerzo importante por comprender la irregularidad de sus empleados, reconocer la importancia de unirlos con los contextos específicos donde puedan prosperar, y capacitarlos a perseguir sus sendas únicas. Costco es un lugar donde un trabajador a tiempo parcial puede convertirse en vicepresidente, y un asistente de contable en una de las compraderos de vino más poderosas del planeta. Sus empleados, a cambio, recompensan a Costco con su lealtad y compromiso, lo que alimenta el rendimiento superior de la empresa, el servicio al cliente y los resultados finales.

«No puedes dirigir una compañía como Costco sin pensar en los individuos. Y punto», me contó Sinegal. «Puedes hacer dinero de otro modo, pero no puedes crear un lugar donde todo el mundo gana».[20]

CÓMO ZOHO SUPERA A LOS GIGANTES

Zoho Corporation es la mayor compañía de productos de tecnología de la información de India, y una de las primeras en competir con líderes de la industria como Microsoft y Salesforce.com.[21] Ha conseguido esta hazaña primordialmente a través de su actitud única hacia sus empleados: no pagándoles lo menos posible, sino creyendo que el talento se podía encontrar en cualquiera si buscabas del modo adecuado.

Después de obtener su doctorado en ingeniería electrónica en Princeton, Sridhar Vembu regresó a su ciudad natal de Chennai en 1996 para empezar la compañía de *software* que finalmente se convertiría en Zoho Corporation.[22] Hoy en día Zoho es líder internacional en los negocios basados en la nube, las redes y el *software* de gestión de infraestructura informática, donde sus productos compiten frente a frente con Microsoft Office y con el servicio de *software* para la administración de la relación con los clientes (CRM, por sus siglas en inglés) de Salesforce.com.[23] La compañía emplea a más de veinticinco mil personas en múltiples países, y en 2014 generó unos ingresos estimados en doscientos millones de dólares.[24]

Zoho hoy es una compañía grande y exitosa, pero cuando Vembu estaba comenzando simplemente no podía competir con las compañías indias de *software* por los «mejores talentos»: aquellos candidatos que tenían las clasificaciones más altas según la métrica académica unidimensional. Vembu sabía que si quería tener éxito necesitaría encontrar talento que otra gente hubiera pasado por alto. «Gran parte de la industria tecnológica india busca calificaciones sobre el papel, requiriendo índices de notas estrictos y eso antes de considerar siquiera a un candidato», me contó Vembu. «Decidimos buscar a personas que no cumplieran necesariamente esos requisitos».[25]

Una de esas personas era el propio hermano de Vembu. Le faltaba cualquier trasfondo de ciencias informáticas, no había tenido buenas notas en la escuela y muchos de su propia familia suponían que «no era gran cosa». Pero Vembu le dio una oportunidad. «Aprendió a programar, y se convirtió en un programador fantástico. Ver a mi hermano florecer inesperadamente fue un auténtico momento crucial para mí», explicó Vembu. «Siempre había estado abierto a la idea de que el talento se podía encontrar en cualquier sitio, pero ver cómo ocurría delante de mis ojos realmente me hizo confiar en que podríamos encontrar un montón de talento ignorado».[26]

La intuición de Vembu se vio pronto respaldada por una fuerte evidencia. Mientras Zoho contrataba cada vez a más personas de escuelas poco conocidas —o sin ningún estudio en absoluto—, Vembu descubrió que había poca o ninguna correlación entre el rendimiento académico (medido en cursos y la calidad percibida en el diploma) y el rendimiento laboral. «La estrecha senda de la universidad no parece ser necesaria para tener éxito en algo como la programación. Así que entonces empecé a preguntarme: ¿por qué todo el mundo hace de esto un requisito previo para ser contratado?».[27]

La filosofía de Vembu era muy similar a la de Costco: ambas compañías creían en contratar a candidatos de otros lugares que no fueran famosas escuelas y darles una oportunidad para mostrar lo que podían hacer. Pero Vembu llevó su filosofía un paso más allá. Si creía que el talento se podía encontrar en cualquier parte, entonces un modo de poner en práctica esa creencia sería cultivar él mismo el talento. Vembu me contó: «Mientras que la mayoría de las personas están dispuestas a aceptar la idea de que hay un montón de talento sin descubrir ahí fuera, tienen problemas en actuar en base a esto».[28]

Vembu se puso en marcha en 2005 creando la Universidad de Zoho, una singular institución diseñada para identificar y desarrollar a estudiantes a fin de que se convirtiesen en empleados exitosos de Zoho, y equiparlos con las habilidades para que fueran seres humanos exitosos.[29] Lo que hace que la Universidad de Zoho sea tan extraordinaria es que los estudiantes que se alistan a menudo vienen de las partes más empobrecidas de India. Zoho *paga* económicamente a jóvenes desfavorecidos con pocos estudios para asistir a la universidad, donde aprenden programación, junto con matemáticas, inglés y temas de actualidad. Vembu creó una escuela que salió y encontró a niños sin refinar y no aprobados y les dio una oportunidad.

Fue una apuesta arriesgada para Vembu. Aunque Zoho estaba creciendo rápidamente, todavía no se había establecido y en vedad no disfrutaba de la clase de fondos necesarios para asegurarse de que sobreviviría si una apuesta así de grande se convertía en un desastre. Sin embargo, la apuesta era aún más arriesgada que contar con encontrar talento en los lugares más insospechados: Vembu se oponía tanto a los valores del promedianismo que decidió no hacer funcionar la universidad según los medios de estandarizar y clasificar de la mayoría de las escuelas.

Casi toda la enseñanza era autodidacta y basada en proyectos. No había cursos; en vez de eso, a los estudiantes se les informaba sobre sus proyectos. «Nos dimos cuenta de que los estudiantes aprendían a su propio ritmo, y tenías que respetar eso», me enfatizó Vembu. «Si lo que te importa es lo bien que lo harán los estudiantes en tu compañía la próxima década, pronto te darás cuenta de que rápido y lento son distinciones inútiles. No hay una relación entre aprender rápido y tener éxito».[30]

Después de entre doce y dieciocho meses de formación pagada, a cada estudiante se le ofrece un trabajo. Pero a los estudiantes no se les obliga a firmar un contrato y no están bajo ninguna obligación de trabajar para la compañía cuando se gradúan. Como me explicó Vembu: «Realmente queremos darles habilidades que les permitirán tener éxito en otros trabajos, o empezar su propia compañía. No obstante, la mayoría de ellos terminan trabajando para nosotros».[31]

Así pues, ¿cómo había resultado el experimento? En 2005 la Universidad de Zoho tenía seis estudiantes y un profesor; en 2014 tenía cien estudiantes y siete profesores.[32] Y más impresionante aún fue, sin embargo, no el número de estudiantes, sino el talento que Zoho ha descubierto a través de este proceso: hasta la fecha, más del 15% de los cientos de ingenieros de Zoho proviene de la Universidad de Zoho,[33] y algunos de los primeros estudiantes que se unieron ahora son gerentes de alto nivel en la compañía.[34] El programa ha tenido tanto éxito que en 2015 Zoho decidió que en los siguientes diez años planearía tener la *mayoría* de empleados provenientes de la universidad.

El compromiso de Vembu con la individualidad es evidente no solo en el modo en que descubre el talento a través de la Universidad de Zoho, sino en la libertad que se les da a los empleados individuales para desarrollarse y crecer dentro de la compañía. Por ejemplo, Zoho no define los trabajos rígidamente, y no supone que hay una senda óptima para que los individuos se muevan por la compañía. «Cerca de la mitad de las personas a las que contratamos quieren explorar y desarrollar algo nuevo. Nosotros les animamos», me contó Vembu. «No tenemos descripciones de trabajo rígidas porque estas promocionan un pensamiento rígido y de repente piensas que hay un trabajo fijo para ti. Si le das a la gente sendas flexibles, evolucionan en montones de roles que nunca habrían pensado que les podrían interesar».[35]

Puesto que Vembu no estaba de acuerdo con evaluar a la gente basándose en los promedios, no hay revisiones de rendimiento en Zoho, ni cuadro de mando, ni clasificación de empleados. «Colocar un grado o un número en un ser humano no tiene sentido. Nuestra filosofía es que si hay un gerente preocupado por un miembro del equipo, deben tener una conversación privada en el acto y ayudarlo».[36]

Zoho también evita conscientemente los peligros de un pensamiento unidimensional cuando se trata de construir equipos. «Si formas un equipo para un producto, digamos que para un procesador de textos, la idea más común sería conseguir un equipo formado por los programadores estrella que hubieran conseguido las mejores notas en las mejores escuelas. ¡Eso es un error! Deberías tener montones de diferencias en los conjuntos de habilidades y los talentos; si todos han salido del mismo molde, nadie podrá brillar y se convertirá en algo demasiado estrecho y monocultural. He descubierto que mezclar diferentes talentos, edades y experiencias en realidad produce mejores resultados. Va contra la tradición, pero nuestros productos hablan por sí mismos».[37]

Vembu no está exagerando cuando habla de la alta calidad de los productos de su compañía. Salesforce.com estaba tan suficientemente preocupado por cómo Zoho avanzaba cada vez más en su propio mercado que intentó comprar la compañía. «Vio en nosotros una amenaza debido a la calidad y al precio de lo que estábamos vendiendo, y lo rápido que crecíamos. No vendí porque construí esta compañía por una razón diferente a la de solo hacer dinero», compartió Vembu conmigo. «Piensa en lo que representa: se nos reconoce por crear un equipo fantástico, pero lo hacemos, literalmente, con una reserva de talento que ninguno de nuestros competidores hubiera contratado jamás».[38]

El éxito internacional de Zoho no viene de producir *software* más barato que sus competidores pagando sueldos bajos; paga sueldos justos y proporciona grandes beneficios a sus empleados. La competitividad de Zoho es resultado directo del modo en que Vembu identifica y nutre el talento... y cómo ese talento responde: sintiéndose completamente comprometido y extremadamente productivo. Según estándares promedianistas, Zoho no debería funcionar; es una compañía llena de empleados que nunca hubieran sido contratados por la mayoría de las empresas tecnológicas y a quienes se les deja seguir sus propias sendas en la compañía, encontrando puestos que les permitan contribuir de la mejor manera posible. Sin embargo, sí funciona. Y Vembu está seguro de que conoce por qué: «Tengo un fuerte trasfondo matemático y conozco de números. Y sé que estás en serios problemas si comienzas a pensar en los individuos como números a ser optimizados sobre un promedio», me contó Vembu. «Trata a los individuos con respeto, como individuos, y sacarás más de lo que has invertido».[39]

FOMENTANDO LA INNOVACIÓN EN MORNING STAR

Incluso en una industria como la de la fabricación, donde el promedianismo ha sido el estándar global durante más de un siglo, un compromiso con la individualidad puede generar métodos nuevos y superiores de hacer las cosas. De hecho, la innovación es uno de los mayores beneficios de un compromiso con la individualidad. Aunque organizaciones como las fábricas que toman como modelo a Taylor a menudo son muy buenas gestionando costos y maximizando la productividad dentro de un conjunto de restricciones, suelen tener dificultades para inspirar y aprovechar la creatividad.

Pero incluso una compañía industrial puede aprovechar los principios de la individualidad para crear una cultura que promueva la iniciativa personal, que alimente la individualidad y donde sean bienvenidas las ideas innovadoras sin importar su origen. La Morning Star Company ha propiciado una cultura así.

Fundada en 1970 por Chris Rufer, la Morning Star comenzó como una pequeña compañía de un solo camión, operada por su propietario, recogiendo tomates.[40]

Hoy en día la compañía con base en Woodland, California, tiene más de doscientos camiones, varias fábricas y miles de empleados. Controla el 25% del procesamiento del tomate en California y produce el 40% de los productos de tomate que se consumen en Estados Unidos cada año, siendo la mayor compañía de procesamiento de tomate en el mundo.[41] Si alguna vez has consumido una sopa de tomate de Campbell, una salsa de espaguetis Ragu o kétchup Heinz, es muy probable que hayas consumido productos de Morning Star.[42]

Por encima de esto, las operaciones de Morning Star parecen encajar perfectamente en un modelo taylorista: un complejo proceso industrial que abarca campos y fábricas que producen cientos de millones de toneladas de tomate cada año con tal eficiencia que siempre tiene los precios más bajos de la industria.[43] Pero Frederick Taylor probablemente se habría sentido confuso si supiera lo que ocurría realmente dentro de la compañía de Chris Rufer.

En Morning Star no hay gerentes. Por esa razón no hay rígidos títulos, y prácticamente ninguna jerarquía. Paul Green, un veterano de Morning Star que dirige el trabajo de formación y desarrollo, me explicó la filosofía que hay detrás de un modelo de negocio tan radical: «Todas las organizaciones están basadas en suposiciones fundamentales acerca de los seres humanos, lo sepan o no. En Morning Star creemos que el individuo es la entidad más importante, y hacemos todo lo que podemos para promover el poder del individuo».[44]

Esta no es una frase hecha para poner en una pegatina en el parachoques. A todos los niveles de su organización —o, para ser más exactos, en cada enlace de su red organizativa— Morning Star está tácitamente comprometida con los principios de la individualidad por medio de lo que la compañía llama una filosofía de la «autogestión». Su sistema está establecido para adaptarse orgánicamente a la irregularidad de cada empleado, enlaza empleados a los contextos donde serán eficaces y capacita a los individuos para que busquen sus propias sendas.[45] El enfoque sobre la libertad y la responsabilidad del individuo se expresa bien en su declaración de misión personal.

Cada empleado esboza una declaración de su propia misión que defina cómo contribuirá a la misión global de la empresa y que describa cómo conseguirá sus metas y objetivos. Todos los empleados que se vean afectados por sus objetivos y actividades deben firmar la declaración. A los empleados se les da una enorme laxitud para conseguir su misión —incluyendo, por ejemplo, el derecho a hacer compras para conseguir su misión—, pero también se les hace responsables de que sus compañeros (más que un jefe) consigan o fracasen a la hora de conseguir sus propias metas y objetivos.[46]

Es un modo muy diferente de pensar en el rendimiento laboral, y a muchos empleados nuevos les resulta muy difícil de sobrellevar. Morning Star pasó años tratando de determinar qué clase de cualidades personales predecían el éxito de la compañía, analizando cosas como la inteligencia, la personalidad y la educación. No consiguieron encontrar ninguna correlación significativa, excepto una: «La gente que ha trabajado como gerente durante mucho tiempo en otras compañías no saben qué hacer», me contó Paul Green. «No pueden manejar la libertad y el hecho de que, simplemente, no pueden dar órdenes unilaterales. Pero siempre que viene aquí gente que no sabe lo que es trabajar en otro sitio —o que no halla trabajo en otra parte— encuentran un lugar para ellos con mucha rapidez y naturalidad».[47]

Como todos los empleados de Morning Star, Green no tiene un título, aunque es el responsable actual de comunicar los principios centrales de la compañía en todas sus divisiones. Comenzó como empleado estacional en 2006, en el mantenimiento de una enorme máquina industrial conocida como rematadora, que hace girar los tomates en un cilindro metálico gigante para separar la piel de la fruta sin desperdiciar gran cantidad de jugo. «Era un trabajo bastante aburrido», me contó Green. «Pero desde el primer día se me comunicó que en Morning Star era libre de modificar mi trabajo cuando quisiera, siempre que promoviese la misión de la compañía, y siempre que convenciera a todos los empleados que se vieran afectados por mis cambios de que era una buena idea».[48]

Green se preguntaba si un ajuste diferente en la máquina rematadora separaría la piel de los tomates con más efectividad. Se le ocurrió un experimento: puso en marcha diferentes rematadoras con diferentes ajustes y registró los resultados en intervalos de quince minutos durante varios meses. La mayoría de las compañías fruncirían el ceño ante un empleado estacional recién contratado que estuviera montando su propio experimento privado de ingeniería sobre un equipamiento vital para las operaciones diarias del negocio... y eso es quedarse corto. En la mayoría de los lugares es muy posible que un empleado temporal se enfrente a un despido si comienza a desordenar el corazón de la línea de ensamblaje. Pero Green defendió su propuesta frente a cada accionista que se veía afectado por el uso que proponía para las rematadoras. «Todos fueron muy comprensivos», explicó Green, «porque les proporcioné una descripción muy clara de todos los parámetros del experimento y lo que podíamos aprender».[49]

Después de llevar a cabo su experimento descubrió que en realidad había un ajuste diferente para las rematadoras que las hacía un

25% más eficientes, y pronto Morning Star ajustó todas las máquinas. Poco después le contrataron a tiempo completo y ha trabajado allí desde entonces.

Green también me contó la historia de otro colega, alguien a quien llamaremos Abe, que en un principio fue contratado como obrero en la fábrica. A Abe siempre le había gustado arreglar cosas, y mientras trabajaba para Morning Star comenzó a juguetear con las máquinas y el equipamiento, aunque eso no se ajustaba a las tareas para las que se le había contratado. Poco a poco adquirió reputación como aquel a quien acudir si querías reparar alguna pieza de maquinaria o mejorarla. Así que les comentó a sus compañeros que debía ser contratado como «maestro reparador», una posición que nunca había existido en Morning Star; y no solo eso: Abe pidió un presupuesto para montar su propio taller donde pudiera expandir su rango de reparaciones.[50]

La Morning Star no da cheques en blanco automáticamente a los empleados para que persigan cualquier capricho, como construir su propio taller. A menudo se rechazan muchas propuestas similares. Pero Abe había demostrado los beneficios tangibles de sus reparaciones para sus compañeros de trabajo, así que apoyaron su propuesta: junto con un salario un poco mayor que lo que habría recibido en cualquier otra compañía. Green me contó: «Aquí hay un tipo que, basándonos en su trasfondo y sus calificaciones, podrías suponer fácilmente que nunca habría sido más que un obrero —por no hablar de labrarse una carrera— pero en Morning Star encontró un rol para sí mismo donde es un reconocido experto en los mecanismos de las máquinas de la fábrica».[51]

Esa sensación de pertenencia y propósito personal —de que puedes añadirle valor a la compañía compartiendo tus ideas, y que las ideas se escucharán y que, si son buenas, se pondrán en práctica— es la clave del éxito de Morning Star. En organizaciones tayloristas tradicionales a menudo se restringe esa libertad para innovar, o se desanima a los empleados a que participen en los procesos de innovación por la naturaleza de sus estructuras jerárquicas. En organizaciones así una división específica se debe dedicar a la innovación —investigación y desarrollo, por ejemplo— o se puede contratar a caros consultores estratégicos para que sugieran procesos innovadores o nuevos productos, pero para la mayoría de los roles —como mi trabajo en el departamento de reservas— la ingenuidad está mal vista activamente.

Por el contrario, la innovación sucede de forma frecuente y orgánica en una compañía centrada en el individuo como Morning Star, donde los trabajadores temporales llevan a cabo experimentos en la línea de ensamblaje y los jornaleros jugueteaban con equipo crítico para el negocio. Cuando te tomas la individualidad seriamente —cuando estableces un negocio diseñado para abrazar esa individualidad— la innovación sucede en todas partes, todo el tiempo, en cada enlace de la red, porque cada empleado se transforma en un agente independiente encargado de averiguar la mejor manera de hacer su trabajo y contribuir a la compañía.

«No somos ninguna clase de organización caritativa; todos los empleados deben ganarse su puesto aquí», enfatiza Green. «Pero Morning Star le da a todo el mundo la libertad para ganarse su puesto. La gente está más feliz cuando tiene el control de todo lo que es importante para ellos».[52]

CAPITALISMO DONDE TODOS GANAN

Hace setenta años se consideraba al taylorismo como «una característica de la civilización estadounidense». Pero los principios de la individualidad nos muestran la senda hacia una sociedad mejor, una que abrace la libertad, la iniciativa y la responsabilidad individual sin sacrificar la libre empresa. Costco, Zoho y Morning Star demuestran que cuando una organización toma la decisión de valorar la individualidad de sus empleados, no solo lo empleados ganan: lo hace el sistema también, y gana más que nunca. Es un capitalismo donde todos ganan, y está disponible para cualquier negocio de cualquier industria de cualquier país.

Una lección final que se puede aprender del éxito de Costco, Zoho y Morning Star: si tomas la decisión de valorar a los individuos, esa decisión debe ser un compromiso inamovible. Estos beneficios —el compromiso del empleado, el aumento de la productividad y la innovación generalizada— no se materializarán si la individualidad es una pasión solo en los buenos tiempos. «Incluso cuando la gente quiere apostar por esta idea de invertir en el individuo, se pone nerviosa cuando vienen tiempos difíciles», me contó Sinegal. «Cierran una fábrica, despiden a la gente, todo para recuperar unos cuantos centavos de aquí y allá. Costco le dio a sus empelados un aumento de sueldo durante la recesión porque sabían que estaban sufriendo. Eso requiere que mantengas una visión clara sobre tu propósito y no le quites el ojo de encima».[53] La Zoho de Vembu llegó a una conclusión similar; me dijo: «Quiero mantener a un empleado para toda la vida. Es un compromiso total. Pero es el compromiso el que marca la diferencia».[54]

No estoy diciendo que todas las compañías deban intentar replicar lo que han hecho Costco, Zoho y Morning Star. La individualidad demanda que evalúes qué significan los principios para tu negocio en particular, y puedas construirlo alrededor de eso. Lo que digo más bien es que es posible que cualquier negocio y cualquier gerente implemente los principios de la individualidad, y cuando lo haces —cuando eliges invertir en los individuos— esos individuos se vuelven leales, seguros y apasionados. Es posible tener empleados comprometidos y productivos que ayuden a las compañías a alcanzar los objetivos, incluso en la industria más promedianista. Solo que no puedes tenerlos basándote en el promedio.

CAPÍTULO 8

REEMPLAZAR EL PROMEDIO EN LA EDUCACIÓN SUPERIOR

Cuando empecé la universidad en Ogden, Utah, estaba desesperado por salir de una vida de dificultades y asistentes sociales. Necesitaba una senda hacia una carrera mejor que me permitiera proveer para mi esposa y mis dos hijos, y esta senda tenía que encajar con mis restricciones económicas increíblemente estrechas. Unirme a la Universidad Estatal de Weber era el primer paso de la senda, pero nada en lo que respecta a mi educación fue sencillo. Durante los dos primeros años de universidad di todas mis clases por la noche para poder seguir trabajando a tiempo completo durante el día. Incluso así, mis malos sueldos cocinando *bagels* y vendiendo productos electrónicos nunca eran suficientes para cubrir las necesidades de mi familia. Cada mes, sin falta, teníamos que escoger qué factura no pagaríamos. Mi esposa vendía todo el plasma sanguíneo que estaba permitido por la ley. Les pedí prestados pañales a los vecinos. Robábamos papel higiénico de los baños públicos.

Mi historia no es tan diferente del resto de incontables familias que pasan dificultades para que ellos, o sus hijos, puedan graduarse en la universidad. El cálculo detrás de estos sacrificios es tanto racional como práctico: creemos, con acierto, que la educación superior es la puerta de entrada más importante a la oportunidad en nuestra sociedad. Estamos dispuestos a hacer cualquier cosa para obtener un diploma porque esperamos que eso nos dé a nosotros o a nuestros hijos las mejores oportunidades posibles para obtener un buen trabajo, unos buenos ingresos, un buen vecindario, una buena vida.

Para cualquiera que mirase el valor de un título universitario en estos términos pragmáticos —y puedes contarme a mí como uno de ellos— el propósito implícito de una educación superior es preparar a los estudiantes para las carreras que han escogido para sí a un precio asequible. Tal vez pienses que la educación superior debería tener otros fines además, como promover el pensamiento crítico, inculcar un aprecio por las artes o simplemente exponer a los estudiantes a nuevas ideas. Yo estoy de acuerdo en que hay otros objetivos dignos que tienen lugar en la declaración de principios, pero creo que todos deben ser secundarios al objetivo principal de prepararte para tu carrera. En la universidad aprendí pensamiento crítico y valores sociales, y un montón de otras cosas maravillosas que me hicieron mejor persona. Pero al final de todos aquellos años difíciles, si no hubiera obtenido un buen trabajo adaptado a mí, habría considerado la experiencia como un fracaso.

Si estamos de acuerdo con este objetivo práctico de la educación superior, no podemos evitar llegar a la conclusión de que nuestro sistema actual no está a la altura.[1] Demasiados graduados no pueden encontrar un trabajo en su campo (el 31%, según un estudio reciente de Career-Builder);[2] demasiados empleados no pueden acceder a trabajos bien pagados (el 35%, según el grupo Manpower),[3] y demasiados empleadores reportan que los graduados que contratan no están capacitados para sus trabajos.[4] Y dudo que tenga que esforzarme por convencerte de que los costos están fuera de control, pero he aquí un hecho revelador: el costo de un grado universitario ha aumentado un 538% desde 1985.[5] Para ponerlo en perspectiva, durante el mismo periodo los costos médicos subieron un 286%.[6] Los estadounidenses ahora tienen 1,1 billones de dólares de deuda en créditos estudiantiles,[7] más que toda la deuda de tarjetas de crédito combinadas. Yo todavía debo una cuantiosa cantidad de dinero (suficiente para comprar una hermosa casa en muchos lugares de Estados Unidos) de los préstamos estudiantiles, una deuda que se cierne como una nube de tormenta sobre mi futuro económico.

Es fácil imaginar que es culpa de las universidades que todos estemos en esta situación. No lo es... o, al menos, no más que fuera culpa del capitalismo que algunas empresas traten a los trabajadores como estadísticas.

Como muchas cosas en el mundo empresarial, el modelo educativo de nuestro sistema de educación superior (e, igual de importante, su modelo empresarial) está basado en el taylorismo.[8] Nuestras universidades contemporáneas son guardianas de un sistema promedianista heredado que impone la convicción de que el sistema es más importante que el individuo y obliga a la estandarización en todo el proceso educativo. Los defectos de nuestro sistema —sus costos y, más importante aún, el abismo entre lo que aprenden los graduados y su capacidad para conseguir un trabajo— se deben a una estructura promedianista profundamente arraigada que se estableció hace mucho tiempo.

LO MISMO, SOLO QUE MEJOR

A pesar de lo que *crean* los colegios y las escuelas universitarias que es hoy su misión —ya sea animar la resolución de problemas y el pensamiento crítico o desafiar los puntos de vista de los estudiantes, o cualquier otro digno objetivo humanista— nuestro sistema actual de educación superior fue diseñado hace un siglo muy explícitamente para dividir a los estudiantes en categorías basándose en su rendimiento según un currículo estandarizado. Los estudiantes de secundaria con las mejores notas y las mejores calificaciones en los exámenes van a las mejores universidades, y entonces los estudiantes universitarios con las mejores notas consiguen los mejores trabajos, así como la admisión a las mejores escuelas profesionales. El sistema es el equivalente educativo a la competición de parecidos a Norma, puesto que su enfoque implacable sobre las clasificaciones unidimensionales empuja a todos los estudiantes a hacer exactamente las mismas cosas que hace el estudiante promedio. *Sé el mismo que todos los demás, solo que mejor.*

Incluso antes de entrar en la universidad, el sistema presiona a los estudiantes hacia la conformidad: si quieren ser admitidos en una buena universidad, tiene que tomar las mismas clases, realizar los mismos exámenes y actividades extracurriculares que todos los demás, pero hacerlo mejor que cualquiera. Una vez en la universidad, los estudiantes tienen que asistir a las mismas clases que todo el mundo, de la misma cantidad de tiempo, para ser clasificados según el promedio, y ganarse al final de cuatro años un diploma indiferenciado... con un enorme costo económico para ellos y sus padres.

Judy Muir es asesora de admisiones universitarias radicada en Houston, y comprende este problema de conformidad mejor que nadie.[9] Ha dedicado su vida a ayudar a estudiantes de secundaria a acceder a la universidad y a tener éxito allí, y según mi opinión es la mejor en lo que hace. Asesora a hijos de celebridades, presidentes, europeos ricos y ciudadanos de Oriente Medio, aunque la mayoría de sus clientes son adolescentes de clase media. También hace su parte orientando a jóvenes desfavorecidos sin cobrar. Muir ayuda a padres y a adolescentes a que el complejo y abrumador proceso de presentar una solicitud para la universidad tenga sentido. Pero si te sientas con Muir, no pasa mucho tiempo antes de que ella manifieste su permanente frustración.

«El proceso está establecido para ignorar del todo la individualidad del estudiante; se trata del promedio, el promedio, el promedio, seleccionar, seleccionar, seleccionar, conducir a los adolescentes a someter su identidad en la búsqueda de la fachada que piensan que quieren los encargados de las admisiones», me contó Judy. «Eso es lo que el sistema le ha hecho a la gente, este arrollador sistema que compara a todo el mundo con el promedio. Los niños tratan de alterar su discurso, hacen prácticas en las que no creen. En el extranjero engañan sobre sus exámenes de admisión. Una de las preguntas más comunes que me hacen es cuántas horas de servicios comunitarios necesitan para ir a tal o cual universidad. Lo que les digo siempre es que el único camino a una vida de excelencia es comprender y desarrollar tu propia individualidad única. En vez de eso, demasiados padres e hijos se centran en *esconder* su individualidad en vez de *desarrollarla*, todo porque intentan destacar en las mismas cosas en las que todo el mundo destaca».[10]

Bill Fitzsimmons, el decano de Admisiones y Ayuda Económica de Harvard está de acuerdo, y me dijo: «Entrar en la universidad normalmente es un juego de promedios, salvo que la gente está hipotecando sus casas para jugar al juego de los promedios. Estás intercambiando lo que te hace único para ser como todos los demás, con la esperanza de que puedas ser un poco mejor en eso que todo el mundo también está intentando serlo. Pero si solo juegas con los promedios, entonces, en promedio, no funciona».[11]

Así pues, ¿por qué estamos tan dispuestos a continuar jugando el juego de los promedios cuando sabemos lo erróneas que son en realidad las clasificaciones unidimensionales del talento? No hay evidencia científica de que el resultado de alguien de dieciséis años en un examen estandarizado, o la cantidad de iglesias que ha ayudado a construir en Costa Rica alguien de diecisiete, esté conectado significativamente con convertirse en juez del Tribunal Supremo o fundar una empresa emergente exitosa, o descubrir la cura para el cáncer. Pero mientras todos los demás estén jugando al juego de los promedios —y mientras las universidades y las empresas continúen jugándolo— habrá un costo real para cada estudiante que decida no jugar.

Entonces, constantemente, los estudiantes y sus familias hacen toda clase de sacrificios, asumiendo una pasmosa cantidad de deuda, esforzándose al máximo para conformarse a un sistema estrecho y despiadado basado en una noción decimonónica de la clasificación... para recibir un diploma que ya no es siquiera una confiable garantía de trabajo. La promesa de nuestro sistema de educación superior promedianista sigue en declive, mientras que el precio impuesto por el sistema sigue en aumento.

Si la *estructura* de la educación superior está basada en la falsa premisa de que a los estudiantes se les puede ordenar por rango —de que es necesario un sistema estandarizado centrado en la institución para separar eficientemente a los estudiantes con talento de los que no—, entonces no importa cuán grandes sean los triunfos que pueda producir este sistema, todavía está garantizado que produzca algunos fracasos que simplemente no podemos tolerar como sociedad. Hacerse cargo de estos fracasos requerirá algo más que doblegarse al status quo: requerirá comprometerse a valorar al individuo sobre el sistema, y cambiar la estructura básica de la educación superior para que el estudiante como individuo realmente vaya primero.

Esto podría parecer una idea que sonase bien en teoría, pero en la práctica es imposible de implementar. Sin embargo, resulta que la senda hacia un sistema de educación superior individualizado, aunque no sea simple ni sencilla, es razonablemente directa, práctica y ya está sucediendo en universidades y escuelas universitarias de todo el mundo con gran éxito.

Transformar la estructura promedianista de nuestro sistema actual en un sistema que valore al estudiante individual requiere que adoptemos estos tres conceptos clave:

- Garantizar las credenciales, no los diplomas.
- Reemplazar notas por competencias.
- Dejar que los estudiantes determinen su senda educativa.

Estos conceptos ofrecen un anteproyecto para establecer un sistema educativo que sea coherente con los principios de la individualidad, y que ayudará a *todos* los estudiantes a ser elegidos y a formarse para una carrera.

GARANTIZAR LAS CREDENCIALES, NO LOS DIPLOMAS

Nuestro sistema actual de educación universitaria está estandarizado alrededor de un elemento educativo definitorio: la licenciatura de cuatro años o el diploma. Durante siglos, el diploma y todas las tradiciones que rodean su obtención —la ceremonia de graduación, togas y birretes— han señalado a la comunidad el logro de un hito para el estudiante, un rito de iniciación educativo.

El problema es que los requerimientos para una licenciatura son, en gran medida, arbitrarios: no importa qué propósitos pudieras perseguir en la universidad, la licenciatura casi siempre requiere los mismos cuatro años. Ya sea que te especialices en literatura alemana, en administración de empresas o en biología molecular, en todos los casos la licenciatura toma el mismo número total de horas de crédito (lo que se conoce en el campo educativo como «tiempo de clase») extendidas por el mismo número de semestres facturables.[12] No importa lo difícil que sea la materia que hayas elegido, lo rápido o lo lento que aprendas, que asistas a una pequeña universidad privada o una pública en expansión, o que hayas dominado las habilidades necesarias para la carrera que pretendes... siempre y cuando cumplas con la cantidad necesaria de tiempo de clase (y no faltes a ninguna), conseguirás un diploma. Esto, argumentan los defensores de las licenciaturas de cuatro años, da como resultado una especie de «igualdad» de esta clasificación en diferentes campos.

Usar el diploma como unidad básica de educación presenta algunos defectos obvios en el sistema. Si terminas los cuatro años de tiempo de clase para una licenciatura en ingeniería mecánica y pasas todos los cursos —*excepto* por una única clase de humanidades—, no conseguirás un diploma. (Todavía tendrás que pagar por cuatro años de enseñanza, sin embargo.) No importa lo bien preparado que puedas estar para un trabajo como ingeniero mecánico, si no completas todos los requerimientos establecidos por la universidad, no conseguirás un diploma. Por el contrario, podrías cumplir todos los requerimientos para una licenciatura en ciencias informáticas de una universidad de la Ivy League… y aun así no estás capacitado para un trabajo como programador informático.[13]

Existe una alternativa lógica a los diplomas como unidad básica para los logros educativos: *las credenciales.*[14] Las credenciales son un enfoque hacia la educación que enfatiza recibir crédito por las unidades de aprendizaje más pequeñas. Por ejemplo, podrías obtener una credencial por saber de programación Java para páginas web, la historia de la Primera Guerra Mundial, repostería o la climatología de Asia. Algunas credenciales se pueden obtener después de unas cuantas clases o incluso una clase, mientras que otras pueden tomar un año o más. Las credenciales ofrecen un nivel de certificación para tus habilidades, capacidades y conocimientos más flexible y afinado.

Las credenciales se pueden combinar («agrupar») para crear credenciales más avanzadas. Por ejemplo, digamos que quieres convertirte en diseñador de videojuegos. En vez de buscar una licenciatura en ciencias informáticas, deberías obtener credenciales en teoría de la programación, programación de dispositivos móviles, animación por ordenador y diseño gráfico. La finalización de estas cuatro credenciales te cualificaría para una credencial combinada de «diseño de videojuegos para dispositivos móviles». Del mismo modo, si quisieras ser un astrofísico que estudiase la materia oscura, podrías obtener un amplio rango de credenciales en matemáticas, física, astronomía y métodos de investigación que finalmente te cualificasen para tu credencial de «astrofísica de la materia oscura». Con las credenciales no hay programas universitarios que te empujen a pagar sumas exorbitantes para una sola universidad durante cuatro años, a fin de obtener las horas de clase necesarias para una licenciatura estandarizada. En vez de eso podrías buscar tantas credenciales como necesitases con el objeto de prepararte para la carrera que quisieras.

Aunque la idea de las credenciales pueda ser un poco radical, la realidad es que ha sido una parte importante de la educación basada en las habilidades durante mucho tiempo. Por ejemplo, el MIT todavía ofrece varios programas de credenciales (ellos los llaman «certificados»), que incluyen credenciales en áreas como gestión de cadena de suministros, gestión de proyectos técnicos complejos y datos masivos (por nombrar solo unas pocas).[15]

Virginia, por otro lado, tiene un programa de oferta de credenciales a gran escala patrocinado por el estado en varias industrias, incluyendo tecnología de la información, ciberseguridad, fabricación avanzada, energía y asistencia sanitaria.[16] En los trabajos que obtienen los graduados con credenciales en estas industrias pagan bien y ofrecen oportunidades profesionales a largo plazo. El programa requiere aproximadamente entre dos y tres semanas de formación a tiempo completo en un entorno de trabajo simulado y cuesta un total de 250 dólares por cada credencial (el costo restante está respaldado por la industria, que consigue empleados formados con las habilidades que necesitan). Hasta ahora, el 93% de los graduados con credenciales del programa han conseguido trabajo. Según el gobernador Terry McAuliffe, el programa tiene como objetivo entregar casi medio millón de credenciales para 2030.[17]

No hay nada especial en los campos particulares que son el objetivo de la iniciativa de credenciales de Virginia —no eran más que campos con una escasez conocida de candidatos calificados— y no hay ninguna razón para que no se puedan extender para incluir todo lo que se enseña en la educación superior, desde teatro francés hasta física cuántica, pasando por la cinematografía.

Otro desarrollo educativo reciente promete hacer las credenciales aún más viables. Massively Open Courses Online, que se conocen comúnmente como MOOC, son cursos en línea ofrecidos por universidades que no requieren que los estudiantes sean admitidos en primer lugar para poder apuntarse. En la última década cientos de universidades han empezado a ofrecer MOOC de todos los temas, desde arte asiático a zoología. Gran parte del enfoque de los MOOC ha sido su capacidad para ofrecer experiencias de aprendizaje en línea con descuento o incluso gratis. Pero yo creo que el aspecto más innovador de los MOOC no es su precio bajo o el hecho de que sean en línea, sino más bien el hecho de que muchos de los que proveen los MOOC, incluyendo a Harvard y el MIT, han comenzado a ofrecer credenciales (como certificados) para estudiantes que completen esos cursos.[18]

Los MOOC señalan hacia cómo debería verse un sistema de credenciales completamente desarrollado: no más programas universitarios donde se te obliga a pagar sumas exorbitantes para una sola universidad durante cuatro años a fin de obtener las horas de clase necesarias para una licenciatura estandarizada. En vez de eso, tú buscas tantas credenciales como necesites, al precio que quieras, bajo tus propios términos, para obtener la carrera que elijas.

REEMPLAZAR NOTAS POR COMPETENCIAS

El segundo elemento de nuestro sistema de educación superior promedianista que se debería cambiar es su método básico para evaluar el rendimiento: las notas. Las notas sirven como una clasificación unidimensional de la capacidad: supuestamente representan lo bien que dominamos una materia y por tanto miden nuestra capacidad dentro de ese campo. También sirven como indicador del progreso de un estudiante en una senda estandarizada y a un ritmo establecido hacia un diploma.

Existen dos problemas relacionados con apoyarse en las notas para medir el rendimiento. El primero y más importante es que son unidimensionales. El principio de la irregularidad, por supuesto, nos dice que cualquier clasificación unidimensional no puede hacernos tener una idea precisa de la capacidad, la habilidad o el talento verdaderos de un individuo; o, como escribió el psicólogo Thomas R. Guskey en *Five Obstacles to Grading Reform* [Cinco obstáculos para la reforma de las calificaciones]: «Si alguien proponía combinar medidas de altura, peso, dieta y ejercicio en un solo número o marca para representar la condición física de una persona, lo habríamos considerado irrisorio [...] Aun así, todos los días los profesores combinan aspectos de los logros, la actitud, la responsabilidad, el esfuerzo y la conducta de los estudiantes en una sola nota que se registra en un informe y nadie lo cuestiona».[19]

El otro problema planteado por las notas es que exigen a los que contratan una interpretación compleja de lo que significa en particular el diploma de un graduado. Un expediente les da muy poco conocimiento directo de las habilidades, capacidades o el dominio de una materia de un estudiante. Solo pueden basarse en la clasificación de una universidad y en las notas del graduado.

Por fortuna, existe una solución sencilla a este problema: reemplazar las notas con una medida de la *competencia*. En vez de recompensar con notas por acumular tiempo de clase en un curso, completar todas tus tareas para casa a tiempo y sobresalir en los exámenes parciales, las credenciales se darían si, y solo si, demuestras competencia en las habilidades, capacidades y el conocimiento relevantes y necesarios para una credencial en particular. Aunque la naturaleza de la competencia diferirá de un campo a otro, la evaluación basada en la competencia tendrá estas tres características principales.

La primera es bastante obvia: debe aprobarse o estar incompleta, porque o has demostrado la competencia o no. Segundo, las evaluaciones de la competencia deben ser agnósticas con respecto a la institución. Esto significa que deberías ser capaz de adquirir la competencia necesaria para una credencial del modo que quieras. Podrías seguir asistiendo a cursos —en la mayoría de los casos probablemente sea la mejor opción— pero no obtendrías ningún crédito especial solo por completar el curso, como ocurre ahora en el sistema actual. Si puedes adquirir la competencia por Internet, por tu cuenta, o en el trabajo, es genial: no necesitas pagar por un curso.

La tercera característica de las evaluaciones del rendimiento basadas en la competencia es que deberían estar alineadas profesionalmente. Resulta obvio que eso significa que las organizaciones profesionales, así como los empleadores, que contraten individuos con las credenciales, deberían aportar algo a la hora de determinar qué constituye una competencia para una credencial particular relacionada con la profesión. Por supuesto, no estoy diciendo que los empleadores deban ser los *únicos* que decidan —eso sería increíblemente falto de visión— sino que estoy afirmando que deberían tener un asiento genuino en la mesa. Esto ayudaría a asegurar una unión estrecha, flexible y en tiempo real entre lo que los estudiantes aprenden y lo que necesitarán para tener éxito en sus trabajos.

¿Acaso la idea de un enfoque de la educación alineado con la industria y basado en las competencias parece inverosímil? Ya está aquí. Piensa, por ejemplo, en la Western Governors University.[10] La WGU es una universidad sin ánimo de lucro que ofrece programas para empresas, tecnología de la información, asistencia sanitaria y enseñanza. La fundaron diecinueve gobernadores en 1997 como una estrategia innovadora a fin de preparar mejor a los estudiantes para trabajar en carreras con necesidades particulares. El currículo de la WGU está completo en Internet, y capacita a los estudiantes para avanzar con el material a su propio ritmo. Y aunque la WGU ofrece licenciaturas más que credenciales, los estudiantes obtienen los créditos para la licenciatura demostrando competencia, no ganándoselos por tiempo de clase. La WGU también permite que los estudiantes obtengan créditos por materias que ya conocen a través de exámenes de competencias sin tener que asistir a cursos innecesarios. El precio de la escuela apoya la idea de la autoenseñanza: 6.000 dólares cubren todos los cursos que puedas terminar en dos semestres.[21]

A fin de asegurarse de la relevancia específica para la industria de sus programas, la WGU tiene un proceso de dos pasos para definir la competencia en un tema en particular. El primero son las «Juntas de Programa»: paneles de expertos académicos y de la industria que juntos definen lo que debería saber un graduado en esa área y de qué debería ser capaz para tener éxito en el trabajo. El segundo son las «Juntas de Valoración», que consisten en expertos nacionales que trabajan creando exámenes de competencias que evalúen si los estudiantes han dominado el material necesario. Y, lo que es más importante, la WGU descansa en evaluaciones aceptadas por la industria siempre que sea posible más que en inventar las suyas propias.[22] Puesto que los graduados en la WGU han demostrado competencia en su campo, son muy atractivos para los empleadores.

La WGU no está sola. Actualmente más de doscientas escuelas implementan o exploran formas basadas en la competencia para evaluar el rendimiento. Incluso existe un consorcio de universidades que trabajan juntas a fin de desarrollar estándares para programas expansibles basados en las competencias. Reemplazar las notas con las medidas del rendimiento basadas en las competencias asegurará que los estudiantes puedan aprender a su ritmo, y sean juzgados según sus habilidades.[23]

DEJEMOS QUE LOS ESTUDIANTES
DETERMINEN SUS SENDAS EDUCATIVAS

Ofrecer credenciales en vez de licenciaturas y reemplazar las notas por evaluaciones basadas en la competencia es necesario para que la educación superior apoye la individualidad, pero no es suficiente. Hoy en día las universidades controlan casi cada aspecto de nuestra senda educativa. Primero y ante todo, la universidad decide si admitirte o no en uno de sus programas de diploma. Si eres admitido la universidad dicta los requerimientos que debes completar para obtener un diploma; y, por supuesto, cuánto pagarás por el privilegio.

Prácticamente, el único aspecto de tu educación sobre el que *sí* tienes control es a qué universidad quieres aspirar y qué especialización harás. Debemos ceder más control a los estudiantes individuales asegurándonos de que nuestra estructura educativa apoye *las sendas determinadas por uno mismo*.

Podemos conseguirlo construyendo sobre los cimientos de las credenciales basadas en las competencias y centrándonos en dos características adicionales del sistema de educación superior. Primero, los estudiantes deberían tener *más* opciones educativas entre las que elegir que aquellas que ofrece una sola universidad. Segundo, el proceso de las credenciales debería ser independiente de una institución en particular, para que los estudiantes tengan la capacidad de reunir sus credenciales sin importar cómo o dónde las obtuvieron.

En este sistema los estudiantes deberían ser capaces de completar un curso en cualquier parte: por Internet o en una clase, en el centro de formación de una empresa o en una universidad local. Podrías seguir un enorme curso por Internet con miles de estudiantes de todo el mundo, o conseguir un tutor local que te instruyera personalmente cara a cara. Podrías tomar un curso nocturno una vez a la semana durante seis meses o un curso intensivo de dos semanas. Podrías buscar educadores con mucha intensidad que dirigieran firmemente a los estudiantes, o profesores que prefieran guiar amablemente a sus estudiantes sin presionarlos. Podrías conseguir todas tus credenciales a través de cursos de una institución, o reunir credenciales de una variedad de instituciones. O, en muchos casos, simplemente podrías aprender el material por tu cuenta, a tu ritmo, gratis. La decisión es tuya. Selecciona la senda de credenciales que te ayude *a ti* a dominar el conocimiento, las habilidades y las capacidades relevantes según tu propio perfil irregular, tus marcas si-entonces y tu presupuesto.

Las sendas determinadas por uno mismo benefician a los estudiantes de muchas maneras. Digamos que comienzas a perseguir un grupo de credenciales; quizá estás buscando una credencial en neurociencia para convertirte en investigador. Obtienes una credencial en neuroanatomía y una en sistemas neuronales, pero descubres que te gusta ayudar e interactuar con la gente demasiado como para pasar tu carrera centrado en minucias psicológicas que son parte del pesado trabajo diario de un científico de laboratorio. Así que decides cambiar los objetivos de la carrera y buscar en su lugar una credencial en psicología clínica. Las relevantes credenciales en neurociencia que ya has obtenido se pueden agrupar de nuevo y aplicarse para conseguir la credencial de psicología clínica. O, si decides que discutir los problemas de la gente tampoco encaja contigo, podrías construir sobre tus credenciales existentes y agruparlas de nuevo para una carrera en servicios de mercadeo médico.

Ahora mismo, si decides cambiar de especialidad en mitad de un programa tradicional de cuatro años en neurociencia, o bien tendrías que desembolsar un importe adicional mientras compensas las clases que te has perdido o intentas tomar una carga de clases enorme para terminar a tiempo, o quizá podrías simplemente completar la licenciatura en neurociencia y después intentar entrar en un programa de posgrado de psicología clínica o en una escuela empresarial... invirtiendo cuatro años en una materia que no aprecias con la intención de emplear más años y más dinero en aprender la materia que realmente te interesa.

Con un sistema de credenciales autodeterminado y basado en la competencia, hay menos penalidades que experimentar para descubrir qué es lo que realmente te apasiona, e incluso menos costo por cambiar de idea en mitad del semestre. De hecho, si está diseñado para apoyar la autodeterminación, todo el sistema educativo debería animarte a que reevaluases continuamente lo que te gusta hacer y en qué puedes ser bueno, y te daría un modo natural de ajustar los planes de tu carrera mientras continúas según lo que vas aprendiendo de ti mismo y de acuerdo los cambios en el mercado laboral.

Una de las reacciones más comunes que escucho de la gente cuando oyen hablar por primera vez de las sendas educativas fijadas por uno mismo es: «¿Así que me estás diciendo que debemos esperar que los estudiantes universitarios tomen sus propias decisiones? *¿Conoces a los universitarios de hoy?*». Aunque estoy de acuerdo en que es más probable que alguien de diecinueve años cometa un error tonto que alguien de cuarenta, también soy escéptico con cualquier sistema que nos diga que no podemos confiar en que la gente tome decisiones por sí misma. De hecho, la idea de que deberíamos requisar la capacidad del individuo de tomar decisiones y permitir que el sistema decida es la quintaesencia del taylorismo: la clase de pensamiento que nos ha metido en problemas en primer lugar.

Este es el dilema que se nos presenta: ¿queremos un sistema de educación superior que empuje a cada estudiante a ser como todos los demás, solo que mejor? ¿O queremos un sistema que capacite a cada estudiante a tomar sus propias decisiones?

LA EDUCACIÓN EN LA ERA DE LOS INDIVIDUOS

Estos tres grandes conceptos —ofrecer credenciales, no diplomas; reemplazar las notas por la competencia; y permitir que los estudiantes determinen sus propias sendas educativas— pueden ayudarnos a transformar la educación superior de un sistema que toma como modelo las fábricas tayloristas que valoran la jerarquía vertical y la estandarización, en un ecosistema dinámico donde cada estudiante puede perseguir la educación que mejor encaja con él.

Un sistema de credenciales autodeterminado y basado en las competencias también está más cerca de los principios de la individualidad. Cumple con el principio de la irregularidad, puesto que permite que los estudiantes averigüen qué les gusta, en qué son buenos y cuál es el mejor modo de perseguir estos intereses. Cumple el principio del contexto al evaluar la competencia de los estudiantes en un contexto tan cercano como sea posible al entorno profesional donde realmente trabajarán. Y cumple el principio de las sendas al permitir que cada estudiante aprenda a su propio ritmo, y siga una secuencia que esté bien para él.

Tal vez, y más importante, adoptar estos conceptos ayudaría a resolver el problema de la conformidad: en vez de intentar ser como todos los demás, solo que mejores, los estudiantes se esforzarían por ser la mejor versión de sí mismos. En vez de jugar al juego de los promedios para entrar en una universidad de alto rango, te esfuerzas por la excelencia profesional. En vez de competir con otros estudiantes a fin de ser el mejor solicitante posible para una universidad, compites con otros estudiantes para ser el mejor candidato a contratar en una empresa de arquitectura, o en un laboratorio de investigación antropológica, o como diseñador de moda para niños. En este sistema llegas a ser exactamente quien eres, no quien el sistema te dice que eres.

Además, este sistema también nos colocaría en el camino de resolver el problema de los costos educativos en aumento continuo. En un sistema individualizado pagas exactamente las credenciales que quieres y necesitas... y nada más. En vez de que una institución te exija pagar cuatro años de cuotas, diferentes instituciones competirán para ofrecerte la mejor credencial posible al menor precio. Algunas instituciones que adopten estos elementos podrían elegir emular el enfoque de «aprende todo lo que puedas» de la Werstern Governors University, donde pagas una cuota fija y consigues toda la formación que desees de la institución. Otras instituciones podrían seguir la línea de la Universidad Estatal de Arizona, que colabora con Harvard EdX para crear un método de clases en línea pionero, donde los estudiantes de primer año solo pagan si lo completan exitosamente.[24]

Un sistema educativo individualizado basado en la competencia y en las credenciales también crearía uniones mucho mejores entre estudiantes y empleados, porque el valor y la disponibilidad de las credenciales se ajustaría en tiempo real según las realidades del mercado laboral siempre cambiante. Por ejemplo, si comienza a extenderse por Silicon Valley un nuevo lenguaje de programación, las compañías rápidamente anunciarían que están buscando individuos que estén acreditados en este nuevo lenguaje. Igualmente, si la industria del automóvil abandona el viejo estilo de motor, inmediatamente habrá presión para reducir las credenciales de ingeniería que se adaptaban a la tecnología pasada de moda. Esto proporciona a los estudiantes una flexibilidad tremenda para ajustar sus sendas y aprovechar el mercado cambiante. Cualquier estudiante, en cualquier momento, puede ver qué credenciales se valoran en las compañías que les gustan, en las regiones geográficas donde quieren trabajar, en industrias donde quieren una carrera. Pueden comparar precios, sendas y dificultades de conseguir credenciales y valorarlo frente al salario potencial y a cómo encajarían personalmente en varios trabajos.

Al mismo tiempo, los negocios y las organizaciones podrían asegurarse aspirantes que tuvieran las habilidades y el conocimiento necesarios para el trabajo, porque podrían especificar cualquier combinación de credenciales que necesitasen para un trabajo en particular, sin importar lo exigente o complejo que fuera, y porque tendrían influencia en las competencias requeridas para cualquier conjunto dado de credenciales. Los empleadores podrían influir directamente en la oferta de empleos disponibles, puesto que podrían ofrecer pagar a los candidatos para conseguir una credencial rara o poco conocida, o incluso un nuevo conjunto de credenciales.

Podría parecer que estoy diciendo que las universidades son el problema, o que están acabadas. No, amo las universidades. Me proporcionaron la oportunidad de conseguir una vida mejor, y hoy en día incluso pagan parte de mi salario. Las universidades son esenciales para una democracia sana y vibrante y una economía próspera. Sin embargo la presente estructura de nuestro sistema de educación superior está basada en una falsa premisa: que necesitamos un sistema estandarizado que separe eficientemente a los que tienen talento de los que no. No importa los grandes triunfos que haya producido el presente sistema, su estructura todavía es garantía de producir algunos fracasos intolerables: así que debemos esforzarnos por cambiarlo.

Las universidades necesitan comenzar a hacerse preguntas incómodas acerca de su modelo educativo. Pero si realmente queremos revolucionar el sistema de educación superior y avanzar hacia este nuevo enfoque de la educación, entonces necesitaremos la ayuda del mundo empresarial. Es poco probable que las universidades cambien a menos que los empleadores demanden algo diferente. Mientras los empleadores continúen demandando diplomas y licenciaturas, habrá pocos incentivos para que las universidades cambien el sistema. Esta revolución en la educación individualizada solo llegará cuando los empleadores reconozcan cómo se beneficiarán de ella y comiencen a contratar empleados basándose en las credenciales en vez de en los diplomas, y basándose en las competencias demostradas de los empleados en vez de en las notas.

Un enfoque individualizado de la educación superior no es fácil, pero es posible. Ya está ocurriendo en escuelas y universidades de todo el mundo. Y el hecho de valorar al individuo beneficiará a todos: estudiantes, empleadores, e incluso a las mismas universidades.

CAPÍTULO 9

REDEFINIR LA OPORTUNIDAD

En 2003, la tercera división de infantería de Estados Unidos avanzaba hacia el puente norte de Bagdad que cruza el río Tigris cuando de improvisto tropezaron con un nido de soldados enemigos que comenzaron a atacar a las fuerzas estadounidenses con granadas. La infantería pidió ayuda aérea, y las fuerzas aéreas enviaron a la capitana K. Campbell, cuyo alias era «Killer C». A pesar de su fiero apodo, Killer C era bastante baja para ser piloto. En 1952, Campbell nunca habría encajado en la cabina diseñada para el piloto promedio, pero en 2003 esta piloto de pequeña talla volaba en un A-10 Warthog, una feroz bestia aeronáutica creada para causar estragos entre las fuerzas de tierra.[1]

Mientras Campbell desataba el poderoso fuego del Warthog sobre la guardia republicana, una enorme explosión sacudió todo el avión. «Se sintió y sonó como si estuviera en un accidente de auto», me contó Campbell.[2] Un misil tierra-aire había hecho trizas la parte trasera del avión, había dañado seriamente la cola, el fuselaje, la cubierta y los estabilizadores horizontales. Ten la seguridad de que esas son partes esenciales de un avión. Todos los indicadores hidráulicos fallaron mientras los controles se iluminaban con luces intermitentes de «EMERGENCIA». El Warthog en llamas comenzó a desplomarse directamente, hacia el centro de Bagdad; y cuando Campbell intentó ascender, la palanca de vuelo no respondió.

Campbell miró hacia abajo, a la manilla de eyección, y durante unos instantes consideró eyectarse y abrir su paracaídas para salvarse. Pero eso significaría permitir que el monstruoso jet se estrellase contra las calles de una metrópolis atestada. En vez de eso Campbell apretó un interruptor que cambiaba el avión a modo manual. Mover la palanca de cambio a manual significa usar la fuerza de tus brazos para sostener los cables de duro acero anclados al timón y los alerones. La analogía más cercana a pilotar en manual podría ser conducir un auto sin dirección asistida… salvo que en esta situación era más como conducir un camión de la basura a trescientos kilómetros por hora sin dirección asistida ni ruedas traseras, mientras te disparan misiles. Los pilotos de Warthog practican el pilotaje manual una vez en todo su entrenamiento, y nunca practican el aterrizaje manual por la sencilla razón de que es demasiado peligroso.[3]

En un intento de hacer más fácil de controlar el avión perforado, Killer C echó por la borda todas las armas del Warthog excepto un contenedor de contrataque que iba fijado de forma permanente al ala derecha del avión. El hecho de que de repente el peso del avión fuera asimétrico provocó que girase bruscamente hacia la izquierda. «Se me paró el corazón», me contó Campbell.[4] «Pensaba que iba a rodar hasta el suelo». Imagina la escena: una piloto diminuta tratando de controlar a la fuerza un enorme tonelaje mecánico para sacarlo de una espiral mortal usando los mismos controles manuales empleados por los hermanos Wright… y teniendo éxito.

Campbell retomó el control y se alejó de Bagdad de vuelta a la base estadounidense de Kuwait donde tuvo que tomar otra difícil decisión: si debía o no intentar un aterrizaje manual. El pilotaje manual es increíblemente difícil bajo las mejores condiciones. El aterrizaje manual es mucho más difícil. Campbell sabía que antes se habían intentado exactamente tres aterrizajes manuales con el Warthog. La primera vez el piloto murió. La segunda, el avión explotó en llamas. La tercera vez fue un éxito, aunque el avión no estaba en una situación tan cruda como el de Campbell.[5]

«Tardé una hora en volar de vuelta a la base, así que durante aquel tiempo comencé a sentirme cómoda con los controles», me contó Campbell. «Nadie estaba de acuerdo en que intentase aterrizar. Pero tenía un montón de tiempo para pensarlo todo, los factores específicos del día, la condición climática despejada, buena visibilidad, mi seguridad con los controles, un copiloto experimentado, el hecho de que hubiera estado volando en manual con mi brazo izquierdo a fin mantener mi brazo derecho fresco para el aterrizaje. Yo era la que estaba en el asiento y aquel día tomé la decisión de aterrizar».[6]

Campbell no se estrelló y no salió ardiendo. En vez de eso un compañero piloto contó que Campbell «aterrizó en manual con más suavidad que yo con hidráulicos».[7] Campbell —ahora ascendida a coronel y trabajando en el Pentágono— recibió la Cruz de Vuelo Distinguido y una mención especial de la asamblea legislativa de Carolina del Sur.[8] Sin embargo, el reconocimiento que más importancia tenía para ella fue garabateado en la parte de atrás de una servilleta: «Gracias por salvar nuestro trasero hoy», firmado por un miembro de la tercera infantería.[9]

EL AJUSTE IGUALITARIO

Espero haber reflejado lo increíble que es la piloto Killer C. Pero nunca te habría contado esta historia si las fuerzas aéreas de Estados Unidos siguieran insistiendo en que nuestros pilotos se ajustaran a una cabina diseñada para un piloto promedio: la coronel Kim N.

Campbell, cuyo apodo real es Killer *Chick* [chica asesina], mide 1,65 metros y pesa 55 kilos[10]... y ni se aproximaba al ideal del piloto «promedio».

Hay una importante lección aquí acerca de la naturaleza de la oportunidad. Cuando el ejército adoptó la radical idea del teniente Gilbert Daniels de crear cabinas ajustables que se adaptasen al cuerpo de cualquier persona, nadie hablaba de expandir el grupo con talento para ser pilotos, y mucho menos de abogar por la igualdad de género. Solo querían que los pilotos que ya tenían rindieran mejor. Las fuerzas aéreas no contrataron a Campbell porque diseñaran un avión adaptado a la mujer, la contrataron porque hicieron el compromiso de construir aviones diseñados para encajar con el perfil irregular de pilotos individuales, sea cual fuese su irregularidad. «Cuando me subo al Warthog», me contó Campbell, «el asiento tiene que quedar a su máxima altura y los pedales subidos al máximo; pero encaja».[11]

Esta es la lección de Kim Campbell: *el ajuste crea oportunidades.* Si el entorno encaja mal con tu individualidad —si no podemos alcanzar los controles de la cabina— nuestro rendimiento siempre se verá perjudicado artificialmente. Si conseguimos encajar bien con nuestro entorno —ya sea ese entorno una cabina, una clase o una oficina— tendremos la oportunidad de mostrar de qué somos capaces realmente. Esto significa que si queremos igualdad de oportunidades para todo el mundo, si queremos una sociedad donde cada uno de nosotros tenga las mismas oportunidades de vivir al máximo de su potencial, entonces debemos crear instituciones profesionales, educativas y sociales que sean responsables con la individualidad.

Así no es como pensamos normalmente en la igualdad de oportunidades. Durante la era del promedio hemos definido la oportunidad como «acceso igualitario», mientras nos asegurábamos de que todo el mundo tuviera acceso a las *mismas* experiencias.[12] Por supuesto, el acceso igualitario es sin duda preferible a las antiguas alternativas como el nepotismo, el favoritismo, el racismo, la misoginia y el clasismo. Y no hay duda de que el acceso igualitario ha mejorado inmensamente la sociedad, creando una más tolerante, respetuosa e inclusiva.[13] No obstante, el acceso igualitario sufre de un defecto mayor: se propone maximizar la oportunidad individual *según el promedio*, asegurándose de que todo el mundo tenga acceso al mismo sistema estandarizado, encaje o no realmente en ese sistema.

Imagina si las fuerzas aéreas hubieran aprobado una política que permitiese a todos los hombres y mujeres la oportunidad de convertirse en pilotos de combate si tuvieran «lo que hay que tener», pero continuasen creando cabinas diseñadas para el piloto promedio. Las fuerzas aéreas habrían rechazado a Kim Campbell no porque le faltase talento para ser una piloto de primera categoría, sino porque no encajaba dentro de una cabina promedio. Habría sido difícil defender que eso era igualdad de oportunidades.

El acceso igualitario es una solución promedianista a un problema promedianista. Durante generaciones las personas han sido discriminadas por su género, etnia, religión, orientación sexual o clase socioeconómica. Nuestra respuesta a tal discriminación ha sido intentar equilibrar las escalas de oportunidad... *según el promedio*. Si vemos que el hombre promedio de un grupo está recibiendo un acceso diferente a experiencias educativas, profesionales, legales y médicas que el hombre promedio de otro grupo, entonces el pensamiento promedianista sugiere que lo justo es intentar hacer a esos dos hombres promedio lo más parecidos posible. Era lo correcto en la era del promedio, porque era lo mejor que podíamos hacer para solucionar la injusticia de un mundo estandarizado.

Sin embargo, ahora sabemos que no existe la persona promedio, y podemos ver el fallo en el enfoque del acceso igualitario a la oportunidad: si no existe la persona promedio, entonces nunca podrá haber igualdad de oportunidades en promedio. Solo el *ajuste igualitario* crea igualdad de oportunidades.[14]

El ajuste igualitario puede parecer una idea nueva, pero en última instancia es la misma visión de oportunidad que expresó Abraham Lincoln cuando declaró que «el objetivo del liderazgo [del gobierno] es elevar la condición del hombre; levantar pesos artificiales de todos los hombros, despejar los caminos para una búsqueda loable para cada uno, permitir a todos un comienzo sin restricciones y una oportunidad justa en la carrera de la vida».[15] El ajuste igualitario es un ideal que puede hacer que nuestras instituciones se alineen mejor con nuestros valores, y puede darnos a cada uno la oportunidad de convertirnos en lo mejor que podemos ser, y de buscar una vida de excelencia mientras nosotros la definimos.

La buena noticia es que está en nuestro poder, justo ahora, implementar el ajuste igualitario como un nuevo fundamento para una igualdad de oportunidades en la sociedad. Ya no necesitamos obligar a la gente a que se conforme al mismo sistema estandarizado inflexible, porque tenemos la ciencia y la tecnología para construir instituciones que respondan ante la individualidad. Pero esta transformación de la era del promedio a la era de los individuos no ocurrirá automáticamente. Debemos exigirla.

Si estamos buscando la institución donde implementar el ajuste igualitario tendría el mayor impacto inmediato, el lugar para empezar está claro: la educación pública. A pesar del hecho de que el «aprendizaje personalizado» es la expresión que está de moda hoy en la educación, y a pesar de los esfuerzos de muchas organizaciones por buscar cambiar el sistema, casi todo el sistema educativo tradicional sigue diseñado para asegurarse de que los estudiantes reciben exactamente la misma experiencia estandarizada. Los libros de texto se diseñan para ser «apropiados a la edad», lo que significa que se dirigen al estudiante promedio de una cierta edad. Muchas evaluaciones (incluyendo muchos de los llamados exámenes determinantes) están basados en la edad o en el curso, lo que significa que giran en torno al estudiante promedio de esa edad o curso.[16] Continuamos imponiendo un currículo que no solo define lo que los estudiantes aprenden, sino también cómo, cuándo, a qué ritmo y en qué orden. En otras palabras, por mucho que queramos decirlo de otra manera, los sistemas tradiciones de educación pública violan los principios de la individualidad.

Aunque no será sencillo, no es difícil imaginar cómo introducir el ajuste igualitario en la educación. Para empezar, podríamos pedir que los libros de texto se diseñasen «para los extremos» en vez de para el promedio; podríamos pedir que las materias curriculares se adaptasen a la capacidad y al ritmo individual en vez de estar establecidas basándose en el curso o la edad; podemos pedir que las evaluaciones educativas se diseñasen para medir el aprendizaje y el desarrollo *individual* en vez de simplemente clasificar a los estudiantes unos contra otros. Finalmente, podríamos animar la experimentación local y compartir los éxitos y fracasos para acelerar el descubrimiento y la adopción de modos rentables y progresivos de implementar experiencias educativas conducidas por el estudiante, a su ritmo y con múltiples sendas.

También podríamos aplicar el principio del ajuste igualitario a las políticas sociales que influyan en el lugar de trabajo, como políticas que medien en la contratación, el despido y el sueldo. Imagina el talento que podemos desatar rediseñando nuestras escuelas y trabajos para que encajen en el individuo, en vez de imponer el sistema promedianista, aunque ese sistema promedianista esté motivado por la mejor de las intenciones. Podríamos descubrir una sociedad de Kim Campbells, una sociedad de excelencia individual.

RESTAURAR EL SUEÑO

James Truslow Adams acuñó la expresión «el sueño americano» en su libro de 1931, *La epopeya de América*, publicado en las profundidades de la Gran Depresión. Adams defendía una visión del sueño americano que fuese en contra del materialismo de su época: «No es un sueño de automóviles y altos sueldos meramente, sino el sueño de un orden social en el que cada hombre y cada mujer pueda ser capaz de alcanzar la mayor estatura de lo que son innatamente capaces, y ser reconocidos ante los demás por lo que son, sin importar las fortuitas circunstancias del nacimiento o la posición».[17]

La formulación original del sueño americano no se trataba de hacerse rico o famoso; tenía que ver con tener la oportunidad de vivir tu vida al máximo potencial, y ser apreciado por quién eres como individuo, no debido a tu tipo o rango. Aunque Estados Unidos fue uno de los primeros lugares donde esto fue posible para muchos de sus ciudadanos, el sueño no se limita a un país o un pueblo; es un sueño universal que todos compartimos. Y este sueño ha sido corrompido por el promedianismo.

Originalmente, Adams acuñó esta expresión como respuesta directa a la creciente influencia del taylorismo y el movimiento de la eficiencia, que valoraba el sistema pero «no tenía ningún cuidado de los individuos, que son los únicos para quienes cualquier sistema lo significaría todo».[18] Para Adams, la visión taylorista del mundo no solo alteraba el tejido de la sociedad: estaba alterando el modo en que la gente se veía a sí misma y a los demás, el modo en que determinaban sus prioridades, el modo en que definían el significado del éxito. Mientras el promedianismo reformaba el sistema educativo y el entorno de trabajo, el sueño americano pasó a significar menos acerca de la realización personal y más acerca de la idea de que incluso el ciudadano más bajo podía subir hasta los peldaños más altos de la escalera económica.

Es fácil ver por qué ocurrió este cambio de valores, y no es tan sencillo como el simple materialismo. Todos necesitamos sentir el peso del pensamiento unidimensional que se ha convertido en algo tan dominante en nuestra cultura promedianista: un sistema educativo estandarizado que incesantemente divide y clasifica; un lugar de trabajo que nos contrata basándose en esas clasificaciones educativas, y después suele imponer nuevas clasificaciones en todos los informes anuales de rendimiento; una sociedad que reparte recompensas, aprecio y adulación según nuestro rango profesional. Cuando miramos estos escalones artificiales, arbitrarios y sin sentido que esperamos ascender, nos preocupamos de no poder ascender completamente, de que se nos denegarán aquellas oportunidades que solo se pueden permitir los que se ganan el camino hacia la cima por la fuerza en la escalera unidimensional.

Nos preocupa que si nosotros, o nuestros hijos, somos catalogados como «diferentes», no tendremos la oportunidad de tener éxito en la escuela y estaremos destinados a una vida en los escalones más bajos. Nos preocupa que si no asistimos a las mejores escuelas y no obtenemos una nota alta, los empleadores para los que queremos trabajar quizá no nos tengan en cuenta. Nos preocupa que si respondemos un test de personalidad de la manera incorrecta quizá no obtengamos el trabajo que queremos. Vivimos en un mundo que pide que seamos iguales que todos los demás, solo que mejores, y reduce el sueño americano a un estrecho anhelo de ser *relativamente* mejores que la gente que nos rodea, en vez de ser la mejor versión de nosotros mismos.

Los principios de la individualidad presentan un modo de restaurar el significado del sueño americano; y, mejor aún, la oportunidad de que todos lo alcancen. Si superamos las barreras del pensamiento unidimensional, el pensamiento esencialista y el pensamiento normativista, si exigimos que las instituciones sociales valoren la individualidad sobre el promedio, entonces no solo tendremos oportunidades individuales mayores, sino que cambiaremos el modo en que pensamos en el éxito; no en términos de nuestra desviación del promedio, sino en los términos que nosotros establezcamos para nosotros mismos.

No hablo de una utopía futura; estoy hablando de una realidad práctica que ya está sucediendo hoy a nuestro alrededor. Nuestro sistema sanitario se mueve hacia la medicina personalizada, con el objetivo de un ajuste igualitario para cada paciente. Las credenciales basadas en la competencia se están probando —con éxito— en las universidades de élite. La contratación basada en el contexto está aquí y está siendo encabezada por pioneros como Lou Adler. Las empresas que se han comprometido a valorar al individuo están consiguiendo un éxito global, como Costco, Zoho y Morning Star. Son lugares que nos proporcionan una visión del auténtico aspecto del ajuste igualitario. Es hora de que *todas* las instituciones abracen la individualidad y adopten el ajuste igualitario como el credo necesario para restaurar el sueño.

El ideal que llamamos el sueño americano es uno que todos compartimos: el sueño de convertirnos en lo mejor que podemos ser, según nuestros propios términos, de vivir una vida de excelencia, como nosotros la definamos. Es un sueño por el que merece la pena esforzarse. Y aunque será difícil de conseguir, nunca ha estado más cerca de convertirse en una realidad que ahora mismo. Ya no necesitamos estar limitados por las restricciones impuestas por la Era del Promedio. Podemos ser libres de la tiranía del promedianismo eligiendo valorar la individualidad por encima de la conformidad al sistema. Tenemos un futuro brillante ante nosotros, y comienza donde termina el promedio.

AGRADECIMIENTOS

Componer *Se acabó el promedio* ha sido una de las aventuras más exigentes de mi vida, pero por fortuna no hice el viaje solo. Mi compañero en este viaje fue mi colega, amigo y coautor el doctor Ogi Ogas. El sudor y la sangre de Ogi atraviesan las páginas de este libro tanto como los míos, y me siento orgulloso de decir que la obra que tienes entre manos es el resultado de nuestra singular colaboración.

Estoy agradecido más allá de lo expresable por mi editora increíblemente talentosa de HarperOne, Genoveva Llosa. Su compromiso con las ideas y su pasión por hacer a la ciencia relevante y factible hizo de ella una compañera inestimable. La energía y el compromiso que dedicó a los abundantes borradores del manuscrito son una fuente interminable de gratitud y respeto profesional. Este libro nunca habría sido lo que es sin su visión, dedicación y guía. Gracias, también, al equipo estelar de HarperOne: Hannah Rivera, Kim Dayman, Suzanne Wickham y Lisa Zuniga.

También quiero extender un agradecimiento especial a Howard Yoon, mi brillante agente literario. Me ayudó a darle forma a una idea profusa y sin pulir para convertirla en un proyecto comercial, y contribuyó de muchas formas importantes al producto final.

Este libro nunca habría sido posible sin la ilimitada generosidad de mis colegas del Center for Individual Opportunity: Dewey Rosetti, Bill Rosetti, Debbie Newhouse, Parisa Rouhani, Walter Haas y Brian Daly. En verdad nunca habría tenido el valor y la previsión de perseguir las grandes ideas de este libro sin su apoyo, y cada uno de ellos ha contribuido de un modo significativo a *Se terminó el promedio*.

No hay una sola persona con quien esté más en deuda por mi desarrollo intelectual que Kurt Fischer, quien me tomó bajo sus alas y me enseñó cómo ser científico e investigador. No ha habido mayor honor en mi vida académica que sucederle como director del programa Mente, Cerebro y Educación que él estableció.

Cuando se trata de personas cuyas ideas forman el sustento de *Se terminó el promedio*, Peter Molenaar merece una mención especial. Su trabajo —y su vida— es una inspiración para todos los que alguna vez hayan sentido que algo iba fundamentalmente mal con el modo en que el mundo los evalúa. Estoy agradecido por las horas de conversación, los comentarios y el apoyo que me ha dado, y por su incansable trabajo a favor de esta nueva ciencia.

Además, otros investigadores han influido en mi pensamiento acerca de la individualidad, y cabe destacar a Jim Lamiell, así como a Lars Bergman, Anne Bogat, Peter Borkenau, Denny Borsboom, Alexander von Eye, Emilio Ferrer, Howard Gardner, Paul van Geert, James Grice, Ellen Hamaker, Michael Hunter, Michelle Lampl, Han van der Maas, David Magnusson, Mike Miller, Walter Mischel, John Nesselroade, Fritz Ostendorf, Yuichi Shoda, Robert Siegler, Esther Thelen, Jaan Valsiner, Beatrix Vereijken y Jamil Zaki.

Mi más sincera gratitud a Karen Adolph, Lou Adler, Juliet Agranoff, Kelly Bryant, la coronel Kim Campbell, Todd Carlisle, Gilbert Daniels, Callum Negus-Fancey, Bill Fitzsimmons, Ashley Goodall, Paul Green, Mike Miller, Judy Muir, Yuichi Shoda, Jim Sinegal y

Sridhar Vembu por permitirme entrevistarlos y por compartir sus ideas y puntos de vista conmigo.

Aunque no acabé utilizando su material tanto como esperaba en un principio, sería descuidado si no les diese las gracias a Paul Beale de la Universidad de Colorado y a Thomas Greytak del MIT, dos físicos de primer orden que se tomaron el tiempo de explicarme con reveladores detalles la naturaleza de la física estadística, así como la mecánica cuántica de los gases. También quiero dar las gracias a Kevin Donnelly por las útiles conversaciones acerca de Adolphe Quetelet.

Además, me gustaría mencionar personalmente a Stacy Parker-Fisher, por su visión y su pasión; a Ellice Sperber, la Oak Foundation, la Wasserman Foundation, y el Walter & Elise Haas Fund por apoyar mi esfuerzo de llevar las ideas de la individualidad a una audiencia más amplia; a Sandy Otellini por su guía estratégica; y Debbie Johnson por darme la oportunidad de presentar mis ideas para el público por primera vez en el TEDxSonomaCounty.

Gracias especiales a Katie Zannechia, que ha sido una maravilla con el mercadeo en línea, las redes sociales y la estrategia: inteligente, lista, entusiasta y siempre un paso por delante de mí; a Mike Dicks, increíble y dotado diseñador; a Noah Gallagher Shannon por la profundidad de su trabajo como el primero en comprobar mis datos; y a Tofool Alghanem por proporcionar incesantes comentarios constructivos sobre el manuscrito siempre cambiante.

También me gustaría dar las gracias a David Sarokin, J. D. Umiat y Bobbie Sevens, los investigadores ultracompetentes de Uclue.com; a las fuerzas aéreas de Estados Unidos por concederme el permiso para entrevistar a la coronel Campbell, y a Del Christman por presentármela; y al Museo de Cleveland por darme permiso para usar la imagen de *Norma*.

Chris Betke, gracias por proporcionarme la clase de servicios que nadie querría nunca, y aun así terminar siendo esencial, y por hacerlo con tanto garbo; gracias también a Andrew Ferguson y Matthew Lynch Jr.

Uno de los modos más esenciales y prácticos en los que cualquiera puede ayudar a mejorar y desarrollar un libro es tomándose el tiempo de leerlo y compartir su sincera reacción, así que me gustaría dar las gracias a las muchas personas maravillosas que criticaron los borradores de este libro: Debbie Newhouse, Parisa Rouhani, Reem AlGhanem, Basic AlGhanem, John y Sandy Ogas, Priyanka Rai, Chaitanya Sai, Elizabeth Ricker, Marianne Brandon, Amiel Bowers, Hama Gheddaf Dam, Kit Maloney, Deepti Rao, Chris Betke, Kalim Saliba, y Anna Sproul-Latimer y Dara Kaye de Ross-Yoon.

Gracias enormes a mis padres, Larry y Lynda Rose, a quien debo mi optimismo y mi compromiso permanente con la individualidad. Mi padre me enseñó una de las mayores lecciones que aprendí en la vida: que es posible respetar y conservar la tradición mientras seguimos cuestionándonos absolutamente todo.

Finalmente, los mayores héroes desconocidos de *Se terminó el promedio* son las personas que han soportado cada ausencia, conversación y plazo de entrega: mi esposa Kaylin y mis hijos Austin y Nathan. No hay suficiente gratitud en el mundo para agradecerles el haberme aguantado. Sin ustedes nada de esto habría sido posible.

NOTAS

INTRODUCCIÓN: LA COMPETICIÓN DE LA SEMEJANZA

1. «USAF Aircraft Accidents, February 1950», Accident-Report.com, http://www.accident-report.com/Yearly/1950/5002.html.

2. Francis E. Randall *et al., Human Body Size in Military Aircraft and Personal Equipment* (Army Air Forces Air Materiel Command, Wright Field, Ohio, 1946), p. 5.

3. United States Air Force, *Anthropometry of Flying Personnel* por H. T. Hertzberg *et al.,* WADC-TR–52–321 (Dayton: Wright-Patterson AFB, 1954).

4. Gilbert S. Daniels, entrevistado por Todd Rose, 14 mayo 2014.

5. Para una visión de conjunto acerca de este enfoque de la clasificación por tipos, ver W. H. Sheldon *et al., Atlas of Man* (Nueva York: Gramercy Publishing Company, 1954).

6. Earnest Albert Hooton, *Crime and the Man* (Cambridge: Harvard University Press, 1939), p. 130.

7. Gilbert S. Daniels, «A Study of Hand Form in 250 Harvard Men» (tesis sin publicar presentada con la máxima calificación en el Departamento de Antropología, Universidad de Harvard, 1948).

8. *Ibíd.*

9. Gilbert S. Daniels, *The «Average Man»?* TN-WCRD–53–7 (Dayton: Wright-Patterson AFB, Air Force Aerospace Medical Research Lab, 1952).

10. *Ibíd.*, p. 3.

11. Josephine Robertson, «Are You Norma, Typical Woman? Search to Reward Ohio Winners», *Cleveland Plain Dealer*, 9 septiembre 1945.

12. Anna G. Creadick, *Perfectly Average: The Pursuit of Normality in Post-war America* (Amherst: University of Massachusetts Press, 2010). Nota: Las esculturas están disponibles en la biblioteca de Harvard; «CLINIC: But Am I Normal?» *Remedia*, 5 noviembre 2012, http://remedianetwork. net/2012/11/05/clinic-but-am-i-normal/; Harry L. Shapiro, «A Portrait of the American People», *Natural History* 54 (1945): pp. 248, 252.

13. Dahlia S. Cambers, «The Law of Averages 1: Normman and Norma», *Cabinet*, Issue 15, otoño 2004, http://www.cabinetmagazine.org/ issues/15/cambers.php; y Creadick, *Perfectly Average*.

14. Bruno Gebhard, «The Birth Models: R. L. Dickinson's Monument», *Journal of Social Hygiene* 37 (abril 1951), pp. 169–174.

15. *Ibíd.*

16. Josephine Robertson, «High Schools Show Norma New Way to Physical Fitness», *Cleveland Plain Dealer*, 18 septiembre 1945, A1.

17. Josephine Robertson, «Are You Norma, Typical Woman? Search to Reward Ohio Winners», *Cleveland Plain Dealer*, 9 septiembre 1945, A8; Josephine Robertson, «Norma Is Appealing Model in Opinion of City's Artists», *Cleveland Plain Dealer*, 15 septiembre 1945, A1; Josephine Robertson, «Norma Wants Her Posture to Be Perfect», *Cleveland Plain Dealer*, 13 septiembre 1945, A1; Josephine Robertson, «High Schools Show Norma New Way to Physical Fitness», *Cleveland Plain Dealer*, 18 septiembre 1945, A1; Josephine Robertson, «Dr. Clausen Finds Norma Devout, but Still Glamorous», *Cleveland Plain Dealer*, 24 septiembre 1945, A3; «The shape we're in». *TIME*, 18 junio 1945; Creadick, *Perfectly Average*, pp. 31–35.

18. Josephine Robertson, «Theater Cashier, 23, Wins Title of Norma, Besting 3,863 Entries», *Cleveland Plain Dealer*, 23 septiembre 1945, A1.

19. *Ibíd.*

20. *Ibíd.*

21. Daniels, *The «Average Man»?*, p. 1.

22. *Ibíd.*

23. *Ibíd.*

24. Kenneth W. Kennedy, *International anthropometric variability and its effects on aircraft cockpit design*. Núm. AMRL-TR-72-45. (Air Force

Aerospace medical research lab, Wright-Patterson AFB OH, 1976); para un ejemplo de fabricantes implementando los estándares de diseño, ver Douglas Aircraft Company, El Segundo, California, Service Information Summary, septiembre-octubre 1959.

25. E. C. Gifford, *Compilation of Anthropometric Measures of US Navy Pilots*, NAMC-ACEL–437 (Filadelfia: U. S. Department of the Navy, Air Crew Equipment Laboratory, 1960).

26. L. Todd Rose *et al.*, «The Science of the Individual», *Mind, Brain, and Education* 7, núm. 3 (2013): pp. 152–158. Ver también James T. Lamiell, *Beyond Individual and Group Differences: Human Individuality, Scientific Psychology, and William Stern's Critical Personalism* (Thousand Oaks: Sage Publications, 2003).

27. «Miasma Theory», *Wikipedia*, 27 junio 2015, https://en.wikipedia.org/wiki/Miasma_theory.

28. «Infectious Disease Timeline: Louis Pasteur and the Germ Theory of Disease», *ABPI*, http://www.abpischools.org.uk/page/modules/infectious-diseases_timeline/timeline4.cfm.

CAPÍTULO 1: LA INVENCIÓN DEL PROMEDIO

1. Michael B. Miller *et al.*, «Extensive Individual Differences in Brain Activations Associated with Episodic Retrieval Are Reliable Over Time», *Journal of Cognitive Neuroscience* 14, núm. 8 (2002): pp. 1200–1214.

2. K. J. Friston *et al.*, «How Many Subjects Constitute a Study?», *Neuroimage* 10 (1999): pp. 1–5.

3. Michael Miller, entrevistado por Todd Rose, 23 septiembre 2014.

4. *Ibíd.*

5. L. Cahill *et al.*, «Amygdala Activity at Encoding Correlated with Long-Term, Free Recall of Emotional Information», *Proceedings of the National Academy of Sciences, U.S.A.* 93 (1996): pp. 8016–8021; I. Klein *et al.*, «Transient Activity in the Human Calcarine Cortex During Visual-Mental Imagery: An Event-Related fMRI Study», *Journal of Cognitive Neuroscience* 12 (2000): pp. 15–23; S. M. Kosslyn *et al.*, «Individual Differences in Cerebral Blood Flow in Area 17 Predict the Time to Evaluate Visualized Letters», *Journal of Cognitive Neuroscience* 8 (1996): pp. 78–82; D. McGonigle *et al.*, «Variability in fMRI: An Examination of Intersession Differences», *Neuroimage* 11 (2000): pp. 708–734; S. Mueller *et al.*,

«Individual Variability in Functional Connectivity Architecture of the Human Brain», *Neuron* 77, núm. 3 (2013): pp. 586–595; L. Nyberg *et al.,* «PET Studies of Encoding and Retrieval: The HERA model», *Psychonomic Bulletin and Review* 3 (1996): pp. 135–148; C. A. Seger *et al.,* «Hemispheric Asymmetries and Individual Differences in Visual Concept Learning as Measured by Functional MRI», *Neuropsychologia* 38 (2000): pp. 1316–1324; J. D. Watson *et al.,* «Area V5 of the Human Brain: Evidence from a Combined Study Using Positron Emission Tomography and Magnetic Resonance Imaging», *Cerebral Cortex* 3 (1993): pp. 79–94. Nótese que también se conocía la individualidad en la respuesta hemodinámica. Ver G. K. Aguirre *et al.,* «The Variability of Human, BOLD Hemodynamic Responses», *Neuroimage* 8 (1998): pp. 360–369.

6. Miller, entrevista, 2014.

7. *Ibíd.*

8. Su nombre completo era Lambert Adolphe Jacques Quetelet. Para información biográfica y de trasfondo, ver Alain Desrosières, *The Politics of Large Numbers: A History of Statistical Reasoning* (Cambridge: Harvard University Press, 1998), cap. 3; K. P. Donnelly, *Adolphe Quetelet, Social Physics and the Average Men of Science, 1796–1874* (Londres: Pickering & Chatto, 2015); Gerd Gigerenzer *et al., The Empire of Chance: How Probability Changed Science and Everyday Life* (Cambridge: Cambridge University Press, 1989); Ian Hacking, *The Emergence of Probability: A Philosophical Study of Early Ideas about Probability, Induction and Statistical Inference* (Cambridge: Cambridge University Press, 1975); Ian Hacking, *The Taming of Chance* (Cambridge: Cambridge University Press, 1990); T. M. Porter, *The Rise of Statistical Thinking, 1820–1900* (Princeton: Princeton University Press, 1986); Stephen M. Stigler, *The History of Statistics: The Measurement of Uncertainty before 1900* (Cambridge: Harvard University Press, 1986); Stephen M. Stigler, *Statistics on the Table: The History of Statistical Concepts and Methods* (Cambridge: Harvard University Press, 2002).

9. Stigler, *History of Statistics*, p. 162.

10. Porter, *Rise of Statistical Thinking*, p. 47.

11. *Ibíd.,* pp. 47–48.

12. T. M. Porter, «The Mathematics of Society: Variation and Error in Quetelet's Statistics», *British Journal for the History of Science* 18, núm. 1 (1985): pp. 51–69, citando a Quetelet, «Memoire sur les lois des naissances et de la mortalite a Bruxelles», *NMB* 3 (1826): pp. 493–512.

13. *Ibíd.,* p. 104.

14. I. Hacking, «Biopower and the Avalanche of Printed Numbers», *Humanities in Society* 5 (1982): pp. 279–295.

15. C. Camic y Y. Xie, «The Statistical Turn in American Social Science: Columbia University, 1890 to 1915», *American Sociological Review* 59, núm. 5 (1994): pp. 773–805; y I. Hacking, «Nineteenth Century Cracks in the Concept of Determinism», *Journal of the History of Ideas* 44, núm. 3 (1983): pp. 455–475.

16. Porter, *Rise of Statistical Thinking*, p. 95.

17. S. Stahl, «The Evolution of the Normal Distribution», *Mathematics Magazine* 79 (2006): pp. 96–113.

18. O. B. Sheynin, «On the Mathematical Treatment of Astronomical Observations», *Archives for the History of Exact Sciences* 11, núm. 2/3 (1973): pp. 97–126.

19. Adolphe Quetelet, «Sur l'appréciation des documents statistiques, et en particulier sur l'application des moyens», *Bulletin de la Commission Centrale de la Statistique (of Bélgica)* 2 (1844): p. 258; A. Quetelet, *Lettres à S. A. R. Le Duc Régnant de Saxe Cobourg et Gotha, sur la théorie des probabilités, appliquée aux sciences morales et politique* (Bruselas: Hayez, 1846), cartas 19–21. Los datos originales son del *Edinburgh Medical and Surgical Journal* 13 (1817), pp. 260–264.

20. T. Simpson, «A Letter to the Right Honourable George Macclesfield, President of the Royal Society, on the Advantage of Taking the Mean, of a Number of Observations, in Practical Astronomy», *Philosophical Transactions* 49 (1756): pp. 82–93.

21. Stahl, «Evolution of the Normal Distribution», pp. 96–113; y Camic y Xie, «Statistical Turn», pp. 773–805.

22. Quetelet, *Lettres*, cartas 19–21.

23. *Ibíd.*, carta 20.

24. *Ibíd.*, cartas 90–93.

25. Adolphe Quetelet, *Sur l' homme et le développement de ses facultés, ou Essai de physique sociale* (Paris: Bachelier, 1835); trad. *A Treatise on Man and the Development of his Faculties* (Edinburgh: William and Robert Chambers, 1842), cap. 1. Una versión revisada de este libro cambió el título: *Physique sociale ou essai sur le développement des facultés de l' homme* (Bruselas: C. Muquardt, 1869).

26. Stigler, *History of Statistics*, p. 171; citando un pasaje de la p. 276 de Quetelet, *Sur L' homme* (1835).

27. Quetelet, *Treatise*, p. 99.

28. *Ibíd.*, p. 276.

29. Hacking, «Nineteenth Century Cracks», pp. 455–475; Kaat Louckx y Raf Vanderstraeten, «State-istics and Statistics», p. 532; N. Rose, «Governing by Numbers: Figuring Out Democracy», *Accounting* 16, núm. 7 (1991): pp. 673–692; y «Quetelet, Adolphe». *International Encyclopedia of the Social Sciences*, 1968; *Encyclopedia.com*. (10 agosto 2015). http://www. encyclopedia.com/doc/1G2-3045001026.html.

30. John S. Haller, «Civil War Anthropometry: The Making of a Racial Ideology», *Civil War History* 16, núm. 4 (1970): pp. 309–324. El original tiene referencias a Quetelet: J. H. Baxter, *Statistics, Medical and Anthropological, of the Provost Marshal-General's Bureau, Derived from Records of the Examination for Military Service in the Armies of the United States During the Late War of the Rebellion, of Over a Million Recruits, Drafted Men, Substitutes, and Enrolled Men* (Washington: U.S. Government Printing Office, 1875), pp. 17–19, 36, 43, 52. Quetelet usa este resultado como prueba de los tipos (Quetelet, *Anthropometrie* [Bruselas: C. Muquardt, 1871], p. 16); Quetelet, «Sur les proportions de la race noire», *Bulletin de l'acadimie royale des sciences et belles-lettres de Belgique* 21, núm. 1 (1854): pp. 96–100).

31. Porter, «Mathematics of society», pp. 51–69.

32. A. Quetelet, *Du système social et des lois qui le régissent* (Paris: Guillaumin, 1848), pp. 88–107, 345–346.

33. Mervyn Stone, «The Owl and the Nightingale: The Quetelet/Nightingale Nexus», *Chance* 24, núm. 4 (2011): pp. 30–34; Piers Beirne, *Inventing Criminology* (Albany: SUNY Press, 1993), p. 65; Wilhelm Wundt, *Theorie Der Sinneswahrnehmung* (Leipzig: Winter'sche, 1862), p. xxv; J. C. Maxwell, «Illustrations of the Dynamical Theory of Gases», *Philosophical Magazine* 19 (1860): p. 19–32. Reimpreso en *The Scientific Papers of James Clerk Maxwell* (Cambridge: Cambridge University Press, 1890; Nueva York: Dover, 1952, y Courier Corporation, 2013).

34. Para más información biográfica y del trasfondo de Galton ver F. Galton, *Memories of My Life* (Londres: Methuen, 1908); K. Pearson, *The Life, Letters and Labours of Francis Galton* (Londres: Cambridge, University Press, 1914); D. W. Forrest, *Francis Galton: The Life and Work of a Victorian Genius* (Nueva York: Taplinger, 1974); y R. E. Fancher, «The Measurement of Mind: Francis Galton and the Psychology of Individual Differences», en *Pioneers of Psychology* (Nueva York: Norton, 1979), pp. 250–294.

35. Jeffrey Auerbach, *The Great Exhibition of 1851* (New Haven: Yale University Press, 1999), pp. 122–123.

36. Gerald Sweeney, «Fighting for the Good Cause», *American Philosophical Society* 91, núm. 2 (2001): pp. i–136.

37. Sweeney, «Fighting for the Good Cause». Para información sobre cambios en los derechos de voto, ver Joseph Hendershot Park, *The English Reform Bill of 1867* (Nueva York: Columbia University, 1920).

38. Francis Galton, *Hereditary Genius: An Inquiry into Its Laws and Consequences* (Nueva York: Horizon Press, 1869), p. 26. Ver el apéndice para una discusión sobre algunos de los aspectos matemáticos del «hombre promedio».

39. Sweeney, «Fighting for the Good Cause», pp. 35–49.

40. Francis Galton, «Eugenics: Its Definition, Scope, and Aims», *American Journal of Sociology* 10, núm. 1 (1904): pp. 1–25.

41. Michael Bulmer, *Francis Galton* (Baltimore: JHU Press, 2004), p. 175.

42. Francis Galton, «Statistics by Intercomparison, with Remarks on the Law of Frequency of Error», *Philosophical Magazine* 49 (1875): pp. 33–46.

43. Francis Galton, *Inquiries into Human Faculty and Its Development* (Londres: Macmillan, 1883), pp. 35–36.

44. Francis Galton, *Essays in Eugenics* (Londres: The Eugenics Education Society, 1909), p. 66.

45. Piers Beirne, «Adolphe Quetelet and the Origins of Positivist Criminology», *American Journal of Sociology* 92, núm. 5 (1987): pp. 1140–1169; para un tratamiento más amplio del tema, ver Porter, *Rise of Statistical Thinking*.

46. Quetelet, *Sur l'homme*, p. 12.

47. K. Pearson, «The Spirit of Biometrika», *Biometrika* 1, núm. 1 (1901): pp. 3–6.

48. William Cyples, «Morality of the Doctrine of Averages», *Cornhill Magazine* (1864): pp. 218–224.

49. Claude Bernard, Principes de médecine expérimentale, L. Delhoume, ed. (Paris, 1947), p. 67, citado en T. M. Porter, *The Rise of Statistical Thinking, 1820–1900* (Princeton: Princeton University Press, 1986), p. 160.

50. Claude Bernard, *An Introduction to the Study of Experimental Medicine* (Nueva York: Dover, 1865; 1957), p. 138.

51. Joseph Carroll, «Americans Satisfied with Number of Friends, Closeness of Friendships», Gallup.com, March 5, 2004, http://www.gallup.com/poll/10891/americans-satisfied-number-friends-closeness-friendships.aspx; «Average Woman Will Kiss 15 Men and Be Heartbroken Twice

Before Meeting "The One", Study Reveals», *The Telegraph*, 1 enero 2014, http://www.telegraph.co.uk/news/picturegalleries/howabout-that/10545810/Average-woman-will-kiss–15-men-and-be-heartbroken-twice-before-meeting-The-One-study-reveals.html; «Finances Causing Rifts for American Couples», AICPA, 4 mayo 2012, http://www.aicpa.org/press/pressreleases/2012/pages/finances-causing-rifts-for-american-couples.aspx.

CAPÍTULO 2: CÓMO SE ESTANDARIZÓ NUESTRO MUNDO

1. J. Rifkin, *Time Wars: The Primary Conflict in Human History* (Nueva York: Henry Holt & Co., 1987), p. 106.

2. Para información biográfica acerca de Taylor: ver Robert Kanigel, *The One Best Way: Frederick Winslow Taylor and the Enigma of Efficiency* (Cambridge: MIT Press Books, 2005).

3. Charles Hirschman y Elizabeth Mogford, «Immigration and the American Industrial Revolution from 1880 to 1920», *Social Science Research* 38, núm. 1 (2009): pp. 897–920.

4. Kanigel, *One Best Way*, p. 188.

5. Eric L. Davin, *Crucible of Freedom: Workers' Democracy in the Industrial Heartland, 1914–1960* (Nueva York: Lexington Books, 2012), p. 39; Daniel Nelson, *Managers and Workers* (Madison: University of Wisconsin Press, 1995), p. 3; y J. Mokyr, «The Second Industrial Revolution, 1870–1914», agosto 1998, http://faculty.wcas.northwestern.edu/~jmokyr/castronovo.pdf.

6. Frederick Winslow Taylor, *The Principles of Scientific Management* (Nueva York: Harper & Brothers, 1911), pp. 5–6.

7. *Ibíd.*, p. 7.

8. Taylor Society, *Scientific Management in American Industry* (Nueva York: Harper & Brothers, 1929), p. 28.

9. *Ibíd.*, p. 83.

10. Kanigel, *One Best Way*, p. 215.

11. Hearings Before Special Committee of the House of Representatives to Investigate the Taylor and Other Systems of Shop Management Under Authority of House Resolution 90, núm. III, pp. 1377–1508. Reimpreso en *Scientific Management*, Frederick Winslow Taylor (Westport: Greenwood Press, 1972), pp. 107–111.

12. Taylor, *Principles of Scientific Management*, p. 25.

13. Frederick W. Taylor, «Why the Race Is Not Always to the Swift», *American Magazine* 85, núm. 4 (1918): pp. 42–44.

14. Maarten Derksen, «Turning Men into Machines? Scientific Management, Industrial Psychology, and the Human Factor», *Journal of the History of the Behavioral Sciences* 50, núm. 2 (2014): pp. 148–165.

15. Taylor, *Principles of Scientific Management*, p. 36.

16. Kanigel, *One Best Way*, p. 204.

17. De una conferencia en 4 junio 1906 (citado en Kanigel, *One Best Way*, p. 169).

18. Frederick W. Taylor, «Not for the Genius—But for the Average Man: A Personal Message», *American Magazine* 85, núm. 3 (1918): pp. 16–18.

19. Taylor, *Principles of Scientific Management*.

20. Thomas K. McCraw, *Creating Modern Capitalism: How Entrepreneurs, Companies, and Countries Triumphed in Three Industrial Revolutions* (Cambridge, MA: Harvard University Press, 1997), p. 338; http://www.newyorker.com/magazine/2009/10/12/not-so-fast; y Peter Davis, *Managing the Cooperative Difference: A Survey of the Application of Modern Management Practices in the Cooperative Context* (Geneva: International Labour Organization, 1999), p. 47.

21. Kanigel, *One Best Way*, p. 482.

22. *Ibíd.*, p. 11.

23. Nikolai Lenin, *The Soviets at Work* (Nueva York: Rand School of Social Science, 1919). Kanigel, *One Best Way*, p. 524

24. Kanigel, *One Best Way*, p. 8.

25. M. Freeman, «Scientific Management: 100 Years Old; Poised for the Next Century», *SAM Advanced Management Journal* 61, núm. 2 (1996): p. 35.

26. Richard J. Murnane y Stephen Hoffman, «Graduations on the Rise», EducationNext, http://educationnext.org/graduations-on-the-rise/; y «Education», PBS.com, http://www.pbs.org/fmc/book/3education1.htm.

27. Charles W. Eliot, *Educational Reform: Essays and Addresses* (Nueva York: Century Co., 1901).

28. Para una perspectiva del debate general, y los puntos de vista de los tayloristas en particular, ver Raymond E. Callahan, *Education and the Cult of Efficiency* (Chicago: University of Chicago Press, 1964).

29. Frederick T. Gates, «The Country School of To-Morrow», *Occasional Papers* 1 (1913): p. 6–10.

30. John Taylor Gatto, *The Underground History of American Education* (Odysseus Group, 2001), p. 222.

31. H. L. Mencken, «The Little Red Schoolhouse», *American Mercury*, abril 1924, p. 504.

32. Para información biográfica sobre Thorndike, ver Geraldine M. Joncich, *The Sane Positivist: A Biography of Edward L. Thorndike* (Middletown: Wesleyan University Press, 1968).

33. S. Tomlinson, «Edward Lee Thorndike and John Dewey on the Science of Education», *Oxford Review of Education* 23, núm. 3 (1997): pp. 365–383.

34. Callahan, *Education and the Cult of Efficiency*, p. 198.

35. Edward Thorndike, *Educational Psychology: Mental Work and Fatigue and Individual Differences and Their Causes* (Nueva York: Columbia University, 1921), p. 236. Nota: Al igual que Galton, Thorndike estaba obsesionado con clasificar a la gente. En su último libro, *Human Nature and the Social Order* (1940), Thorndike propuso un sistema de puntuación moral que ayudaría a la sociedad a distinguir entre ciudadanos superiores e inferiores. Un hombre promedio recibía una puntuación de 100, mientras que «Newton, Pasteur, Darwin, Dante, Milton, Bach, Beethoven, Leonardo da Vinci, y Rembrandt contarían con 2000, y un idiota en estado vegetativo como un 1». En los sistemas de clasificación moral de Thorndike, a los animales domésticos se les asignaba puntuaciones superiores a los idiotas humanos.

36. Joncich, *The Sane Positivist*, pp. 21–22.

37. Edward Thorndike, *Individuality* (Boston: Houghton Mifflin, 1911). Ver también su acercamiento a las pruebas: Edward Thorndike, *An Introduction to the Theory of Mental and Social Measurements* (Nueva York: Science Press, 1913).

38. Callahan, *Education and the Cult of Efficiency*, cap. 5.

39. *Ibíd.*

40. Robert J. Marzano, «The Two Purposes of Teacher Evaluation», *Educational Leadership* 70, núm. 3 (2012): pp. 14–19, http://www.ascd.org/publications/educational-leadership/nov12/vol70/num03/The-Two-Purposes-of-Teacher-Evaluation.aspx; «Education Rankings», *U.S. News and World Report*, http://www.usnews.cm/rankings; «PISA 2012 Results», OECD, http://www.oecd.org/pisa/keyfindings/pisa–2012-results.htm.

41. Robert J. Murnane y Stephen Hoffman, «Graduations on the Rise», http://educationnext.org/graduations-on-the-rise/; «2015 Building a Grad

Nation Report», Grad Nation, http://gradnation.org/report/2015-building-grad-nation-report.

42. Seth Godin, *We Are All Weird* (The Domino Project, 2011) [*Todos somos un poco raros: El auge de las comunidades y el fin de lo normal* Alienta Editorial, 2016)].

CAPÍTULO 3: DERROCAR EL PROMEDIO

1. Peter Molenaar, entrevistado por Todd Rose, 18 agosto 2014.

2. *Ibíd.*

3. Frederic M. Lord y Melvin R. Novick, *Statistical Theories of Mental Test Scores* (Reading, MA: Addison-Wesley Publishing Co., 1968).

4. J. B. Kline, «Classical Test Theory: Assumptions, Equations, Limitations, and Item Analyses», en *Psychological Testing* (Calgary: University of Calgary, 2005), pp. 91–106.

5. Lord y Novick, *Statistical Theories*, pp. 27–28.

6. *Ibíd.*, pp. 29–32.

7. *Ibíd.*, pp. 32–35.

8. Para la historia y la visión general de la teoría ergódica, ver Andre R. Cunha, «Understanding the Ergodic Hypothesis Via Analogies», *Physicae* 10, núm. 10 (2013): pp. 9–12; J. L. Lebowitz y O. Penrose, «Modern Ergodic Theory», *Physics Today* (1973): 23; Massimiliano Badino, «The Foundational Role of Ergodic Theory», *Foundations of Science* 11 (2006): pp. 323–347; A. Patrascioiu, «The Ergodic Hypothesis: A Complicated Problem in Mathematics and Physics», *Los Alamos Science Special Issue* (1987): pp. 263–279.

9. La teoría ergódica fue comprobada por el matemático Birkhoff en 1931: G. D. Birkhoff, «Proof of the Ergodic Theorem», *Proceedings of the National Academy of Sciences of the United States of America* 17, núm. 12 (1931): pp. 656–660.

10. Peter C. M. Molenaar, «On the Implications of the Classical Ergodic Theorems: Analysis of Developmental Processes Has to Focus on Intra-Individual Variation», *Developmental Psychobiology* 50, núm. 1 (2007): pp. 60–69. Nota: estas dos condiciones son necesarias y suficientes para los procesos gaussianos, que es lo que hemos estado discutiendo hasta ahora en este libro. Pero no son suficientes para los procesos generales. Probar que un sistema dinámico es ergódico es excesivamente difícil y se

puede llevar a cabo con éxito solo en un pequeño conjunto de sistemas dinámicos.

11. Por ejemplo, ver Bodrova *et al.*, «Nonergodic Dynamics of Force-Free Granular Gases», arXiv:1501.04173 (2015); Thomas Scheby Kuhlman, *The Non-Ergodic Nature of Internal Conversion* (Heidelberg: Springer Science & Business Media, 2013); t Sydney Chapman *et al.*, *The Mathematical Theory of Non-Uniform Gases* (Cambridge: Cambridge University Press, 1970). Nótese que algunos gases ideales son ergódicos; ver, por ejemplo, K. L. Volkovysskii y Y. G. Sinai, «Ergodic properties of an ideal gas with an infinite number of degrees of freedom», *Functional Analysis and Its Applications*, núm. 5 (1971): pp. 185–187. Nótese también que se demostró empíricamente que la teoría ergódica mantiene la difusión en «Ergodic Theorem Passes the Test», *Physics World*, 20 octubre 2011, http://physicsworld.com/cws/article/news/2011/oct/20/ergodic-theorem-passes-the-test.

12. Peter Molenaar, entrevista, 2014. Ver también Peter Molenaar *et al.*, «Consequences of the Ergodic Theorems for Classical Test Theory, Factor Analysis, and the Analysis of Developmental Processes», en *Handbook of Cognitive Aging* (Los Angeles: SAGE Publications, 2008), pp. 90–104.

13. A. Quetelet, *Lettres à S. A. R. Le Duc Régnant de Saxe Cobourg et Gotha, sur la théorie des probabilités, appliquée aux sciences morales et politique* (Bruselas: Hayez, 1846), p. 136.

14. Peter Molenaar, «A Manifesto on Psychology as Idiographic Science: Bringing the Person Back into Scientific Psychology, This Time Forever», *Measurement* 2, núm. 4 (2004): pp. 201–218.

15. *Ibíd.*

16. *Ibíd.*

17. *Ibíd.*

18. *Ibíd.*

19. Rose *et al.*, «Science of the Individual», pp. 152–158.

20. Paul Van Geert, «The Contribution of Complex Dynamic Systems to Development», *Child Development Perspectives* 5, núm. 4 (2011): pp. 273–278.

21. Rose *et al.*, «Science of the Individual», pp. 152–158.

22. Anatole S. Dekaban, *Neurology of Infancy* (Baltimore: Williams & Wilkins, 1959), p. 63.

23. M. R. Fiorentino, *A Basis for Sensorimotor Development—Normal and Abnormal: The Influence of Primitive, Postural Reflexes on the Development and Distribution of Tone* (Springfield: Charles C. Thomas, 1981), p. 55; R.

S. Illingworth, *The Development of the Infant and Young Child: Normal and Abnormal*, 3ª ed. (Londres: E. & S. Livingstone, 1966), p. 88; M. B. Mc-Graw, «Neuromuscular Development of the Human Infant As Exemplified in the Achievement of Erect Locomotion», *Journal of Pediatrics* 17 (1940): pp. 747–777; J. H. Menkes, *Textbook of Child Neurology* (Filadelfia: Lea & Febiger, 1980), 249; G. E. Molnar, «Analysis of Motor Disorder in Retarded Infants and Young Children», *American Journal of Mental Deficiency* 83 (1978): pp. 213–222; A. Peiper, *Cerebral Function in Infancy and Childhood* (Nueva York: Consultants Bureau, 1963), pp. 213–215.

24. Para un tributo a su trabajo, ver Karen E. Adolph y Beatrix Vereijken, «Esther Thelen (1941–2004)», *American Psychologist* 60, núm. 9 (2005): p. 1032.

25. E. Thelen y D. M. Fisher, «Newborn Stepping: An Explanation for a "Disappearing" Reflex», *Developmental Psychology* 18, núm. 5 (1982): pp. 760–775.

26. E. Thelen *et al.*, «The Relationship Between Physical Growth and a Newborn Reflex», *Infant Behavior and Development* 7, núm. 4 (1984): pp. 479–493.

27. http://www.f22fighter.com/cockpit.htm.

CAPÍTULO 4: EL TALENTO SIEMPRE ES IRREGULAR

1. Robert Levering and Milton Moskowitz, «2007 100 Best Companies to Work for», Great Place to Work, http://www.greatplacetowork.net/best-companies/north-america/united-states/fortunes–100-best-companies-to-work-forr/439–2007.

2. Virginia A. Scott, *Google* (Westport: Greenwood Publishing Group, 2008), p. 61.

3. Steve Lohr, «Big Data, Trying to Build Better Workers», *New York Times*, 20 abril 2013, http://www.nytimes.com/2013/04/21/technology/big-data-trying-to-build-better-workers.html?src=me&pagewanted=all&_r=1. Ver también Eric Schmidt y Jonathan Rosenberg, *How Google Works* (Nueva York: Grand Central Publishing, 2014).

4. George Anders, *The Rare Find: How Great Talent Stands Out* (Nueva York: Penguin, 2011), p. 3.

5. Leslie Kwoh, «"Rank and Yank" Retains Vocal Fans», *Wall Street Journal*, 21 enero 2012, http://www.wsj.com/articles/SB10001424052970203363504577186970064375222.

6. Ashley Goodall, entrevistada por Todd Rose, 17 abril 2015. Ver también, Marcus Buckingham y Ashley Goodall, «Reinventing Performance Management», *Harvard Business Review*, abril 2015, https://hbr.org/2015/04/reinventing-performance-management. Nota: Goodall ahora es vicepresidente de Liderazgo e Inteligencia de equipo en Cisco Systems.

7. Kwoh, «"Rank and Yank"».

8. Para una visión general sobre clasificaciones forzadas, ver Richard C. Grote, *Forced Ranking: Making Performance Management Work* (Cambridge: Harvard Business Press, 2005).

9. David Auerbach, «Tales of an Ex-Microsoft Manager: Outgoing CEO Steve Ballmer's Beloved Employee-Ranking System Made Me Secretive, Cynical and Paranoid», *Slate*, 26 agosto 2013, http://www.slate.com/articles/business/moneybox/2013/08/microsoft_ceo_steve_ballmer_retires_a_firsthand_account_of_the_company_s.html.

10. Kwoh, «"Rank and Yank"» y Julie Bort, «This Is Why Some Microsoft Employees Still Fear the Controversial "Stack Ranking" Employee Review System», *Business Insider*, 27 agosto 2014, http://www.businessinsider.com/microsofts-old-employee-review-system–2014–8.

11. Anders, *Rare Find*, pp. 3–4. Ver también Thomas L. Friedman, «How to Get a Job at Google», *New York Times*, 22 febrero 2014, http://www.nytimes.com/2014/02/23/opinion/sunday/friedman-how-to-get-a-job-at-google.html?_r=0.

12. Todd Carlisle, entrevistado por Todd Rose, 21 abril 2015.

13. Buckingham y Goodall, «Reinventing Performance Management».

14. Ashley Goodall, entrevistado por Todd Rose, 17 abril 2015.

15. Kurt Eichenwald, «Microsoft's Lost Decade», *Vanity Fair*, agosto 2012, http://www.vanityfair.com/news/business/2012/08/microsoft-lost-mojo-steve-ballmer.

16. Marcus Buckingham, «Trouble with the Curve? Why Microsoft Is Ditching Stack Rankings», *Harvard Business Review*, 19 noviembre 2013, https://hbr.org/2013/11/dont-rate-your-employees-on-a-curve/.

17. Francis Galton, *Essays in Eugenics* (Londres: The Eugenics Education Society, 1909), p. 66.

18. Para una discusión más amplia sobre el pensamiento unidimensional, ver Paul Churchill, *A Neurocomputational Perspective: The Nature of Mind and the Structure of Science* (Cambridge, MA: MIT Press, 1989), pp. 285–286; y Herbert Marcuse, *One-Dimensional Man: Studies in the Ideology of Advanced Industrial Society*, 2ª ed. (Londres: Routledge, 1991).

19. Daniels, *The «Average Man»?*, p. 3.

20. William F. Moroney y Margaret J. Smith, *Empirical Reduction in Potential User Population as the Result of Imposed Multivariate Anthropometric Limits* (Pensacola, FL: Naval Aerospace Medical Research Laboratory, 1972), NAMRL–1164.

21. David Berri y Martin Schmidt, *Stumbling on Wins* (Edición con contenido extra) (Nueva York: Pearson Education, 2010), edición en Kindle, cap. 2.

22. David Berri, «The Sacrifice LeBron James' Teammates Make to Play Alongside Him», *Time*, 16 ocutbre 2014, http://time.com/3513970/lebron-james-shot-attempts-scoring-totals/; ver también Henry Abbott, «The Robots Are Coming, and They're Cranky», *ESPN*, 17 marzo 2010, http://espn.go.com/blog/truehoop/post/_/id/14349/the-robots-are-coming-and-theyre-cranky.

23. David Berri, «Bad Decision Making Is a Pattern with the New York Knicks», *Huffington Post*, 14 mayo 2015, http://www.huffingtonpost.com/david-berri/bad-decision-making-is-a-b_7283466.html.

24. Berri y Schmidt, *Stumbling on Wins*, cap. 2; ver también David Berri, «The Sacrifice LeBron James' Teammates Make to Play Alongside Him», *Time.com*, 16 octubre 2014, http://time.com/3513970/lebron-james-shot-attempts-scoring-totals/.

25. David Friedman, «Pro Basketball's "Five Tool" Players», *20 Second Timeout*, 25 marzo 2009, http://20secondtimeout.blogspot.com/2009/03/pro-basketballs-five-tool-players_25.html.

26. Dean Oliver, *Basketball on paper: rules and tools for performance analysis* (Potomac Books, 2004), pp. 63–64. Para información cualitativa sobre la construcción de equipos de éxito, ver Mike Krzyzewski, *The Gold Standard: Building a World-Class Team* (Nueva York, Business Plus, 2009).

27. Berri, «Bad Decision Making».

28. D. Denis, «The Origins of Correlation and Regression: Francis Galton or Auguste Bravais and the Error Theorists», *History and Philosophy of Psychology Bulletin* 13 (2001): pp. 36–44.

29. Francis Galton, «Co-relations and Their Measurement, Chiefly from Anthropometric Data», *Proceedings of the Royal Society of London* 45, núm. 273–279 (1888): pp. 135–145.

30. Técnicamente las correlaciones van desde -1.00 hasta +1.00 y el signo indica la dirección de la relación. Puesto que lo que intento explicar aquí trata de la fortaleza de la relación, elijo presentarlo como de 0 a 1 en honor a la claridad.

31. «Five Questions About the Dow That You Always Wanted to Ask», Dow Jones Indexes, febrero 2012, https://www.djindexes.com/mdsidx/downloads/brochure_info/Five_Questions_Brochure.pdf.

32. William F. Moroney y Margaret J. Smith, *Empirical Reduction in Potential User Population as the Result of Imposed Multivariate Anthropometric Limits* (Pensacola, FL: U.S. Department of the Navy, 1972), NAMRL-1164. Los datos analizados en el estudio vienen de E. C. Gifford, *Compilation of Anthropometric Measures on US Naval Pilot* (Filadelfia: U.S. Department of the Navy, 1960), NAMC-ACEL–437. Para ver consecuencias prácticas de la falta de ajuste, ver George T. Lodge, *Pilot Stature in Relation to Cockpit Size: A Hidden Factor in Navy Jet Aircraft Accidents* (Norfolk, VA: Naval Safety Center, 1964).

33. Francis Galton, «Mental Tests and Measurements», *Mind* 15, núm. 59 (1890): pp. 373–381.

34. Para información biográfica, ver W. B. Pillsbury, *Biographical Memoir of James McKeen Cattell 1860–1944* (Washington, DC: National Academy of the Sciences, 1947); y M. M. Sokal, «Science and James McKeen Cattell, 1894–1945», *Science* 209, úmo. 4452 (1980): pp. 43–52.

35. James McKeen Cattell y Francis Galton, «Mental Tests and Measurements», *Mind* 13 (1890): pp. 37–51; y James McKeen Cattell y Livingstone Farrand, «Physical and Mental Measurements of the Students of Columbia University», *Psychological Review* 3, núm. 6 (1896): p. 618. Ver también Michael M. Sokal, «James McKeen Cattell and Mental Anthropometry: Nineteenth-Century Science and Reform and the Origins of Psychological Testing», en *Psychological Testing and American Society, 1890–1930,* ed. Michael Sokal (New Brunswick: Rutgers University Press, 1987).

36. Los resultados fueron analizados y publicados como parte de la tesis doctoral de Clark Wissler, estudiante de Cattell. Ver Clark Wissler, «The Correlation of Mental and Physical Tests», *Psychological Review: Monograph Supplements* 3, núm. 6 (1901): p. i.

37. *Ibíd.*

38. Charles Spearman, «"General Intelligence," Objectively Determined and Measured», *American Journal of Psychology* 15, núm. 2 (1904): pp. 201–292.

39. Para un estudio estupendo que muestre no solo el hecho de la irregularidad en los individuos, sino también que los individuos difieren en la cantidad de su irregularidad, ver C. L. Hull, «Variability in Amount of Different Traits Possessed by the Individual», *Journal of Educational Psychology* 18, núm. 2 (1 febrero 1927): pp. 97–106. Para estudios más actuales, ver Laurence M.

Binder *et al.*, «To Err Is Human: "Abnormal" Neuropsychological Scores and Variability Are Common in Healthy Adults», *Archives of Clinical Neuropsychology* 24, núm. 1 (2009): pp. 31–46.

40. G. C. Cleeton, y Frederick B. Knight, «Validity of Character Judgments Based on External Criteria», *Journal of Applied Psychology* 8, núm. 2 (1924): p. 215.

41. Para una discusión sobre el estudio de su padre, ver Robert L. Thorndike y Elizabeth Hagen, *Ten Thousand Careers* (Nueva York: John Wiley & Sons, 1959). Nota: Para cualquier lector familiarizado con sus puntos de vista, parecerá extraño atribuirle a Thorndike una visión unidimensional de la inteligencia, ya que *él defendía* constantemente que la inteligencia era multidimensional (abstracta, social y mecánica) y fue uno de los mayores críticos de Spearman. Sin embargo, creía que había un componente innato que se aplicaba a tu capacidad de aprender y que tenía que ver con tu capacidad neuronal para formar conexiones.

42. David Wechsler, *Wechsler Adult Intelligence Scale–Fourth Edition* (WAIS–IV) (San Antonio, TX: NCS Pearson, 2008).

43. Wayne Silverman *et al.*, «Stanford-Binet and WAIS IQ Differences and Their Implications for Adults with Intellectual Disability (aka Mental Retardation)», *Intelligence* 38, núm. 2 (2010): pp. 242–248.

44. Esto se extiende a todos los rasgos que medimos normalmente. Ver Hull, «Variability in Amount of Different Traits», pp. 97–106.

45. Jerome M. Sattler y Joseph J. Ryan, *Assessment with the WAIS-IV* (La Mesa, CA: Jerome M. Sattler Publisher, 2009). Para saber más sobre la naturaleza inherentemente irregular de la inteligencia, ver Adam Hampshire *et al.*, «Fractionating Human Intelligence», *Neuron*, 10 diciembre (2012): pp. 1–13.

46. Sergio Della Sala *et al.*, «Pattern Span: A Tool for Unwelding Visuo-Spatial Memory», *Neuropsychologia* 37, núm. 10 (1999): pp. 1189–1199.

47. Jennifer L. Kobrin *et al.*, *Validity of the SAT for Predicting First-Year College Grade Point Average* (Nueva York: College Board, 2008).

48. Steve Jost, «Linear Correlation», documento del curso, IT 223, DePaul University, 2010, http://condor.depaul.edu/sjost/it223/documents/correlation.htm.

49. Todd Carlisle, entrevistado por Todd Rose, 21 abril 2015.

50. *Ibíd.*

51. Todd Carlisle, entrevista, 2015; ver también Saul Hansell, «Google Answer to Filling Jobs Is an Algorithm», *New York Times*, 3 enero 2007,

http://www.nytimes.com/2007/01/03/technology/03google.html?pagewanted=1&_r=2&; para perspectivas similares sobre el pensamiento de Todd Carlisle, sus enfoques y resultados, ver Anders, *Rare Find*.

52. *Ibíd.*

53. Carlisle, entrevista, 2015. Ver también Saul Hansell, «Google Answer to Filling Jobs Is an Algorithm», *New York Times*, 3 enero 2007, http://www.nytimes.com/2007/01/03/technology/03google.html?pagewanted=2&_r=0.

54. El número de empleados está tomado de «Google», *Wikipedia*, 19 junio 2015, http://en.wikipedia.org/wiki/Google; y «IGN», *Wikipedia*, 13 junio 2015, http://en.wikipedia.org/wiki/IGN. Las cifras de ventas anuales están tomadas de: «Google», *Forbes*, http://www.forbes.com/companies/google/; y «j2 Global», *Forbes*, http://www.forbes.com/companies/j2-global/), y los números de IGN están basados en su compañía madre j2 Global.

55. E. B. Boyd, «Silicon Valley's New Hiring Strategy», *Fast Company*, 20 octubre 2011, http://www.fastcompany.com/1784737/silicon-valleys-new-hiring-strategy.

56. http://www.ign.com/code-foo/2015/.

57. Boyd, «Silicon Valley».

58. *Ibíd.*

59. «GRE», ETS, http://www.ets.org/gre.

CAPÍTULO 5: LOS RASGOS SON UN MITO

1. Francis Galton, «Measurement of Character», reimpreso en *Fortnightly Review* 42 (1884): p. 180.

2. L. Rowell Huesmann y Laramie D. Taylor, «The Role of Media Violence in Violent Behavior», *Annual Review of Public Health* 27 (2006): pp. 393–415. Para una visión general de la perspectiva situacionista, ver Lee Ross y Richard E. Nisbett, *The Person and the Situation: Perspectives of Social Psychology* (Londres: Pinter & Martin Publishers, 2011).

3. Quetelet, *Sur l'homme* (1942) p. 108 (Edición inglesa).

4. Stanley Milgram, «Behavioral Study of Obedience», *Journal of Abnormal and Social Psychology* 67, núm. 4 (1963): p. 371.

5. Milgram, «Behavioral Study of Obedience».

6. Douglas T. Kenrick y David C. Funder, «Profiting from Controversy: Lessons from the Person-Situation Debate», *American Psychologist* 43, núm. 1 (1988): p. 23.

7. «Understanding the Personality Test Industry», Psychometric Success, http://www.psychometric-success.com/personality-tests/personality-tests-understanding-industry.htm; Lauren Weber, «Today's Personality Tests Raise the Bar for Job Seekers», *Wall Street Journal*, 14 abril 2015, http://www.wsj.com/articles/a-personality-test-could-stand-in-the-way-of-your-next-job–1429065001.

8. Drake Baer, «Why the Myers-Briggs Personality Test Is Misleading, Inaccurate, and Unscientific», *Business Insider*, 18 junio 2014, http://www.businessinsider.com/myers-briggs-personality-test-is-misleading–2014–6; y Lillian Cunningham, «Myers-Briggs: Does It Pay to Know Your Type?» *Washington Post*, 14 diciembre 2012, http://www.washingtonpost.com/national/on-leadership/myers-briggs-does-it-pay-to-know-your-type/2012/12/14/eaed51ae–3fcc–11e2-bca3-aadc9b7e29c5_story.html.

9. Salesforce.com, «How to Use the Enneagram in Hiring Without Using a Candidate's Enneatype», *The Enneagram in Business*, 25 octubre 2012, http://theenneagraminbusiness.com/organizations/salesforce-com-how-to-use-the-enneagram-in-hiring-without-using-a-candidates-enneatype/.

10. Lawrence W. Barsalou *et al.,* «On the Vices of Nominalization and the Virtues of Contextualizing», en *The Mind in Context*, ed. Batja Mesquita *et al.* (Nueva York: Guilford Press, 2010), pp. 334–360; Susan A. Gelman, *The Essential Child: Origins of Essentialism in Everyday Thought* (Oxford: Oxford University Press, 2003); David L. Hull, «The Effect of Essentialism on Taxonomy—Two Thousand Years of Stasis (I)», *British Journal for the Philosophy of Science* (1965): pp. 314–326; y Douglas L. Medin y Andrew Ortony, «Psychological Essentialism», *Similarity and Analogical Reasoning* 179 (1989): p. 195.

11. John Tierney, «Hitting It Off, Thanks to Algorithms of Love», *New York Times*, 29 enero 2008, http://www.nytimes.com/2008/01/29/science/29tier.html?_r=0; and «28 Dimensions of Compatibility», http://www.eharmony.com/why/dating-relationship-compatibility/.

12. J. McV. Hunt, «Traditional Personality Theory in Light of Recent Evidence», *American Scientist* 53, núm. 1 (1965): pp. 80–96. Walter Mischel, «Continuity and Change in Personality», *American Psychologist* 24, núm. 11 (1969): p. 1012; y Walter Mischel, *Personality and Assessment* (Nueva York: Psychology Press, 2013).

13. Erik E. Noftle y Richard W. Robins, «Personality Predictors of Acade-
    mic Outcomes: Big Five Correlates of GPA and SAT Scores», *Journal
    of Personality and Social Psychology* 93, núm. 1 (2007): p. 116; y Ashley
    S. Holland y Glenn I. Roisman, «Big Five Personality Traits and Rela-
    tionship Quality: Self-Reported, Observational, and Physiological Evi-
    dence», *Journal of Social and Personal Relationships* 25, núm. 5 (2008):
    pp. 811–829.

14. «Yuichi Shoda, Ph.D.», Directorio del Departamento de Psicología de la
    Universidad de Washington, http://web.psych.washington.edu/directory/
    areapeople.php?person_id=85.

15. Yuichi Shoda, entrevistado por Todd Rose, 19 noviembre 2014.

16. *Ibíd.*

17. «Research», Wediko Children's Services, http://www.wediko.org/re-
    search.html.

18. Yuichi Shoda *et al.,* «Intraindividual Stability in the Organization and
    Patterning of Behavior: Incorporating Psychological Situations into the
    Idiographic Analysis of Personality», *Journal of Personality and Social
    Psychology* 67, núm. 4 (1994): p. 674.

19. *Ibíd.*

20. *Ibíd.*

21. Lisa Feldman Barrett *et al.,* «The Context Principle», en *The Mind in Con-
    text,* ed. Batja Mesquita, Lisa Feldman Barrett, y Eliot R. Smith (Nueva
    York: Guildford Press, 2010), cap. 1; Walter Mischel, «Toward an Inte-
    grative Science of the Person», *Annual Review of Psychology* 55 (2004): pp.
    1–22; Yuichi Shoda, Daniel Cervone, y Geraldine Downey, eds., *Persons
    in Context: Building a Science of the Individual* (Nueva York: Guilford
    Press, 2007); y Robert J. Sternberg y Richard K. Wagner, *Mind in Con-
    text: Interactionist Perspectives on Human Intelligence* (Cambridge: Cam-
    bridge University Press, 1994).

22. Shoda *et al., Persons in Context.*

23. Lara K. Kammrath *et al.,* «Incorporating If... Then... Personality Sig-
    natures in Person Perception: Beyond the Person-Situation Dichotomy»,
    Journal of Personality and Social Psychology 88, núm. 4 (2005): p. 605; Ba-
    tja Mesquita, Lisa Feldman Barrett, y Eliot R. Smith, eds., *The Mind in
    Context* (Nueva York: Guilford Press, 2010); Sternberg y Wagner, *Mind
    in Context*; y Donna D. Whitsett y Yuichi Shoda, «An Approach to Test
    for Individual Differences in the Effects of Situations Without Using Mo-
    derator Variables», *Journal of Experimental Social Psychology* 50, núm. C
    (1 enero 2014): pp. 94–104.

24. Para información biográfica ver Raymond P. Morris, «Hugh Hartshorne, 1885–1967», *Religious Education* 62, núm. 3 (1968): p. 162.

25. Marvin W. Berkowitz y Melinda C. Bier, «Research-Based Character Education», *Annals of the American Academy of Political and Social Science* 591, núm. 1 (2004): pp. 72–85.

26. Hartshorne y May, *Studies, Vol. 1: Studies in Deceit*, pp. 47–103.

27. Hartshorne y May, *Studies, Vol. 1: Studies in Deceit*. Ver también John M. Doris, *Lack of Character: Personality and Moral Behavior* (Cambridge: Cambridge University Press, 2002).

28. Hartshorne, May, y Shuttleworth, *Studies, Vol. III: Studies in the Organization of Character* (1930): p. 291. Nota: en el estudio original uno de los estudiantes era un chico y el otro era una chica, pero para los propósitos de la ilustración he elegido hablar de cada uno como una chica, de modo que la atención se centrará en los perfiles de los personajes en lugar de en el *género*.

29. *Ibíd.*, p. 287.

30. Para un ejemplo reciente, ver Mark Prigg, «Self Control Is the Most Important Skill a Parent Can Teach Their Child, Says Study», *Daily Mail*, 14 abril 2015, http://www.dailymail.co.uk/sciencetech/article–3038807/ Self-control-important-thing-parent-teach-children-Study-says-major-influence-child-s-life.html.

31. Para una visión general del tema, ver el reciente libro del inventor de la tarea, Walter Mischel, *The Marshmallow Test* (Nueva York: Random House, 2014) [*El test de la golosina* (Debate, 2015)]. Para detalles de la tarea, ver «Delaying Gratification», en «What You Need to Know about Willpower: The Psychological Science of Self-Control», American Psychological Association, https://www.apa.org/helpcenter/willpower-gratification.pdf; y «Stanford Marshmallow Experiment», *Wikipedia*, 13 junio 2015, https://en.wikipedia.org/wiki/Stanford_marshmallow_experiment.

32. Walter Mischel *et al.*, «The Nature of Adolescent Competencies Predicted by Preschool Delay of Gratification», *Journal of Personality and Social Psychology* 54, núm. 4 (1988): p. 687; Walter Mischel *et al.*, «Cognitive and Attentional Mechanisms in Delay of Gratification», *Journal of Personality and Social Psychology* 21, núm. 2 (1972): p. 204.

33. Yuichi Shoda *et al.*, «Predicting Adolescent Cognitive and Self-Regulatory Competencies from Preschool Delay of Gratification: Identifying Diagnostic Conditions», *Developmental Psychology* 26, núm. 6 (1990): p. 978. Ver también Walter Mischel y Nancy Baker, «Cognitive Appraisals

and Transformations in Delay Behavior», *Journal of Personality and Social Psychology* 31, núm. 2 (1975): p. 254; Walter Mischel *et al.*, «Delay of Gratification in Children», *Science* 244, núm. 4907 (1989): p. 933–938; Walter Mischel *et al.*, «"Willpower" over the Life Span: Decomposing Self-Regulation», *Social Cognitive and Affective Neuroscience* (2010); Tanya R. Schlam *et al.*, «Preschoolers' Delay of Gratification Predicts Their Body Mass 30 Years Later», *Journal of Pediatrics* 162, núm. 1 (2013): pp. 90–93; y Inge-Marie Eigsti, «Predicting Cognitive Control from Preschool to Late Adolescence and Young Adulthood», *Psychological Science* 17, núm. 6 (2006): pp. 478–484.

34. B. J. Casey *et al.*, «Behavioral and Neural Correlates of Delay of Gratification 40 Years Later», *Proceedings of the National Academy of Sciences* 108, núm. 36 (2011): pp. 14998–15003.

35. Louise Eckman, «Behavior Problems: Teaching Young Children Self-Control Skills», National Mental Health and Education Center, http://www.nasponline.org/resources/handouts/behavior%20template.pdf.

36. Martin Henley, *Teaching Self-Control: A Curriculum for Responsible Behavior* (Bloomington, IN: National Educational Service, 2003); y «Self Control», Character First Education, http://characterfirsteducation.com/c/curriculum-detail/2039081.

37. Para una discusión, ver Jacoba Urist, «What the Marshmallow Test Really Teaches About Self-Control», *Atlantic*, 24 septiembre 2014, http://www.theatlantic.com/health/archive/2014/09/what-the-marshmallow-test-really-teaches-about-self-control/380673/.

38. Shoda, entrevista, 2014.

39. Para más información acerca del trabajo de la Dr. Kidd, ver «Celeste Kidd», Universidad de Rochester, Ciencias Cognitivas y del Cerebro, http://www.bcs.rochester.edu/people/ckidd/.

40. Celeste Kidd, entrevistada por Todd Rose, 12 junio 2015; ver también «The Marshmallow Study Revisited», Universidad de Rochester, 11 octubre 2012, http://www.rochester.edu/news/show.php?id=4622.

41. Kidd *et al.*, «Rational Snacking: Young Children's Decision-Making on the Marshmallow Task Is Moderated by Beliefs About Environmental Reliability», *Cognition* 126, núm. 1 (2013): pp. 109–114.

42. *Ibíd.*

43. «What We Do», Adler Group, http://louadlergroup.com/about-us/what-we-do/.

44. Lou Adler, entrevistado por Todd Rose, 27 marzo 2015.

45. Adler, entrevista, 2015; para una visión general sobre la contratación basada en el rendimiento, ver Lou Adler, *Hire with Your Head: Using Performance-Based Hiring to Build Great Teams* (Hoboken: John Wiley & Sons, 2012).

46. *Ibíd.*

47. *Ibíd.*

48. Dr. Matthew Partridge, «Callum Negus-Fancey: "Put People and Talent First"», *MoneyWeek*, 22 enero 2015, http://moneyweek.com/profile-of-entrepreneur-callum-negus-fancey/.

49. Callum Negus-Fancey, entrevistado por Todd Rose, 3 abril 2015.

50. *Ibíd.*

51. *Ibíd.*

52. Adler, entrevista, 2015.

CAPÍTULO 6: TODOS CAMINAMOS POR LA SENDA MENOS CONCURRIDA

1. Arnold Gesell, «Developmental Schedules», en *The Mental Growth of the Pre-School Child: A Psychological Outline of Normal Development from Birth to the Sixth Year, Including a System of Developmental Diagnosis* (Nueva York, NY: Macmillan, 1925).

2. Robert Kanigel, *The One Best Way: Frederick Winslow Taylor and the Enigma of Efficiency* (Cambridge: MIT Press Books, 2005).

3. Raymond E. Callahan, *Education and the Cult of Efficiency* (Chicago: University of Chicago Press, 1964).

4. E. Thelen y K. E. Adolph, «Arnold L. Gesell: The Paradox of Nature and Nurture», *Developmental Psychology* 28, núm. 3 (1992): pp. 368–380; Laura Sices, «Use of Developmental Milestones in Pediatric Residency Training and Practice: Time to Rethink the Meaning of the Mean», *Journal of Developmental and Behavioral Pediatrics* 28, núm. 1 (2007): p. 47; K. E. Adolph y S. R. Robinson, «The Road to Walking: What Learning to Walk Tells Us About Development», en *Oxford Handbook of Developmen al Psychology*, ed. P. Zelazo (Nueva York: Oxford University Press, 2013); y «Child Growth Standards: Motor Development Milestones», *Organización Mundial de la Salud*, http://www.who.int/childgrowth/standards/motor_milestones/en/.

5. Para más información sobre la Dr. Karen Adolph y su trabajo, ver la página web de su laboratorio: http://psych.nyu.edu/adolph/.

6. Karen E. Adolph *et al.,* «Learning to Crawl», *Child Development* 69, núm. 5 (1998): pp. 1299–1312.

7. *Ibíd.*

8. *Ibíd.*

9. Karen Adolph, entrevistada por Todd Rose, 13 junio 2015.

10. «Discovery: Will Baby Crawl?», *National Science Foundation*, 21 julio 2004, https://www.nsf.gov/discoveries/disc_summ.jsp?cntn_id=103153.

11. Kate Gammon, «Crawling: A New Evolutionary Trick?», *Popular Science*, 1 noviembre 2013, http://www.popsci.com/blog-network/kinderlab/crawling-new-evolutionary-trick.

12. «David Tracer, Ph.D.», Universidad de Colorado Denver, destinatarios del Programa Fulbright http://www.ucdenver.edu/academics/InternationalPrograms/oia/fulbright/recipients/davidtracer/Pages/default.aspx; Kate Wong, «Hitching a Ride», *Scientific American* 301, núm. 1 (2009): pp. 20–23; «Discovery:Will Baby Crawl?».

13. «What Are the Key Statistics About Colorectal Cancer?», American Cancer Society, http://www.cancer.org/cancer/colonandrectumcancer/detailedguide/colorectal-cancer-key-statistics.

14. Eric R. Fearon y Bert Vogelstein, «A Genetic Model for Colorectal Tumorigenesis», *Cell* 61, núm. 5 (1990): pp. 759–767.

15. Gillian Smith *et al.,* «Mutations in APC, Kirsten-ras, and p53—Alternative Genetic Pathways to Colorectal Cancer», *Proceedings of the National Academy of Sciences* 99, núm. 14 (2002): pp. 9433–9438; Massimo Pancione *et al.,* «Genetic and Epigenetic Events Generate Multiple Pathways in Colorectal Cancer Progression», *Pathology Research International* 2012 (2012); Sylviane Olschwang *et al.,* «Alternative Genetic Pathways in Colorectal Carcinogenesis», *Proceedings of the National Academy of Sciences* 94, núm. 22 (1997): pp. 12122–12127; y Yu-Wei Cheng *et al.,* «CpG Island Methylator Phenotype Associates with Low-Degree Chromosomal Abnormalities in Colorectal Cancer», *Clinical Cancer Research* 14, núm. 19 (2008): pp. 6005–6013.

16. Daniel L. Worthley y Barbara A. Leggett, «Colorectal Cancer: Molecular Features and Clinical Opportunities», *Clinical Biochemist Reviews* 31, núm. 2 (2010): p. 31.

17. Kenneth I. Howard *et al.,* «The Dose–Effect Relationship in Psychotherapy», American Psychologist 41, núm. 2 (1986): p. 159; Wolfgang Lutz

et al., «Outcomes Management, Expected Treatment Response, and Severity-Adjusted Provider Profiling in Outpatient Psychotherapy», *Journal of Clinical Psychology* 58, núm. 10 (2002): pp. 1291–1304.

18. Jeffrey R. Vittengl *et al.*, «Nomothetic and Idiographic Symptom Change Trajectories in Acute-Phase Cognitive Therapy for Recurrent Depression», *Journal of Consulting and Clinical Psychology* 81, núm. 4 (2013): p. 615.

19. Tres estudios discuten el tema de la equifinalidad: en lo que se refiere al desarrollo, ver Dante Cicchetti y Fred A. Rogosch, «Equifinality and Multifinality in Developmental Psychopathology», *Development and Psychopathology* 8, núm. 04 (1996): pp. 597–600; desarrollo del liderazgo, ver Marguerite Schneider y Mark Somers, «Organizations as Complex Adaptive Systems: Implications of Complexity Theory for Leadership Research», *Leadership Quarterly* 17, núm. 4 (2006): pp. 351–365; e hidrología, ver Keith Beven, «A Manifesto for the Equifinality Thesis», *Journal of Hydrology* 320, núm. 1 (2006): pp. 18–36.

20. Kurt W. Fischer y Thomas R. Bidell, «Dynamic Development of Action and Thought», en *Handbook of Child Psychology* (Hoboken, NJ: John Wiley & Sons, 2006); y Kathleen M. Eisenhardt y Jeffrey A. Martin, «Dynamic Capabilities: What Are They?», *Strategic Management Journal* 21, núm. 10–11 (2000): pp. 1105–1121.

21. Edward L. Thorndike, «Memory for Paired Associates», *Psychological Review* 15, núm. 2 (1908): p. 122.

22. Edward L. Thorndike, *The Human Nature Club: An Introduction to the Study of Mental Life* (Nueva York: Longmans, Green, and Company, 1901), cap. 1.

23. Edward L. Thorndike, «Measurement in Education», *The Teachers College Record* 22, núm. 5 (1921): pp. 371–379; y Linda Mabry, «Writing to the Rubric: Lingering Effects of Traditional Standardized Testing on Direct Writing Assessment», *Phi Delta Kappan* 80, núm. 9 (1999): p. 673.

24. Raiann Rahman, «The Almost Standardized Aptitude Test: Why Extra Time Shouldn't Be an Option on Standardized Testing», *Point of View*, 18 octubre 2013, http://www.bbnpov.com/?p=1250.

25. Para información biográfica y del trasfondo de Benjamin Bloom y su carrera, ver Thomas R. Guskey, *Benjamin S. Bloom: Portraits of an Educator* (Lanham, MD: R&L Education, 2012); y Elliot W. Eisner, «Benjamin Bloom», *Prospects* 30, núm. 3 (2000): pp. 387–395.

26. Benjamin S. Bloom, «Time and Learning», *American Psychologist* 29, núm. 9 (1974):p. 682; y Benjamin S. Bloom, *Human Characteristics and School Learning* (Nueva York: McGraw-Hill, 1976).

27. Aunque Bloom se lleva el crédito de las ideas, es digno señalar que los estudios seminales se realizaron por dos de sus estudiantes de doctorado, Joanne Anania (Joanne Anania, «The Influence of Instructional Conditions on Student Learning and Achievement», *Evaluation in Education* 7, núm. 1 [1983]: pp. 1–92) y Arthur Burke (Arthur Joseph Burke, «Students' Potential for Learning Contrasted Under Tutorial and Group Approaches to Instruction» [tesis doctoral, Universidad de Chicago, 1983]).

28. En estos estudios hay una condición experimental adicional examinada —un grupo basado en el dominio del aprendizaje— que no es relevante para esta discusión en particular.

29. Benjamin S. Bloom, «The 2 Sigma Problem: The Search for Methods of Group Instruction as Effective as One-to-One Tutoring», *Educational Researcher* (1984): pp. 4–16.

30. Chen-Lin C. Kulik *et al.*, «Effectiveness of Mastery Learning Programs: A Meta-Analysis», *Review of Educational Research* 60, núm. 2 (1990): pp. 265–299.

31. Bloom, «2 Sigma Problem», pp. 4–16.

32. Khan Academy, https://www.khanacademy.org/; y «Khan Academy», *Wikipedia*, 3 junio 2015, https://en.wikipedia.org/wiki/Khan_Academy.

33. Anya Kamenetz, «A Q&A with Salman Khan, Founder of Khan Academy», *Fast Company*, 21 noviembre 2013, http://live.fastcompany.com/Event/A_QA_With_Salman_Khan.

34. «A Personalized Learning Resource for All Ages», Khan Academy, https://www.khanacademy.org/about.

35. «Salman Khan», TED, https://www.ted.com/speakers/salman_khan.

36. *Ibíd.*

37. Arnold Gesell, «Arnold Gesell», *Psychiatric Research Reports* 13 (1960): pp. 1–9.

38. Arnold Gesell y Catherine Strunk Amatruda, *The Embryology of Behavior: The Beginnings of the Human Mind* (Nueva York: Harper & Brothers, 1945); Arnold Gesell, *The Ontogenesis of Infant Behavior* (Nueva York: Wiley & Sons, 1954); Gesell, *Mental Growth of the Pre-School Child*; Arnold Gesell, *Infancy and Human Growth* (Nueva York: MacMillan, 1928); Arnold Gesell y Helen Thompson, *Infant Behavior: Its Genesis and Growth* (Nueva York: McGraw-Hill, 1934); Arnold Gesell, *How a Baby Grows* (Nueva York: Harper & Brothers, 1945); Thomas C. Dalton, «Arnold Gesell and the Maturation Controversy», *Integrative Physiological &*

Behavioral Science 40, núm. 4 (2005): pp. 182–204; y Fredric Weizmann y Ben Harris, «Arnold Gesell: The Maturationist», en *Portraits of Pioneers in Developmental Psychology* 7 (Nueva York: Psychology Press, 2012).

39. Gesell, «Developmental Schedules;» y Gesell y Thompson, «Infant Behavior».

40. Gesell, «Developmental Schedules», como se cita en Adolph *et al.*, «Learning to Crawl». Ver también Adolph, Karen E., y Sarah E. Berger, «Motor Development», *Handbook of Child Psychology* (2006).

41. Gesell y Thompson, *Infant Behavior: Its Genesis and Growth*, cap. 3.

42. Weizmann y Harris, «Gesell: The Maturationist», p. 1.

43. Gesell y Amatruda, *Developmental Diagnosis* (Nueva York: Harper, 1947).

44. *Ibíd.*, p. 361.

45. Arnold Gesell, «Reducing the Risks of Child Adoption», *Child Welfare League of America Bulletin* 6, núm. 3 (1927); y Ellen Herman, «Families Made by Science: Arnold Gesell and the Technologies of Modern Child Adoption», *Isis* (2001): pp. 684–715.

46. Thelen y Adolph, «Gesell: Paradox of Nature and Nurture», pp. 368–380.

47. Arlene Eisenberg *et al.*, *What to Expect When You're Expecting* (Nueva York: Simon & Schuster, 1996); y Heidi Murkoff *et al.*, *What to Expect the First Year* (Nueva York: Workman Publishing, 2009).

48. Thomas R. Bidell y Kurt W. Fischer, «Beyond the Stage Debate: Action, Structure, and Variability in Piagetian Theory and Research», *Intellectual Development* (1992): pp. 100–140.

49. Rose *et al.*, «The Science of the Individual», pp. 152–158; L. Todd Rose y Kurt W. Fischer, «Dynamic Development: A Neo-Piagetian Approach», en *The Cambridge Companion to Piaget* (Cambridge: Cambridge University Press, 2009): p. 400; L. Todd Rose y Kurt W. Fischer, «Intelligence in Childhood», en *The Cambridge Handbook of Intelligence* (Cambridge: Cambridge University Press, 2011): pp. 144–173.

50. «Kurt W. Fischer», *Wikipedia*, 17 mayo 2015, https://en.wikipedia.org/wiki/Kurt_W._Fischer.

51. Para una visión general de su obra, ver Kurt W. Fischer y Thomas R. Bidell, «Dynamic Development of Action and Thought», en *Handbook of Child Psychology*, 6ª ed. (Hoboken, NJ: Wiley, 2006).

52. Catharine C. Knight y Kurt W. Fischer, «Learning to Read Words: Individual Differences in Developmental Sequences», *Journal of Applied Developmental Psychology* 13, núm. 3 (1992): pp. 377–404.

53. Kurt Fischer, entrevistado por Todd Rose, 14 agosto 2014.

54. Knight and Fischer, «Learning to Read Words».

55. *Ibíd.*

56. Fischer, entrevista, 2014.

57. Tania Rabesandratana, «Waltz to Excellence», *Science*, 7 agosto 2014, http://sciencecareers.sciencemag.org/career_magazine/previous_issues/articles/2014_08_07/caredit.a1400200.

58. *Ibíd.*

59. *Ibíd.*

60. *Ibíd.*

61. «Characteristics of Remedial Students», Colorado Community College System, http://highered.colorado.gov/Publications/General/StrategicPlanning/Meetings/Resources/Pipeline/Pipeline_100317_Remedial_Handout.pdf; and «Beyond the Rhetoric: Improving College Readi-/reports/college_readiness/gap.shtml.

62. CLEP (College Level Examination Program), https://clep.collegeboard.org/.

CAPÍTULO 7: CUANDO LOS NEGOCIOS SE COMPROMETEN CON LA INDIVIDUALIDAD

1. Victor Lipman, «Surprising, Disturbing Facts from the Mother of All Employment Engagement Surveys», *Forbes*, 23 septiembre 2013, http://www.forbes.com/sites/victorlipman/2013/09/23/surprising-disturbing-facts-from-the-mother-of-all-employee-engagement-surveys/.

2. «Glassdoor's Employee's Choice Awards 2015: Best Places to Work 2015», *Glassdoor*, http://www.glassdoor.com/Best-Places-to-Work-LST_KQ0,19.htm; Rich Duprey, «6 Reasons Costco Wholesale Is the Best Retailer to Work For», *The Motley Fool*, 13 diciembre 2014, http://www.fool.com/investing/general/2014/12/13/6-reasons-costco-wholesale-is-the-best-retailer-to.aspx; y «Top Companies for Compensation & Benefits 2014», *Glassdoor*, http://www.glassdoor.com/Top-Companies-for-Compensation-and-Benefits-LST_KQ0,43.htm.

3. Duprey, «6 Reasons».

4. Jim Sinegal, entrevistado por Todd Rose, 8 abril 2015.

5. Duprey, «6 Reasons»; «Jim Sinegal on Costco's "Promote from Within" Strategy and Why It Needs to Think Like a Small Company», *The Motley*

Fool, 21 junio 2012, http://www.fool.com/investing/general/2012/06/21/jim-sinegal-on-costcos-promote-from-within-strateg.aspx.

6. Annette Alvarez-Peters, entrevistada por Todd Rose (correo electrónico), 5 mayo 2015. Nota: Alvarez-Peters comenzó en Price Club, que se fusionó con Costco en 1993.

7. «Annette Alvarez-Peters», *Taste Washington*, http://tastewashington.org/annette-alvarez-peters/.

8. «The Decanter Power List 2013», *Decanter*, 2 julio 2013, http://www.decanter.com/wine-pictures/the-decanter-power-list–2013–14237/.

9. Sinegal, entrevista, 2015.

10. Christ Horst, «An Open Letter to the President and CEO of Costco», *Smorgasblurb*, 4 agosto 2010, http://www.smorgasblurb.com/2010/08/an-open-letter-to-costco-executives/.

11. Sinegal, entrevista, 2015.

12. Adam Levine-Weinberg, «Why Costco Stock Keeps Rising», *The Motley Fool*, 21 mayo 2013, http://www.fool.com/investing/general/2013/05/21/why-costco-stock-keeps-rising.aspx.

13. Andres Cardenal, «Costco vs. Wal-Mart: Higher Wages Mean Superior Returns for Investors», *The Motley Fool*, 12 marzo 2014, http://www.fool.com/investing/general/2014/03/12/costco-vs-wal-mart-higher-wages-mean-superior-retu.aspx.

14. Duprey, «6 Reasons;» y Jeff Stone, «Top 10 US Retailers: Amazon Joins Ranks of Walmart, Kroger for First Time Ever», *International Business Times*, 3 julio 2014, http://www.ibtimes.com/top–10-us-retailers-amazon-joins-ranks-walmart-kroger-first-time-ever–1618774.

15. http://www.businessinsider.com/why-wal-marts-pay-is-lower-than-costco-2014-10.

16. Sinegal, entrevista, 2015. Ver también, Megan McArdle, «Why Wal-Mart Will Never Pay Like Costco», *Bloomberg View*, 27 agosto 2013, http://www.bloombergview.com/articles/2013-08-27/why-walmart-will-never-pay-like-costco.

17. Aaron Taube, «Why Costco Pays Its Retail Employees $20 an Hour», *Business Insider*, 23 octubre 2014, http://www.businessinsider.com/costco-pays-retail-employees–20-an-hour–2014–10; Mitch Edelman, «Wal-Mart Could Learn from Ford, Costco», *Carroll County Times*, 19 julio 2013, http://www.carrollcountytimes.com/cct-arc-67d6db6e-db9f-5bc4-83c3-c51ac7a66792-20130719-story.html.

18. Wayne F. Cascio, «The High Cost of Low Wages», *Harvard Business Review*, diciembre 2006, https://hbr.org/2006/12/the-high-cost-of-low-wages; para más información de esta estrategia, ver Zeynep Ton, «Why "Good Jobs" Are Good for Retailers», *Harvard Business Review*, enero-febrero 2012, https://hbr.org/2012/01/why-good-jobs-are-good-for-retailers/?conversationId=3301855.

19. Sinegal, entrevista, 2015.

20. *Ibíd.*

21. Saritha Rai, «The Fifth Metro: Doing IT Differently», *The Indian Express*, 24 noviembre 2014, http://indianexpress.com/article/opinion/columns/the-fifth-metro-doing-it-differently/.

22. *Zoho*, https://www.zoho.com/; ver también «Sridhar Vembu», *Wikipedia*, 17 abril 2015, https://en.wikipedia.org/wiki/Sridhar_Vembu.

23. *Ibíd.*

24. Mark Milian, «No VC: Zoho CEO "Couldn't Care Less for Wall Street"», *Bloomberg*, 29 noviembre 2012, http://go.bloomberg.com/tech-deals/2012-11-29-no-vc-zoho-ceo-couldnt-care-less-for-wall-street/; Rasheeda Bhagat, «A Life Worth Living», *Rotary News*, 1 octubre 2014, http://www.rotarynewsonline.org/articles/alifeworthliving.

25. Sridhar Vembu, entrevistado por Todd Rose, 21 abril 2015; ver también: Rasheeda Bhagat, «Decoding Zoho's Success», *The Hindu Business Line*, 4 febrero 2013, http://www.thehindubusinessline.com/opinion/columns/rasheeda-bhagat/decoding-zohos-success/article4379158.ece.

26. Vembu, entrevista, 2015.

27. *Ibíd.*

28. Vembu, entrevista, 2015; para opiniones similares, ver Sridar, «How We Recruit—On Formal Credentials vs. Experience-based Education», *Zoho Blogs*, 12 junio 2008, http://blogs.zoho.com/2008/06/page/2.

29. *Zoho University*, http://www.zohouniversity.com/; Bhagat, «A Life Worth Living».

30. Vembu, entrevista, 2015.

31. *Ibíd.*

32. Vembu, entrevista, 2015. Ver también «Zoho University Celebrates a Decade of Success», https://www.zoho.com/news/zoho-university-celebrates-decade-success.html; Leslie D'Monte, «Challenging Conventional Wisdom with Zoho University», *Live Mint*, 21noviembre 2014, http://www.livemint.com/Companies/LU4qIlz47C5Uph2P5i250K/Challenging-conventional-wisdom-with-Zoho-University.html.

33. Krithika Krishnamurthy, «Zoho-Run Varsity Among Its Largest Workforce Providers», *Economic Times*, 14 marzo 2014, http://articles. economictimes.indiatimes.com/2015–03–14/news/60111683_1_students-csir-iisc.

34. Vembu, entrevista, 2015; D'Monte, «Challenging Conventional Wisdom».

35. *Ibíd.*

36. *Ibíd.*

37. *Ibíd.*

38. *Ibíd.*

39. *Ibíd.*

40. «About Us: Company History», *The Morning Star Company*, http://morningstarco.com/index.cgi?Page=About%20Us/Company%20History.

41. Ver «About Us: Company History»; Frédéric Laloux, *Reinventing Organizations: A Guide to Creating Organizations Inspired by the Next Stage of Human Consciousness* (Bruselas: Nelson Parker, 2014), p. 112; y «Chris Rufer», http://www.self-managementinstitute.org/about/people/1435.

42. Ver Allen, «Passion for Tomatoes», «About Us: Company History».

43. Laloux, *Reinventing Organizations*, p. 112; Goldsmith, «Morning Star Has No Management».

44. Paul Green Jr., entrevistado por Todd Rose, 28 julio 2014.

45. «About Us: Colleague Principles», *The Morning Star Company*, http://morningstarco.com/index.cgi?Page=About%20Us/Colleague%20Principles.

46. Gary Hamel, «First, Let's Fire All the Managers», *Harvard Business Review*, diciembre 2011, https://hbr.org/2011/12/first-lets-fire-all-the-managers.

47. Green, entrevista, 2014.

48. *Ibíd.*

49. *Ibíd.*

50. *Ibíd.*

51. *Ibíd.*

52. *Ibíd.*

53. Sinegal, entrevista, 2015.

54. Vembu, entrevista, 2015.

CAPÍTULO 8: REEMPLAZAR EL PROMEDIO
EN LA EDUCACIÓN SUPERIOR

1. Para una visión general de los problemas y las oportunidades, ver Michelle R. Weise y Clayton M. Christensen, *Hire Education: Mastery, Modularization, and the Workforce Revolution* (Clayton Christensen Institute, 2014), http://www.christenseninstitute.org/wp-content/uploads/2014/07/Hire-Education.pdf.

2. Casey Phillips, «A Matter of Degree: Many College Grads Never Work in Their Major», *TimesFreePress.com*, 16 noviembre 2014, http://www.timesfreepress.com/news/life/entertainment/story/2014/nov/16/matter-degree-many-college-grads-never-work-/273665/.

3. James Bessen, «Employers Aren't Just Whining—The "Skills Gap" Is Real», *Harvard Business Review*, 25 agosto 2014, https://hbr.org/2014/08/employers-arent-just-whining-the-skills-gap-is-real; Stephen Moore, «Why Is It So Hard for Employers to Fill These Jobs?», CNSNews.com, 25 agosto 2014, http://cnsnews.com/commentary/stephen-moore/why-it-so-hard-employers-fill-these-jobs.

4. Jeffrey J. Selingo, «Why Are So Many College Students Failing to Gain Job Skills Before Graduation?», *Washington Post*, 26 enero 2015, www.washingtonpost.com/news/grade-point/wp/2015/01/26/why-are-so-many-college-students-failing-to-gain-job-skills-before-graduation/; Eduardo Porter, «Stubborn Skills Gap in America's Work Force», *New York Times*, 8 octubre 2013, http://www.nytimes.com/2013/10/09/business/economy/stubborn-skills-gap-in-americas-work-force.html; y Catherine Rampell, «An Odd Shift in an Unemployment Curve», *New York Times*, 7 mayo 2013, http://economix.blogs.nytimes.com/2013/03/07/an-odd-shift-in-an-unemployment-curve/.

5. Michelle Jamrisko y Ilan Kolet, «College Costs Surge 500% in U.S. Since 1985: Chart of the Day», *Bloomberg Business*, 26 agosto 2013, http://www.bloomberg.com/news/articles/2013–08–26/college-costs-surge–500-in-u-s-since–1985-chart-of-the-day.

6. Jamrisko y Kolet, «College Costs Surge 500% in U.S. Since 1985».

7. «Making College Cost Less», *The Economist*, 5 abril 2014, http://www.economist.com/news/leaders/21600120-many-american-universities-offer-lousy-value-money-government-can-help-change; «Understanding the Rising Costs of Higher Education», *Best Value Schools*, http://www.bestvalueschools.com/understanding-the-rising-costs-of-higher-education/.

8. Raymond E. Callahan, *Education and the Cult of Efficiency* (Chicago: University of Chicago Press, 1964).

9. Judy Muir, entrevistada por Todd Rose, 28 octubre 2014. Para más información sobre el enfoque de Muir de las admisiones en la universidad, ver Judith Muir y Katrin Lau, *Finding Your U: Navigating the College Admissions Process* (Houston: Bright Sky Press, 2015).

10. Muir, entrevista, 2014.

11. Bill Fitzsimmons, entrevistado por Todd Rose, 4 agosto 2014.

12. Elena Silva, «The Carnegie Unit—Revisited», *Carnegie Foundation*, 28 mayo 2013, http://www.carnegiefoundation.org/blog/the-carnegie-unit-revisited/.

13. Para una crítica más amplia de los diplomas, ver Charles A. Murray, «Reforms for the New Upper Class», *New York Times*, 7 marzo 2012, http://www.nytimes.com/2012/03/08/opinion/reforms-for-the-new-upper-class.html.

14. «Micro-Credentialing», *Educause*, http://www.educause.edu/library/micro-credentialing; y Laura Vanderkam, «Micro-credentials», *Laura Vanderkam*, 12 diciembre 2012, http://lauravanderkam.com/2012/12/micro-credentials/.

15. Gabriel Kahn, «The iTunes of Higher Education», *Slate*, 19 septiembre 2013, http://www.slate.com/articles/technology/education/2013/09/edx_mit_and_online_certificates_how_non_degree_certificates_are_disrupting.html; https://www.edx.org/press/mitx-introduces-xseries-course-sequence; Nick Anderson, «Online College Courses to Grant Credentials, for a Fee», *Washington Post*, 9 enero 2013, http://www.washingtonpost.com/local/education/online-college-courses-to-grant-credentials-for-a-fee/2013/01/08/ffc0f5ce–5910–11e2–88d0-c4c-f65c3ad15_story.html; Nick Anderson, «MOOCS—Here Come the Credentials», *Washington Post*, 9 enero 2013, http://www.washingtonpost.com/blogs/college-inc/post/moocs—here-come-the-credentials/2013/01/09/a1db85a2–5a67–11e2–88d0-c4cf65c3ad15_blog.html.

16. Maurice A. Jones, «Credentials, Not Diplomas, Are What Count for Many Job Openings», *New York Times*, 19 marzo 2015, http://www.nytimes.com/roomfordebate/2015/03/19/who-should-pay-for-workers-training/credentials-not-diplomas-are-what-count-for-many-job-openings; para más información sobre la inciativa nacional de credenciales, ver «President Obama and Skills for America's Future Partners Announce Initiatives Critical to Improving Manufacturing Workforce», *The White House*, 8 junio 2011, https://www.whitehouse.gov/the-press-office/2011/06/08/president-obama-and-skills-americas-future-partners-announce-initiatives.

17. *Ibíd.*

18. http://www.slate.com/articles/technology/education/2013/09/edx_mit_ and_online_certificates_how_non_degree_certificates_are_disrupting. html.

19. Thomas R. Guskey, «Five Obstacles to Grading Reform», *Educational Leadership* 69, núm. 3 (2011): pp. 16–21.

20. Western Governors University, http://www.wgu.edu/.

21. «Competency-Based Approach», Western Governors University, http:// www.wgu.edu/why_WGU/competency_based_approach?utm_sour- ce=10951; John Gravois, «The College For-Profits Should Fear», *Washin- gton Monthly*, septiembre-octubre 2011, http://www.washingtonmonthly. com/magazine/septemberoctober_2011/features/the_college_forprofits_ should031640.php?page=all; «WGU Named "Best Value School" by Uni- versity Research & Review for Second Consecutive Year», *PR Newswire*, 9 abril 2015, http://www.prnewswire.com/news-releases/wgu-named- best-value-school-by-university-research—review-for-second-consecuti- ve-year–300063690.html; Tara Garcia Mathewson, «Western Governors University Takes Hold in Online Ed», *Education DIVE*, 31 marzo 2015, http://www.educationdive.com/news/western-governors-universi- ty-takes-hold-in-online-ed/381283/.

22. George Lorenzo, «Western Governors University: How Competen- cy-Based Distance Education Has Come of Age», *Educational Pathways* 6, núm. 7 (2007): pp. 1–4, http://www.wgu.edu/about_WGU/ed_pa- thways_707_article.pdf; Matt Krupnick, «As a Whole New Kind of Co- llege Emerges, Critics Fret Over Standards», *Hechinger Report*, 24 febrero 2015, http://hechingerreport.org/whole-new-kind-college-emerges-cri- tics-fret-standards/.

23. Krupnick, «As a Whole New Kind of College Emerges;» y «Overview», Competency-Based Education Network, http://www.cbenetwork.org/ about/.

24. «EdX and Arizona State University Reimagine First Year of College, Offer Alternative Entry Into Higher Education», 22 abril 2015, https:// www.edx.org/press/edx-arizona-state-university-reimagine; John A. Byrne, «Arizona State, edX to offer entire freshman year of college online», *Fortune*, 22 abril 2015, http://fortune.com/2015/04/22/arizo- na-state-edx-moocs-online-education/. Para más sobre ASU, ver Jon Marcus, «Is Arizona State University the Model for the New American University?», *Hechinger Report*, 11 marzo 2015, http://hechingerreport. org/is-arizona-state-university-the-model-for-the-new-american-uni- versity/.

CAPÍTULO 9: REDEFINIR LA OPORTUNIDAD

1. Para más información acerca del A-10 Warthog, ver «Fairchild Republic A-10 Thunderbolt II», *Wikipedia*, 29 junio 2015, https://en.wikipedia.org/wiki/Fairchild_Republic_A–10_Thunderbolt_II.

2. Lda. Kim C. Campbell, entrevistada por Todd Rose, 8 abril 2015.

3. *Ibíd.*

4. *Ibíd.*

5. *Ibíd.*

6. *Ibíd.*

7. «Kim Campbell», *Badass of the Week*, 7 abril 2003, http://www.badassoftheweek.com/kimcampbell.html.

8. «Kim N. Campbell», *Military Times*, http://valor.militarytimes.com/recipient.php?recipientid=42653.

9. *Ibíd.*

10. *Ibíd.*

11. *Ibíd.*

12. Para una visión general del concepto de igualdad de oportunidades, ver «Equal Opportunity», *Wikipedia*, 24 junio 2015, https://en.wikipedia.org/wiki/Equal_opportunity.

13. El acceso igualitario ha jugado un papel profundamente importante en la lucha por la igualdad basada en la raza (ver «School Desegregation and Equal Education Opportunity», *Civil Rights 101*, http://www.civilrights.org/resources/civilrights101/desegregation.html?referrer=https://www.google.com/, y «The Civil Rights Movement (1954–1965): An Overview», *The Social Welfare History Project*, http://www.socialwelfarehistory.com/eras/civil-rights-movement/); género (er Bonnie Eisenberg y Mary Ruthsdotter, «History of the Women's Rights Movement», *National Women's History Project*, 1998, http://www.nwhp.org/resources/womens-rights-movement/history-of-the-womens-rights-movement/); y discapacidad («A Brief History of the Disability Rights Movement», *The Anti-Defamation League*, 2005, http://archive.adl.org/education/curriculum_connections/fall_2005/fall_2005_lesson5_history.html.)

14. Aquí es crucial reconocer que el acceso igualitario todavía importante es algo digno por lo que luchar. Tómese como ejemplo el hecho de que en 2005 (dos años después de la heroicidad de Killer Chick) se intentó desde el Congreso apartar a la mujer del combate («Letters to the Editor for Friday,

May 27, 2005», *Stars and Stripes*, 27 mayo 2005, http://www.stripes.com/opinion/letters-to-the-editor-for-friday-may-27-2005-1.35029).

15. Abraham Lincoln, «Message to Congress», 4 julio 1861, *Collected Works of Abraham Lincoln*, vol. 4 (Rutgers University Press, 1953, 1990): p. 438.

16. Para más información sobre pruebas en base a normas, ver «Norm-Referenced Achievement Tests», *FairTest*, 17 agosto 2007, http://www.fairtest.org/norm-referenced-achievement-tests.

17. James Truslow Adams, *The Epic of America* (Nueva York: Blue Ribbon, 1931), pp.214–215.

18. Adams, «Epic of America», p. 180.

ÍNDICE

ACERCA DEL AUTOR

Todd Rose es el director del programa Mente, Cerebro y Educación de la Facultad de Educación de Harvard, donde también dirige el Laboratorio para las Ciencias del Individuo. Además es el cofundador y presidente del Center for Individual Opportunity, una organización sin ánimo de lucro que promueve los principios de la individualidad en el trabajo, la escuela y la sociedad. Todd vive en Cambridge, Massachussetts.